全国高职高专公共管理类系列规划教材

社会工作方法与实务

邓恩远　卞国凤　主编

内容简介

本书基于工作过程系统化的设计理念，以社会工作的实际操作过程为主线，以社会工作的个案、小组、社区社会工作三大方法运用的实际进程为依据，参考国家社会工作者职业资格标准的相关要求，设计有代表性的工作情境，把专业技巧和知识贯穿于每个情境的工作全程之中。既突出技能培养，又从整体角度引导学生掌握具体工作的逻辑顺序；采用以典型案例为载体，从模拟性工作任务入手，以"做"为主导，以任务为依托，借鉴机构工作模式，设计了包括教学目标、案例背景、工作任务、术语理解、要点提示、方法技巧、注意事项、实务操作、总结点评、拓展提高等融知识传授、方法训练、技能操作为一体的课程教学的操作化设计。本书适用于高职高专公共管理专业及其他相关专业，也可作为社区人才培训教材。

图书在版编目(CIP)数据

社会工作方法与实务 / 邓恩远，卞国凤主编. —北京：北京大学出版社，2009.8
（全国高职高专公共管理类系列规划教材）
ISBN 978-7-301-15310-9

Ⅰ.社… Ⅱ.①邓…②卞… Ⅲ.社会工作—工作方法—高等学校：技术学校—教材 Ⅳ.C916-31

中国版本图书馆 CIP 数据核字（2009）第 091357 号

书　　　　名：	社会工作方法与实务
著作责任者：	邓恩远　卞国凤　主编
责 任 编 辑：	葛昊晗
标 准 书 号：	ISBN 978-7-301-15310-9/D • 2315
出　版　者：	北京大学出版社
地　　　　址：	北京市海淀区成府路 205 号　100871
网　　　　址：	http://www.pup.cn
电　　　　话：	邮购部 62752015　发行部 62750672　编辑部 62765126　出版部 62754962
电 子 信 箱：	xxjs@pup.pku.edu.cn
印　刷　者：	北京富生印刷厂
发　行　者：	北京大学出版社
经　销　者：	新华书店
	787 毫米×980 毫米　16 开本　22 印张　477 千字
	2009 年 8 月第 1 版　2020 年 6 月第 8 次印刷
定　　　价：	35.00 元

未经许可，不得以任何方式复制或抄袭本书之部分或全部内容。
版权所有，侵权必究
举报电话：010-62752024；电子信箱：fd@pup.pku.edu.cn

前　言

社会工作方法是融洽社会关系、处理社会问题、调节社会心理、和睦社会生活的重要工具与有效方法，其以助人为宗旨，运用各种专业知识、技能和方法去解决社会问题，具有确保社会稳定、推动社会发展的重要功能。在现代社会生活中发挥了越来越重要的作用，也受到了社会各界的广泛关注。

作为一门应用性极强的课程，这本社会工作方法与实务教材以教育部《关于全面提高高等职业教育教学质量的若干意见》为依据，以经典案例为依托，以促进工学结合及实施教学做一体的教学模式、培养学生的社会工作操作能力为目标，教材结构的构建与教学内容设计体现出以下基本特点。

第一，教材的开发设计，以社会工作的实际操作过程为主线，以社会工作的个案、小组、社区社会工作三大方法运用的实际进程为依据，以方法技能的应用训练为重点，以培养学生的社会工作操作能力为主要目的，将课程划分为具体教学项目和教学情境。再按照每一项目具体的实施进程的典型任务，设定教学单元，从而形成了以工作任务为驱动、基于社会工作实际过程的课程内容体系。

第二，按照社会工作方法实际工作进程的要求，从职业岗位实际需要出发，选择社会工作典型案例与常用模式，根据学生的认知规律，按照先易后难的原则加以排序，形成了先易后难的教学情境设计。

第三，在项目教学的安排上，以典型案例为载体，从模拟性工作任务入手，逐步介入实际工作任务，开展源于实际的任务教学，从而实现了"做中教、做中学"由模拟到真实的逐级递进。

第四，教材内容的选取上坚持教学案例源于社会实际，教学过程依据工作实际，项目实训立足问题实际，解决问题服务案主实际，语言方式反映岗位实际。

第五，教材以"做"为主导，以任务为依托，借鉴机构工作模式，设计了包括教学目标、案例背景、工作任务、术语理解、要点提示、方法技巧、注意事项、实务操作、总结点评、拓展提高等融知识传授、方法训练、技能操作为一体的课程教学的操作化设计，对提高课程教学实效性，强化教学过程的操作性，增强教学任务的工作感奠定了基础。

社会工作方法与实务

因此，本教材不仅是供高等学校人文管理类专业社会工作方法课程使用的教材，也可作为社会工作者、社区管理人员的培训教材和自学者的自学教材与必备参考用书和工具书。

本书由邓恩远、卞国凤为主编。各单元撰稿人的分工如下：天津职业大学邓恩远：前言，项目二理论链接、项目三理论链接；南开大学博士研究生卞国凤：项目一，项目四教学情境一任务一、任务二、任务三、任务四、任务五、情境二、情境三；义乌工商职业技术学院董海宁：项目二教学情境一的任务一、任务四、任务五，教学情境二、教学情境四；义乌工商职业技术学院项丽萍：项目二教学情境一的任务二，任务三，教学情境三；徐州建筑职业学院吴华：项目三；天津城市职业学院陈元姝：项目四理论链接、任务五。全书由主编统一修改并定稿。

在编写过程中南开大学教授唐忠新、河东区残疾人联合会主席王学新、天津龙福宫老人院总经理张文革等行业专家参与了教材的整体设计和实务案例的分析与选取；充分吸纳了职业专家、兄弟院校同行专家的建议与意见；借鉴吸收了有关教材和学术界的研究成果；始终得到了北京大学出版社以及葛昊晗编辑的指导与帮助，得到了中国高等职业技术教育研究会的大力支持，在此一并表示感谢。

应该指出，社会工作方法本身就是操作性强为主要特征的课程，因此，编写方法与实训相结合教材也是一种尝试与探索，再加上我们水平有限，对很多问题研究不够，不足之处在所难免，真诚地希望专家、学者、读者不吝赐教。

作 者

2009年5月18日

目 录

项目一 社会工作者素质提升 1
    任务一　把握社会工作基本概念 1
    任务二　社会工作者角色认知 5
    任务三　社会工作者的伦理素质提升 9

项目二　个案社会工作 17
    理论链接 17
    教学情境一　危机介入与心理社会模式个案工作过程　以自杀与贫困家庭
                救助个案为例 22
        任务一　接案 22
        任务二　收集资料与预估 37
        任务三　制订服务计划 53
        任务四　实施服务计划 66
        任务五　结案与评估 78
    教学情境二　行为治疗模式个案工作过程　以青少年认知辅导个案为例 93
    教学情境三　任务中心模式个案工作过程　以老年人任务中心模式个案为例 ... 103
    教学情境四　家庭治疗模式个案工作过程　以家庭亲子关系个案为例 114

项目三　小组社会工作 130
    理论链接 130
    教学情境一　互动模式小组工作过程　以大学生交往调适小组活动为例 143
        任务一　接受小组任务 143
        任务二　组 建 小 组 154
        任务三　开启小组活动 167
        任务四　发展小组活动 192
        任务五　结束小组工作 220
    教学情境二　社会目标模式工作过程　以关爱空巢老人小组活动为例 231
    教学情境三　预防与康复模式工作过程　以青少年网络成瘾治疗小组活动为例 ... 241

项目四　社区社会工作..252
理论链接..252
教学情境一　社区发展模式工作过程　以幸福里社区老年人社区服务为例..............262
任务一　发现和接受社区工作任务..262
任务二　建立专业关系，收集社区资料，进行社区分析..267
任务三　制订社区服务计划..285
任务四　实施服务计划，开展社区工作..296
任务五　社区服务评估..310
教学情境二　社会计划模式工作过程　以平安路街道社区流动人口融入项目为例......317
教学情境三　社会行动模式工作过程　以观景家园社区争取过街天桥为例..............329

参考文献..343

项目一　社会工作者素质提升

任务一　把握社会工作基本概念

教学目标

通过本单元教学，使学生掌握社会工作的基本概念；了解社会工作的基本类型；熟悉社会工作的基本功能。

要点提示

1. 社会工作的基本概念；
2. 社会工作的构成要件；
3. 社会工作的功能。

一、社会工作的基本含义

社会工作（social work）是20世纪新兴的一项专业工作，虽然其源头可追溯至人类早期的人道主义，但实际上是现代社会的一个产物。专业的社会工作，发轫于英国，成长于美国，后扩展至世界各地。社会工作在最直观的表象上体现为一种助人的活动，也就是帮助那些在社会生活中遇到困难和问题的人们，最初可能是一些人的施舍或救济行为，后来逐步发展，突破了扶危济困的传统范畴，致力于改善生活、调整社会关系与提高社会福祉。社会工作至今已有一百多年的历史，现在已经发展成为一门新兴的学科，和一种助人的专业。随着人类社会发展过程中，越来越多的社会问题需要人们去处理，社会工作对社会的重要意义越来越被各国政府和社会认可，社会工作专业发展也日臻成熟。近些年来，随着社会工作教育在国内的发展，专家学者们分别从不同的角度给出社会工作的定义。

（一）基本定义

在综合多种定义的基础上，王思斌为社会工作提出了一个一般性定义，即：社会工作是以利他主义为指导，以科学的知识为基础，运用科学的方法进行的助人的服务活动。

这一定义向我们指出：社会工作本质是一种助人活动，但又不同于一般的慈善活动；社会工作以受助人的需要为中心，并以科学的助人技巧为手段，以达到助人的有效性；社会工作不同于怜悯，也不同于不考虑助人的现实需要及接受服务能力的配给式福利[①]。

（二）社会工作的构成要件

通过以上社会工作的定义，我们首先需要理解的是，社会工作是一种助人活动，它是一个活动过程，如图所示

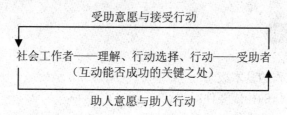

图 1-1-1

从以上社会工作活动过程，我们可以发现，一个完整的社会工作活动，需要有四个要件。

1. 社会工作者（Social worker）

是服务帮助的提供者，是社会工作过程首要的构成部分，其素质高低直接决定社会服务的质量。

目前国内外一致公认的专业社会工作者的身份与资格应该具备以下条件：

（1）受过专业培训并且获得社会工作硕士或学士学位；
（2）在社会福利机构中专门从事社会服务；
（3）被社会工作专业组织认可

---

① 聂鹏、贾维周：《社会工作基础》，中国人民大学出版社，2002年，第1页

社会工作者素质提升　项目一

2. 受助者（Caser）

是社会工作的服务对象，通常被称为案主。是指遇到困难自己不能解决并愿意接受社会工作者帮助的个人、家庭或群体。在社会工作领域里，我们一般把案主视为暂时能力不足者，通过我们的专业帮助和案主潜能的开发，使案主增能，重新获得与生活环境的和谐。

3. 社会工作价值观（Social work values）

是社会工作者所持有的助人观念。社会工作价值观的内容是利他主义的，体现为尊重受助者的权力和选择，是社会工作的灵魂。目前，我国大陆范围内的社会工作专业价值观表现为：敬业，指社会工作者热爱、尊重这一行业，恪尽职守，责任感强烈；接纳，指社会工作者真诚的接纳案主，诚心诚意的提供帮助与服务；自决，即充分尊重案主的自决权；个别化，指社会工作者把每个案都视为独特的个体，在工作中针对案主的独特性提供帮助；尊敬人，指社会工作者无视案主的身份背景和社会地位，给予案主平等的对待和尊重。

4. 助人活动

助人活动是社会工作的关键，它是助人愿望的传导者，同时也是助人和受助的实现过程。在助人活动中，社会工作者传递的是精心考虑过的、科学的、能够满足受助者需要的信息，而受助者传出的则是各种需求信息和对来自社会工作者帮助行为的理解、选择和反应。助人活动是社会工作者与受助者角色、文化、背景、传输手段等多种因素结合而成的行动体系。

二、社会工作的基本类型

按照不同的分类标准，目前的社会工作主要有以下几个类型。

（一）按照社会工作方法分类

按照社会工作方法进行分类，一般把社会工作分为三个类型，分别是个案社会工作（Social case work）、团体（或小组）社会工作（Social group work）、社区社会工作（Social community work）。其中个案社会工作是以个人或家庭为基本工作对象的工作形式；团体社会工作是以一群人、一个团体为服务对象的工作形式；社区社会工作则是以一群人共同生活的地区或社区为对象的工作形式。

（二）按服务对象的年龄特征分类

按照生理年龄化分社会工作类型是目前社会工作领域比较常见的工作方

式，这时的社会工作可分为，儿童社会工作、青少年社会工作、成年人社会工作和老年社会工作。

（三）按社会问题的性质分类

社会工作的主要任务是解决各种各样的社会问题，提升案主潜力，改变案主的困境。因此，我们可以把社会工作按照典型类型的社会问题进行分类。通常被社会工作所关注的社会问题有：贫困问题；失业问题；疾病问题；婚姻与家庭问题；儿童问题；老年问题；身心残障问题；吸毒问题；不良行为问题（如酗酒、赌博等）；劳工问题；种族歧视问题。

（四）按服务方式的不同分类

社会工作按服务方式可分为直接服务（又称为初级服务）与间接服务（又称为次级服务）两类。直接服务指社会工作者直接面对案主与服务受益人在一些直接接触过程中，实现服务的效果，如个案工作、团体工作以及各种治疗、辅导、咨询等。间接社会工作指社会工作者不直接面对案主，即不直接接触服务受益人，而以间接的方式提供服务或完成服务的功能。如社会立法，社会福利行政管理，社会工作研究，社会工作督导，社区组织与社区发展的方案设计与方案评估等。

三、社会工作的基本功能

社会工作作为一种制度化的助人活动，对于受助者及整个社会都有积极的贡献，从而具有正功能。但是这种正功能又表现为微观的对受助者个体的作用和宏观的对社会的作用。

（一）社会工作的助人功能

1．助人，指通过社会工作者的工作，帮助案主走出困境，回归常态的生活。这是社会工作的基本功能。

2．救难，指救人于生存受到威胁时刻，比如不可抗拒的自然灾害，突发意外事故等，这一功能通过社会工作者帮助处于突然境况下的案主适应并处理突然情境而得以实现。

3．解困，指通过社会工作者的工作或间接工作帮助案主解决一般的困难。

4．发展，指通过社会工作者在工作过程中严格遵守"助人自助"的原则，充分调动案主的能量，以案主为行动主体去解决问题，从而挖掘案主潜能，提升案主能力的功能。

(二)社会工作对社会的功能

1. 社会工作通过解决社会问题维持社会秩序

威胁社会秩序的越轨行为者常常是因为困境问题得不到合理解决而产生的一种反社会行为,从而破坏社会秩序。而社会工作通过具体行动,最终为有需要的案主解决所面临的困境状态,以恢复正常的生活、工作和学习。这就是所谓的社会工作通过解决社会问题维持社会秩序。

2. 社会工作通过预防社会问题维持社会稳定

社会工作解决已出现的社会问题给案主带来的困境,属于一种补救。同时,社会工作也可以通过具体行动排除一些不利因素,预防社会问题的产生,从而维持社会稳定。

3. 社会工作通过参与制定或修订社会政策促进社会进步

任何社会政策在问世之初都不是十全十美的,它在着力解决一些问题的同时,很可能会忽略另一些问题或者带来一些副作用,社会工作在实践社会政策的过程中,很容易发现社会政策的不足,因而社会工作可以通过参与制定和修订社会政策,去避免或纠正政策中的不足,从而促进社会进步。

四、拓展提高

1. 请通过网络媒体收集国外和港台地区社会工作情况,加深对社会工作的感性认识。
2. 如何理解社会工作助人功能和社会功能的统一?

任务二 社会工作者角色认知

通过教学,使学生了解社会工作的根本服务宗旨;把握社会工作者基本角色;理解社会工作者和慈善人士的区别。

社会工作方法与实务

要点提示

1. 社会工作根本服务宗旨
2. 社会工作者应担当的角色

一、社会工作根本服务宗旨

社会工作的理念是通过对案主实施专业的帮助,激发案主应对问题的能力,即"授人以渔"。这一理念决定了社会工作"助人自助"的根本服务宗旨,助人自助所包含的理念贯穿于社会工作的始终。它主要有两个方面的含义:一是强调在咨询和辅导的过程中,引导案主发现和发挥自身的能力,通过自身的努力和调整来促进困境问题的解决,来达到环境的优化,即所谓助人"自助"。二是作为一名社工人员,在咨询和辅导的过程中,也促进和实现了个人的增长,既有工作方法方面的,也有个性和心态方面的,即在"助人"的同时,也很好地实现"自助",实现自我的提升和发展。

在实施社会工作过程中,社会工作者可以通过以下几个方面贯彻"助人自助"的服务宗旨:

1. 增强案主的自信。通过对案主情况的了解和掌握,注重为案主设计一些发挥案主特长和优势的行动方案,以增强案主自信。

2. 激发案主的潜能。在辅导过程中,引导案主转变思维方式和行为方式,让案主思考导致自身问题的因素,寻求解决办法,以激发案主的潜能。

3. 尊重案主的自决。只要案主做出决定对他自身是有利的同时无涉害他人,社工就给予尊重,并支持他去付诸行动,以鼓励案主自决。

4. 利用案主的资源。社工在帮助案主的过程中,要引导案主利用他们所处环境中的资源,与周围环境互动,社会工作辅导与心理咨询最大的不同就在于不把案主抽离出其生活环境,而是引导案主融入其生活环境,促使案主学会适应和利用环境资源。

需要我们注意的是,"助人自助"的目的是为了使案主通过社会工作专业帮助达到"增能",它要求社工在工作过程中时时鼓励案主独立解决问题,但这并意味着社工可以放弃对案主问题的思考。恰恰相反,只有社工在工作过程中不断思考案主的问题,适时调整辅导策略,才能更准确的激发案主的自决能力,使案主达到增能。

在"助人自助"的服务宗旨下，社会工作者在工作过程中的职业角色也就相应的有了定位。

二、社会工作者应该担当的角色和职业服务定位

1. 服务提供者：是社会工作者的首要角色，为有困难的案主提供帮助性的服务。
2. 支持者：鼓励案主自立，支持案主充分挖掘自身的潜能，以达到"助人自助"的服务宗旨。
3. 倡导者：启发或引导案主采取新的行动方式和思维方式。
4. 管理者：控制社会工作服务过程，充分调动和利用案主资源。
5. 资源获得者：为案主的利益，充分利用可利用的外界资源。
6. 政策影响人：当案主的问题或困难是由社会政策不完善而造成，或与社会政策不完善相关时，社会工作者应该去积极影响政府政策的制定，实现政策的优化，从根源上解决案主的困难。

三、社会工作者角色特征

作为专业助人职业者，社会工作者的角色特征是相对于从事慈善活动的普通爱心公众而言的。在没有专门的社会工作职业之前，人类社会中早已存在关心和帮助他人的慈善活动和慈善活动者，社会工作者和这些人员一样，都具有爱心。

但是社会工作者与慈善活动者的区别也很明显，主要表现为：
1. 社会工作者是从事社会福利服务的人员，非官僚人员。
2. 社会工作者需要具备系统的观念、知识，掌握科学、专业的助人方法与技巧。
3. 社会工作者有相应的薪酬作为回报。这一点也是社会工作者和慈善活动者的主要区别，社工以助人为职业，为其自身生存手段，而慈善活动者的助人活动一般是在他们工作以外的时间进行的，且不拿酬劳，不以助人为生活来源。从这个意义上我们也可以把社工理解为"有酬劳的雷锋"。

四、实务操作

运用本任务内基本常识进行情境处理

案例

田某,男,27岁。因患有精神病住进了一家精神病院半年有余,他被关在一个单独的房间里,认识他的人都说他是由于婚姻破裂而受了严重的精神刺激。护士说田某自从入院以来就没和任何人说过话,一直生活在一个人的世界里。田某的这种情况因为一次试验治疗后发生了转变。作为试验的一部分,一名专业社会工作者被安排每天与田某会面30分钟以达到将田某带回现实生活的目的。社会工作者对田某解释说她会定期来看望他而且对他很感兴趣。在前两个星期,田某仍然一言不发。又过了几天,突然他令人吃惊地对社会工作者说:"我喜欢你!"社会工作者继续每天花30分钟的时间看望田某,她对田某表现出了友好、耐心、关怀和接纳的态度,而田某也对她的努力抱以回应。半年后,田某从精神病院回到了社区。接下来的一年里,他的表现表明他已经成功地回归了社会而且被社区居民所接纳。当他的一个好朋友偶然问他为什么会有这么大的变化时,田某严肃地告诉他说:"社会工作者太神奇了,把我从地狱中解救出来,我不能抵制她。"

请根据这一案例,按以下提问进行分析讨论:

为什么田某能够重新回归社会?社会工作者在与田某的互动中,田某的感受是什么?

案例处理

田某能够回归到真实的社会生活中,得益于社会工作者的帮助和他自己的努力,在这个案例中社会工作者扮演了服务提供者的角色,如为田某提供辅导;支持者的角色如鼓立案主自立;倡导者的角色如启发和引导案主转换处理问题的方式,重新生活。社会工作者发挥了助人和发展案主潜能的功能,对案主的恢重常态起到了至关重要的作用。社工能够起到唤醒案主的效果,与社工助人的专业性密不可分。从这一点上,专业助人的特长是慈善活动无法比拟的。

在社会工作者与田某的互动过程中,社会工作者一直保持对这一案主的友好、耐心、关怀和接纳的态度,使田某感染社会工作者的执著,对他人产生好感,重新有了与人交往的勇气。社工的专业技术在本案中起到了至关重要的作用,它对案主产生无法抗拒的吸引力。社工并不神奇,而是专业的工作方式适应了案主的真实需求。

案例点评

1. 专业技术是社会工作存在的根本。
2. 工作的技巧决定了与案主互动的效果。

五、拓展提高

1. 结合我国国情，讨论社会工作职业化存在的困境有哪些
2. 根据上一题中对社会工作职业化困境的了解，分析社会工作职业化的途径。

任务三　社会工作者的伦理素质提升

教学目标

通过教学使学生掌握社会工作的职业伦理道德；使学生掌握伦理困境下处理技术

要点提示

1. 社会工作职业伦理内容
2. 社会工作伦理顺序
3. 伦理困境下处理方法

一、社会工作者职业伦理道德

各行各业都有自己的职业操守，又称职业道德，职业道德是一个行业尤其是服务业的根本所在，它决定了该行业能否被社会承认、接纳和认可。社会工作作为服务社会大众尤其是弱势群体的行业，职业伦理道德显得格外重要，是社会工作的灵魂。

社会工作方法与实务

（一）社会工作职业伦理道德的内容

尊重案主权益；严守案主秘密；公平服务大众；重视同事的工作；恪守公私分明；维护社会正义；信守机构政策；充实社会知识和能力；促进专业发展；约束不当行为；增进公众福利；共同执行守则。

（二）社会工作伦理的特殊性

这种特殊性是指，首先，社会工会伦理问题是无法回避的，它贯穿于社会工作职业活动的整个过程。其次社会工作伦理的具体要求很可能与社会价值观发生冲突。第三，社会工作伦理中存在更多模棱两可和不确定的因素。第四，社会工作伦理对社会工作者的道德素质提出更高要求。

二、社会工作伦理困境

所谓伦理困境是指当专业核心价值中对专业人员的责任与义务发生相互冲突的情形时，而社会工作者必须决定何种价值优先考虑。这种状态是社会工作实践过程中社会工作者经常会面对的两难情境。

（一）伦理困境的内涵

首先，伦理困境是带有伦理特性的困难和问题。社会工作者在实务工作中会面临多种问题和困难，带有伦理和道德牵连的问题只是其中的一个部分，但往往是不可避免的和具有决定作用的部分。因为社会工作实践中社工必须处理与协调与案主、与雇主、与同事、与机构等多种关系，使伦理困境存在成为必然。

其次，伦理困境是发源于价值观冲突的困难和问题。社会工作专业与价值观有密切的联系，在社会工作实践中起作用的价值观是一个包括社会价值观、职业价值观、个人价值观等的复杂体系，而且是随着时代、文化、地区、民族等因素的不同而改变的动态体系，不同的价值观要求不同的协调关系和指导行为的伦理原则，当不同的价值观同时起作用的情况下，伦理困境的产生也就不可避免。

第三，伦理困境是诱发伦理抉择的困难和问题。社会工作实务中的伦理困境往往使社会工作者处于两难的抉择之中。所谓两难的抉择，是指"抉择做出者必须在两个或更多同样分量、同样有吸引力（或没有吸引力）的意见中做出选择。比如，案主的福利和自由是被社会工作专业给予同等重视的两种案主的权利，但当福利的获得必须以牺牲自由为代价，或者案主的自由决定直接影响到他的福利获得时，社会工作者要做如何的选择呢？

第四，伦理困境是诉诸道德责任感的困难和问题。伦理困境的解决需要社会工作者高度的道德责任感。

（二）常见伦理困境

为案主保守秘密与生命价值优先原则之间；个人价值与职业价值之间；个人利益与职业界限之间；案主自决与家长作风之间等伦理困境是社会工作中常见的伦理困境。

三、伦理困境时实施伦理的顺序

当社会工作伦理实施时，在一般情况下，应该采用普遍性原则；但是一旦遇到有伦理冲突时，伦理原则顺序将有助于社会工作者进行恰当的衡量。顺序衡量是自上而下的思考运用。

1. 保证生命原则：每一个人的生命是最基本的、最重要的，保证案主和所涉及人员的生命安生为首要原则，而且超乎其他原则优先考虑。

2. 差别平等原则：对处于权力不平等的人，应有不同的对待标准。例如：即使未成年人本人同意，成年人也不可与之发生性关系。应该视案主特质、身份、年龄等条件及所处生活环境，给予最适当之差别待遇。但不论差别有多大，都必须保持平等对待。

3. 案主自决原则：尊重个人自决，但对于每一个人其自决仍具有最低标准，即自决但不可以夺取自己的生命；自决但不可以放纵到可以伤害别人。

4. 最小伤害原则：在冲突发生时，如果有选择机会时，应该选择一个限制最小，最容易恢复到原本生活性能的安置环境。如处理受虐儿童安置时，须先将儿童与施虐者隔离，而非直接剥夺亲子关系。

5. 生活质量原则：以维持案主基本的生活质量为主，尽量让案主维持原有的生活质量，不可因冲突发生而牺牲案主生活的安定及水准。例如：不因提供服务时经费有限，而给予案主一半的服务，影响其原先的生活。

6. 保守隐私的原则：对于与案主接触及服务获得的所有信息及会影响案主的相关资料具有优先保密的责任，以确保案主隐私的保证及专业关系的维持。

7. 真诚原则：无论案主的个性及特质怎么样、遭遇的问题及陷入的困境如何，都必须真诚面对，给予协助，摒除个人价值观及理念，尊重及诚实面对案主，确保为案主提供服务。

四、处理伦理困境的方法技巧

处于伦理困境下做伦理抉择时主要步骤如下。

1. 澄清价值观和伦理原则：社会价值观、职业价值观、个人价值观，尤其是三者之间冲突的责任和义务要求。排列各种伦理原则及其优先性次序。

2. 排列所涉及的人员和利益。案主、亲属及其他相关人员、更大范围的机构、社区和社会。他们与案主的关系如何，他们各自的利益和要求如何，利益的冲突何在。

3. 评估各种可能的计划和可替代方案。是否符合相应的价值观和伦理原则要求，各种可能计划的效率与效果，对所涉及人员的有益或伤害，计划的可行性、对于各种可能后果的预防和处理措施。与督导或有经验的同事讨论各种计划，征询他们的意见和建议。

4. 做出抉择并在实施中及时修正。不允许过多的犹豫、徘徊，也不能骑墙居中。做出抉择并不意味着不可更改，在具体实施中一旦发现问题或者需要做细微的调整，甚至全盘推翻过去的决定，勇于承认和改正错误是智慧的表现。

5. 记录并总结抉择的结果。抉择做出和实施过程中的每一个重要步骤，采取的应对措施都应当记录在案，以供将来查对，同时有利于社会工作者自己总结经验教训。

需要我们注意的是在伦理困境下进行伦理抉择后，案主与社会工作者间的信任关系受到威胁甚至破坏，因此，社会工作者在做出伦理抉择前就应做好与案主重建信任关系的准备，在伦理抉择做出后根据案主的情绪状况及时采取重获案主信任的措施。

五、实务操作

根据本任务内相关知识，在案例情形下进行实务操作

案例一

作为一名医院的社工，你为一名88岁、意识清楚的老太太提供服务。这位老人家长期以来为晚期癌症的痛苦所折磨。一天晚上，她告诉你她弄来一些

社会工作者素质提升 项目一

药物准备结束自己的生命。她向你道别,并对你数月来的关怀表示感谢,最后她请求你不要干涉她的决定,不要向其他人透露这个计划,你决定怎么办?

案例处理

1. 做出基本判断,进行伦理困境抉择

根据生命价值优先原顺序,生存权是人的最根本的权利,列于首位,在任何办法不能阻止老人改变决定的情况下不应给予保密。

2. 稳定老人情绪

作为社工,我们尊重案主,给她自我决定的权利。但是当她的决定会危害到她自身时,案主自决的原则就不适用了。社会工作者应试着再劝导老人家,让她知道解决问题的方法有很多种,希望她能认真再考虑一下,并陪在她身边。

3. 准备通知医院及家人

如果观察到老人家的确是没有任何回转的余地,则立即向院方和她的家属透露这个情况,加以干涉。

案例点评

1. 这一情况涉及的是案主自决权、保守案主秘密与生命价值之间的伦理困境。这是社会工作实践中常见的伦理困境内容。

2. 社工在打破"保守案主秘密"这一职业伦理前,还是要尊重案主,尽力去帮助案主自行改变想法,不能不做任何尝试。

3. 当打破职业伦理道德后,社工与案主之间的信任可能会受到冲击,社工应该及时采取行动,弥补这种信任关系的危机。具体做法是:首先向案主真诚的道歉;其次,主动要求案主做出对社工的惩罚;第三,在案主因社工泄密而产生的激动情绪平复之前,社工要随时陪伴在老人的身边,并真诚地继续提供照顾和关心。

案例二

假如你任职于一家地方政府的公共服务部门,最近陆续有一些在附近某工厂工作的工人向你反映他们好多工友身体感到不舒服,且表现症状相似,怀疑工作中的生产原料有一定毒性。你去做了调查,确实发现是这家工厂中的生产原料所带有毒物质致使员工身体患病。但是,该病尚未被纳入职业病条例,那家工厂也通过有关渠道向你们的机构施加压力,你的部门领导因此向你作了暗示。此时你作为服务于这些员工的社会工作者,该怎么办?

案例处理

1. 做出基本判断,进行伦理困境抉择

当个人价值、机构价值与社会公平与正义发生冲突时,应以促进社会公平与正义为首选,社工应该维护工人案主的利益。

2. 尊重部门负责人

部门负责人是同事,尊重同事的工作也是职业道德之一,我会与他进行商谈,说服该负责人。

3. 最终考虑在公正与合理的基础上,确定这一问题的解决

在与部门负责人商谈时,尽力取得他的支持,如果商谈失败,我应该根据相关规定为工人案主争取权益,把工厂生产原料损害工人健康这一事实反映给相关部门,对工人进行赔偿和医治,对工厂生产原料进行处理。

案例点评

1. 社会工作者应以人为本,也有责任促进社会公平与正义。在面对冲突时,不应以个人利益为重,或为机构利益驱动,其服务要注意维护案主利益。
2. 在这种情形中,在尊重同事的处理方式的前提下,找到与领导沟通的办法,进行不同意见的交流。
3. 该做决定时,果断决定,在这一案例情境中维护社会正义是根本准则。

案例三

案主王先生,今年35岁,最近因为婚姻问题来机构进行咨询。据王先生讲,半年多来他和妻子之间屡屡发生冲突,争吵不断。现在妻子已经很少和他说话,两人视同陌路,关系紧张。在最近的会谈中,王先生的情绪异常沮丧和激动,他告诉社会工作者,前两天他发现了妻子有了情人,因而非常愤怒,感到自己

社会工作者素质提升　项目一

被愚弄和背叛了，还说真想杀了那家伙。社工在会谈结束前，特地问了王先生有关想去杀那个所谓的妻子的情人的问题，但最终还是不能确定王先生是否真的会采取行动。请问，假如你是负责这个案例的社会工作者，你觉得本案例可能会涉及哪些伦理准则？你怎么处理呢？

案例处理

1. 根据社会工作过程中常见的伦理困境情形进行判断

该案例中，社会工作者面临的伦理困境是保密原则与生命价值第一原则之间的矛盾。这个案例中的王先生有威胁到他的妻子的情人的生命安全的可能。社工在为案主提供服务时可能会面临一种伦理的两难选择，体现在本案中即社工如果奉行保密的原则，就要尊重案主的隐私权和自决权，但因为案主有"杀妻子情人"的说法，因此，在不清楚案主是否会付诸行动的前提下，社工有责任保护那些可能受到案主伤害的第三者，即生命第一的原则，且在两条原则相冲突的情况下，按照伦理原则的顺序，保护生命是优先于保密原则的。

2. 采取行动，进一步确认案主"报复他人"的行为是否付诸行动

保持与案主的联系，与案主进行会谈，做案主的辅导工作，帮助他正确对待婚姻中出现的问题，找出解决问题的妥当的办法，及时打消案主报复他人的念头。

3. 采取防范

采取及时的防范措施，找案主的妻子谈话，了解真实情况，并建议提醒王先生所谓的第三者加强防范。

4. 随时准备请求司法机关或其他专业人员的帮助

如果肯定案主的报复行动会发生，必要的情况下可请求司法机关或其他专业人员的帮助。

案例点评

1. 在本案例中，生命价值优先原则可体现为"与案主相关的他人"的生命价值也是社会工作者在工作过程要去维护的，我们不能狭隘的把生命价值优先原则理解为案主的生命价值,还应包括与案主相关的其他人员。这里面又体现了社会工作过程中的另一个基本原则,客观公正的原则。表现为本案涉及的王先生的妻子的情人,作为普通人我们可以有价值立场,可以去谴责这个情人的道德问题,但是在社会工作者职业立场视角下,应从客观中立和价值无涉出发,给予该情人的生命价值保护。

2．在这种不确定危险是否发生的情况下,我们社工不能有任何的侥幸心理,要及时跟进案主,引导案主自己梳理激动情绪,帮助案主找到合适的释放途径。

3．作为社工,我们要及时去了解案主所知道的信息是否真实,是否存在片面和一厢情愿的不确定因素,利于我们掌握有利证据去说服案主。

六、拓展提高

1．结合实习过程中所遇到的伦理困境,总结你的处理方式。

2．在做出伦理抉择后,可能使社会工作者与案主间的信任关系被打破,请思考如何去重建或恢复这种信任关系?

3．请与工作岗位上的社会工作者就实际工作情境中的伦理困境问题,讨论伦理抉择判断与伦理困境处理的技巧。

项目二　个案社会工作

理 论 链 接

一、个案工作含义

个案工作是指专业工作者遵循基本的社会工作价值理念，运用专业的知识、方法和技巧，通过建立一对一的专业关系帮助有困难的个人或者家庭发掘和运用自身及其周围的资源，改善个人与社会环境之间的适应状况。个案工作与小组工作、社区工作并称为社会工作三大直接服务方法。在社会工作史上，个案工作是最先发展起来，并成为其他社会工作方法的基础。

二、个案工作要点

为了充分理解个案工作的含义，我们可以从以下几个方面来理解这个概念。

第一，个案工作的实施主体是具有专业知识、方法和技巧的社会工作者。他们受过专业训练，能够运用社会学、人际关系学、心理学等社会科学知识，按照科学合理的步骤为案主提供服务，因此，他们的工作区别于一般的志愿者的公益活动，具有很强的专业性。而在具体的实务工作中，则要求个案工作者能够充分发挥自己的个性特长，在社会工作基本价值观指导下，结合人际沟通的技巧来灵活应对各种局面，这又体现了个案工作的艺术性。

第二，个案工作的服务对象是面临各种社会适应问题的个人或家庭。个案工作认为服务对象所遇到的问题往往是与其所处社会环境有联系，表现为一方面服务对象能力不足，另一方面是环境对服务对象的压力和挑战，当服务对象的能力不足以应付环境的压力和挑战时，这时就产生了社会适应问题。个案工作的目标是努力恢复和增强服务对象的社会功能，使服务对象有能力应付环境的压力和挑战，增进其与环境的相互适应。

第三，个案工作十分重视运用案主自身的潜能和社会资源。首先，社会工作基本价值观认为，每个人都有其独特的价值，有权利获得必要的资源以解决问题并发展潜能。因此，个案工作者在与案主交流时，要善于帮助案主认识、发掘其自身的各种潜能，包括智力、体力和心理能力。同时个案工作者还要充

社会工作方法与实务

分调动、运用自己以及案主的人际关系资源、政策福利资源、物质资源、信息资源等,以帮助增进案主与社会环境之间的相互适应。

第四,个案工作采用一对一的专业服务方式。在助人过程中,重视一对一专业关系的建立和运用,工作者用同感的了解,温暖和接纳,真挚和诚实以及专业能力获得案主的信任和合作,因此能够深入探索案主的问题,理解其独特的处境,并有针对性地帮助案主解决所遇到的问题。这种专业服务方式也充分实践了社会工作尊重人的个性、差异性、独特性这一基本价值理念。

三、个案工作的常用模式

个案工作方法是社会工作三大工作方法中出现最早、实践历史最长的工作方法,在个案工作实践的过程中,积累了很多工作模式,本教材选择在我国社会工作情境中最常用的几种模式给予介绍。在后续的不同情境中就其工作过程与具体方法技巧再详细介绍。

(一)危机介入模式

又被称为危机调适模式。危机是指由于突发事件或一系列长期存在的负面困扰打破人们原有的生活常态,给人们带来个人无法克服的困难,可能导致个人身心混乱的一种状态。当案主处于危机状态而通过自己的力量不能顺利克服时,社会工作者介入他的状态给予帮助,就称为危机介入模式。

该模式的应用范围涉及处于成长危机、焦虑、人际紧张、抑郁症、突发灾难等情境中的案主。具体应用见教学情境一。

(二)心理与社会治疗模式

心理与社会治疗模式最早是由社会工作者玛丽·杰雷特在1928年提出,该模式注重借助"人在情境中"把心理因素和社会因素结合起来帮助求助者,是个案工作最基本的理论分析模式之一,也是个案工作者经常采用的一种传统的工作方法,该模式具有开放性,可以对其他各种不同理论兼收并蓄,或者结合其他模式使用。

正是由于该模式的开放性、综合性,能够兼顾个人生理、心理、社会因素,所以其适用范围甚广,可以用于大部分个案情境的分析治疗。在教学情境一中案主的危机情境解除后,后续的介入应用了心理与社会治疗模式。

(三)认知行为治疗模式

认知行为治疗模式是20世纪70年代后期极受关注的治疗方法。该模式教导案主学习各种行为修正技巧以及在认知思考上重新做出理性的评估,通过认知和行为技术来矫正不合理的认知和行为,从而使人的情感和行为得到相应的改变。

这一模式的适用范围主要有:恐惧症、焦虑、强迫症、抑郁症、社交困难、问题行为等。具体应用参见教学情境二。

(四)任务中心模式

任务中心模式是社会工作者在长期的个案和小组工作实践中发展而来的实务经验。其含义是把案主需要解决的问题作为一个或一系列需要完成的任务,社会工作者协同案主一起去完成这些任务最终达到问题的解决。在这一工作模式中,案主是主导者,社工只是必要的协助者。

这一模式被广泛应用于个案社会工作和小组社会工作之中,主要涉及人际冲突问题;与正式组织间的冲突,如医患矛盾,劳资矛盾等;角色执行困难,如作为父母的角色困难等;决定的问题,如我是继续上学还是休学;反应性情绪压力,指因为个人遭遇而产生的焦虑、紧张、挫折等;资源不足的问题,如缺少食物、没有工作等问题;其他心理或行为问题,如成瘾行为、恐惧反应、自我形象等问题。具体应用参见教学情境三。

(五)家庭治疗模式

家庭治疗自20世纪50年代以来,被社会工作者运用于心理辅导、治疗以及家庭社会工作服务之中,在实践中形成了许多流派,如结构式家庭治疗、萨提亚家庭治疗(联合家庭治疗)、行为主义家庭治疗、叙事治疗等。它是"一类以家庭为对象进行的治疗模式,治疗师通过与全部或部分家庭成员的治疗性会谈以及其他专业技术来协助家庭成员改善家庭关系,建立良性的家庭互动模式,从而从根本上解决整个家庭及其个别成员的问题,促进家庭的良性运转和家庭成员的身心健康。"[①]

该模式适用范围涉及家庭成员间关系问题、家庭角色分担问题、家庭功能失调问题等,此外还包括因家庭因素导致个人的各类问题等。具体参见教学情境四。

---

① 张文霞 朱东亮:《家庭社会工作》,社会科学文献出版社,2005,第120页

社会工作方法与实务

四、个案工作基本原则

在从事个案工作实务过程中，需要工作者遵循一些基本的原则，这些原则集中体现了个案工作的核心价值理念。实践这些原则，是每个个案工作者的责任，是建立起个案工作专业关系的关键，也是我们取得实务成功的重要前提。

1. 个别化原则。这一原则要求工作者在个案工作过程中视案主为独特的个体，而非一类人。遵循这一原则，不允许简单地用一个标签或者根据自己的经验刻板地对待案主及案主的问题，而是要充分尊重案主的独特性、差异性，并为案主提供针对性、个别化的服务。个别化原则也是个案工作的重要特征。

2. 接纳和承认的原则。这一原则要求工作者无论面对什么样的案主，均应无条件地承认对方的尊严和价值，并且肯定其值得帮助。遵循这一原则，不允许工作者因为案主曾经的经历或行为或者与工作者不相投的特质而反感、歧视、拒绝案主。作为专业工作者应该认识到案主的经历和行为只是代表他的过去，这些经历和行为往往有其发生的特殊原因，而且也并不代表案主作为一个个体生命的全部，尽管他有缺失，但工作者能包容这些缺失，而且有能力去发现案主的优点和长处。

对于案主而言，工作者的接纳和承认有助于案主体验到被尊重，从而降低防卫心理，能够自由地表达自己的想法和看法，这使个案工作者能更清楚了解案主的问题及问题背后的原因，更有成效的开展工作。但工作者要注意的是接纳和承认并不等同于赞同案主所有的行为，不赞同也可以做到接纳和承认。

3. 非批判原则。这一原则要求工作者的角色不是去判断案主的是非对错，而应以开放、接纳的态度去了解案主，帮助案主。遵循这一原则，不允许工作者轻易地责备案主。在工作过程中，社会工作者似乎难于避免会从自己的价值立场出发，自觉不自觉地来衡量案主的言行举止是否"合乎规范"、"正常与否"，因此，要培养非批判的态度，首先是要真正接纳案主，其次是了解自己的工作不是一个"法官"，最后工作者应正常反思自己的价值立场和言行。

4. 理解关怀的原则。这一原则要求工作者在个案实务中有适度的情感投入。成效良好的助人工作应是心灵间的维持与接触，如果个案工作者例行公事的面谈，对案主的倾诉无动于衷，置身事外的冷漠，这是无法取得助人的成效。作为案主，希望他的感受能获得工作者的充分理解和真诚关切，工作者如果能够与案主在情感上取得共鸣，用自己的言语和非言语传递对案主处境的关心，这无疑会增加案主改变的动力。

5. 案主自决原则。这一原则要求工作者承认案主有自己做出选择和决定的

个案社会工作 项目二

权利，不允许工作者将自己的决定强加于案主。在工作过程中，重视案主参与的作用，案主的参与可以帮助其发展能力，减少依赖，恢复自信，这是个案工作助人自助，发展人的潜能的价值理念的体现。当案主行使自我潜能的能力缺失时，工作者应尽可能恢复其能力，以行使案主自我决定的权利。只有当案主是儿童，或案主有心智障碍或缺乏现实感，当案主的行为结果是无法预测或无法改变，如自杀或伤害别人，当暂时性的限制案主的自由，可以增进案主未来的自由和自主性时，工作者可以谨慎的限制案主的自决权。

6. 保密原则。这一原则要求工作者对案主的个人隐私必须予以小心处理，保守秘密。它显示了工作者对案主的尊重，能给案主带来安全感，使其与工作者能坦诚、无保留、深入地探讨自己的问题和感受，最终有助于案主问题的解决。但工作者在实施这一原则时，应当认识到无法向案主承诺绝对的保密，只能信守相对保密，如有时工作者需要同督导讨论案主的问题，以及法律规定需要工作者作证之时。

五、个案工作的基本程序

尽管在面对不同个案情境时，具体的处理方式不尽相同，但很多专家和实务工作者都还是承认有一套可供借用的个案工作程序来指引我们开展工作，这并不是要求我们刻板地去使用这套程序，而是因为提供这样一个程序可以使我们的助人服务过程更清晰，更有条理。以下，我们先简要介绍一下个案工作的程序，至于这些程序的运用，将会体现在接下去的教学情境一的任务中。

1. 接案。开展个案工作的第一步是接案，工作者的任务是与案主初步接触，了解案主的问题并决定是否提供服务或是转介，如果继续提供服务，在这一任务达成时，应与案主建立起专业的关系，为下一步工作的开展奠定良好的基础。

2. 收集资料和预估。在建立起专业关系后，个案工作者应当进一步尽可能详尽地收集与案主问题相关的资料，并且进行整合，根据"人在情境中"原理，对案主的问题进行评估，为制订服务计划奠定基础。

3. 制订服务计划。这一步的主要任务是在预估的基础上，工作者与案主一起确定合适的目标，围绕目标，确定具体的，可操作的计划，并签订服务协议。

4. 实施服务计划。这一步是个案工作过程中的关键步骤，因为经历这一步，会体现你的最终工作成效。在这过程中需要个案工作者积极灵活运用专业的知识、方法和技巧，推进工作计划，以实现案主和环境状况的改变

5. 结案与评估。这是整个个案工作的最后一步，其任务是结束工作者与案主间的专业关系，并对整个服务过程进行回顾、总结和评估。

社会工作方法与实务

教学情境一　危机介入与心理社会模式个案工作过程 以自杀与贫困家庭救助个案为例

任务一　接　案

教学目标

通过教学，使学生掌握接案的任务要点，做好初次面谈前的准备工作，并具备与案主进行初次面谈，建立专业关系的能力，学会撰写接案报告。

案例背景

案主陈某，男，年龄 42 岁，初中文化，1988 年从部队复员回家后，曾在省城打工多年，未挣到钱，2005 年后返乡务农至今。陈某于 1991 年和妻子沈某结婚，育有一子一女。儿子今年 18 岁，2007 年时，因考高中时分数不够，只能自费入学，每年学费 5000 元，现读高中二年级，儿子上高中的学费是从案主妻子的大姐家借的，至今未还。女儿 16 岁，读初中二年级。案主的妻子沈某高中学历，在一所学校做代课教师，每月收入 800 元。全家主要靠案主妻子的微薄收入来维持生活。由于家庭压力沉重，陈某曾多次在亲戚朋友面前流露"活着一点都没有意思，活得窝囊"。

家人担心陈某的状况，求助于社区服务中心，服务中心在得知陈某的境况后，决定让社工负责处理该个案。

工作任务

1. 了解案主的基本情况
2. 与案主面谈前的心理准备

3. 安排与案主的会谈
4. 拟订与案主的初次面谈纲要
5. 与案主进行初次面谈
6. 撰写接案报告

一、术语理解

1. 接案

接案是指社会工作者和潜在案主开始接触，了解其需要，通过双方沟通达成初步协议以一起来解决问题的过程。对个案工作者而言，接案是与案主建立信任和合作关系的重要阶段，也是成功收集资料和进行预估的必要前提。

2. 面谈

面谈是指社会工作者与案主进行面对面的沟通，以了解其问题，评估问题和促进案主改变的专业谈话。每次面谈都有时间限制，有明确的目的，有特定的内容，有角色规定性。面谈还有一定的结构，一般而言，面谈包括开始、发展、结束三个阶段。

3. 专业关系

接案的目的就是工作者与案主建立信任和合作的专业关系。个案工作专业关系是为达成特定目标而结成的关系，特定的目标是双方关系的基础，特定目标一旦达成，专业关系就告一段落。关系的单一性、功能性是专业关系的特点。

4. 转介

转介是指针对非本机构或者个人所能提供服务的个案，经过必要的程序，而转送到其他机构或者个人，使其能够得到更适当的服务。一是机构不提供案主所需要的服务；二是机构无法提供更专门的服务；三是机构只为某一区域的人提供服务，而申请人不是在此区域之内的人。

二、要点提示

（一）个案工作者在接案时的主要工作内容

1. 做好接案前的准备工作

俗话说"细节决定成败"，初次面谈前细致的准备关系到接案的成败，也充分体现了对案主的尊重，有效的准备使得案主在初次面谈时就能判断能否获得工作者的帮助。下面是初次面谈前的准备工作要点：

（1）资料准备。工作者应仔细研读案主的来访记录或者档案材料，有时可向与案主有过接触的人员询问案主的情况，以便在初次面谈前对案主有大概的认识，工作者还应进行与案主问题需求相关的专业知识准备，必要时还需进行专家咨询。

（2）心理准备。工作者在面谈前应对自我进行分析，关注个人的成长历史、性格、需求、偏见、情绪倾向以及行为模式对案主会产生何种程度的影响，并检查自己当前的情绪状况是否适合面谈。工作者还应根据案主的信息，去感受案主的感受，以便工作者更敏感地去碰触案主的困境和关切点。

（3）事务准备。工作者应对初次面谈的时间、地点作出安排，并布置好有利于与案主面谈的环境，工作者还需注意自己在初次面谈时的穿着等细节性的安排。

（4）拟订初次面谈大纲。为了明确面谈目的，理清思路，使面谈更有效率，减少疏失，工作者应在面谈前草拟一份面谈大纲。一般而言，初次面谈大纲包括如何介绍自己及机构；了解案主的困难，确定案主的期待；说明面谈的目的、双方的角色及面谈的规则；澄清案主的疑问；小结本次面谈，探讨下次面谈的时间、地点和内容。

2. 进入初次面谈

初次面谈是社会工作者和案主第一次进行面对面的接触和交流，其主要任务是让案主对社会工作者及其服务开始产生信任，并且了解服务过程和服务规则，对于社会工作者而言，则是对案主的问题和需要进行初步的了解，强化案主的求助动机，促使其接受进一步的服务。以下是初次面谈的工作要点。

（1）自我介绍。工作者在热情地欢迎案主同时，通过介绍自己的姓名、工作部门、工作内容、特长等来表明自己的身份。

（2）了解案主的困难，确定案主的期待。案主面临自己无法解决的困难，对会谈通常也会有不同的期待，如希望工作者提供明确的建议，教导他如何做才好，一些案主来求助时，能够主动说出自己的期待，在大部分会谈中，案主并不会主动说明自己的期待，这时工作者在案主描述完困难后，应引导案主说明自己的期待。

（3）说明面谈目的、角色及面谈规则。一些案主对面谈抱有很高的期望，有些案主产生依赖工作者的心理，更多的案主期待社会工作者提供直接的建议，自己则遵循工作者的建议，快速地解决问题。其实，这些都是因为对社会工作者的助人过程及工作者和案主在工作过程中所扮演的角色认识不清所致。因此工作者应向案主说明社会工作助人过程,自己的伙伴角色,强调与工作者合作的重要性,赋予案主责任以及需要案主采取行动。工作者还可以向案主介绍机构的政策和相关的伦理原则。

(4)澄清案主疑问。工作者在向案主作必要的说明后,还应询问案主是否了解清楚了,还有没有其他疑问,如果案主尚有疑问,工作者需要进一步作出解释和说明。

(5)初步探索案主问题和需要。尽管初次面谈的时间非常有限,但可以对案主的问题和需要进行大致的了解,通过初次面谈,开始搜集案主的资料,为下一阶段的预估做好准备。

(6)结束面谈并安排下次面谈时间、地点。工作者小结本次面谈,并安排好下次面谈的时间地点及可能涉及的主题,有礼貌的向案主告别。

3. 撰写接案报告

接案报告就是对整个接案过程的记录和回顾,可以是详尽的接案过程记录,也可以是接案摘要记录。

(二)初步接触后的三种处理方法

1. 接受请求。如果案主的问题与机构的功能相符合,则予以立案,开始登记并建立案主档案,进入下一步的工作。

2. 转介。转介就是把案主介绍到更适合的机构接受服务。通常在以下三种情况下对案主进行转介。一是机构不提供案主所需要的服务;二是机构无法提供更专门的服务;三是机构只为某一区域的人提供服务,而申请人不是在此区域之内的人。

3. 既不立案,也不转介。如果当事人并不申请服务,只是来咨询,工作者可暂时不予立案;另外,有的案主并不是主动来求助的,是在他人逼迫的情况下来见工作者的,抵触情绪很大,个案工作者一时也无法展开诊治,这时只能暂不提供服务,待案主情绪稳定后再立案。

三、方法技巧

(一)建立专业关系的技巧

在接案阶段,与案主建立专业的助人关系之时,有三个技巧是需要我们重视运用的。

1. 积极倾听技巧

积极倾听是社会工作者最基本的职业素质。它是指工作者在工作过程中不仅需要用耳朵去听案主究竟说了什么,还要用眼睛观察案主的肢体语言,并用心去理解案主的陈述背后所表达的情绪以及传递的信息,最后还要用嘴巴适当的回应案主的表达。

2. 同理的沟通技巧

同理的沟通技巧是指正确了解案主,敏锐觉察案主内在的感受,并将这些了解以符合案主当时的感受,用语言表达给案主。同理的第一个要素是同理的了解,也就是社会工作者对案主内在经验感受的了解,第二个要素是将这种了解用准确的语言传递给案主。

运用同理的沟通技巧的重要意义是:当社会工作者在接案阶段使用同理技巧时,能传达社会工作者对案主情绪的细致的了解,并创造了一种接纳的气氛,使案主愿意探索个人的想法和感受;同理反应能使工作者与案主维持心理的接触,不会忽略案主的情绪和反应的变化,而社会工作者的忽略会让案主觉得社会工作者不感兴趣或不关心,从而退出助人关系;在面对非自愿案主时,由于他们经常会有气愤、受伤、失望等情绪,同理反应能协助案主表达这些负面的情绪,对怀有敌意的案主,同理反应技巧更是不可缺少,可以有效减低敌意案主的威胁感和防卫性。

3. 真诚的沟通技巧

真诚是指社会工作者以自然、诚实、开放的态度,在会谈过程中与案主分享自己。当社会工作者能够在会谈中真诚的与案主互动,可以有效降低案主的防御心理,同时也为案主树立表里一致的榜样,促使案主开放自己。而工作者和案主的相互开放,可以保证个案工作沟通的效果,这也正是专业的助人关系表现出的重要特质。但要做到真诚并不是很容易。首先,工作者要有一个健康的自我形象,要有充分的自信。其次,真诚并不意味着工作者可以口无遮拦,想说什么就说什么,工作者应基于案主的利益来表达自己的感受。最后,真诚还需要工作者对案主有真心的喜爱,对人有乐观的看法与基本的信任。

(二) 面谈的技巧

社会工作者通过与案主面谈建立助人关系,还通过面谈收集案主的各种信息,了解其问题,找到解决问题的方法,并帮助其发生改变。因此,面谈过程中使用的技巧不仅仅在接案过程中有用，在整个助人过程中都是属于基本的专业技巧。

面谈时常用的技巧有：支持性技巧、引领性技巧和影响性技巧。

1. 支持性技巧。这是指工作者通过身体及口头语言的表达，令案主感到被尊重、被理解、被接纳，从而建立信心的技术。常用的支持性技巧主要有专注、复述、鼓励等。

（1）专注。专注是指工作者面向案主、愿意与案主在一起的心理态度。专注行为可以给案主带来安全感，有助于案主情绪的稳定，促进案主的开放，缩短案主与工作者的心理距离，专注还有助于工作者观察案主，了解案主。要做到专注，工作者需要面向案主，采用开放的身体姿态，上身前倾，并与案主维持良好的视线接触。

（2）复述。复述是把案主所说的基本信息，用较简短的语言去重复表达。但这并不是简单地重复一遍案主的话，而是在理解案主意思的基础上使用不同的词来表达。这种重复可以告诉案主你在认真地听他讲的话，另一方面，如果你没有真正听懂案主所述的意思，案主就有机会加以解释或更正。有时重复的内容也可以表达工作者对案主观点的强调或重视。

（3）鼓励。鼓励是指工作者通过声音、姿势、简单的句子甚至只言片语等来鼓励案主继续表达他们的感受和看法。鼓励可以培养案主表达的能力和勇气，促进沟通，支持案主去面对并超越心理障碍。运用时，工作者预计或观测到案主有害怕或退缩的行为，可以用言语加以鼓励，如"请继续"、"对"、"很好"等，或使用非语言的支持，如身体前倾、面带微笑、点头等使案主感到受鼓励。

2. 引领性技巧。这是指工作者引导案主具体、深入地探索自己的经验、处境、问题、观念等的技巧。常见的引领性技巧主要有澄清、对焦、摘要等。

（1）澄清。澄清是指工作者引领案主对模糊不清的陈述作更详细、清楚的解说，使之成为清楚、具体的信息。及时的澄清有助于表述的具体和清楚，保证沟通的准确性，避免误解的发生。在运用时，工作者可用开放式的提问引导案主更多的表达，或用封闭式提问来获取简单、明确的答案，或者邀请案主举例说明或作补充，也可直接询问。

（2）对焦。对焦是指将游离的话题，过大的谈论范围或几个同时提出来讨论的问题集中起来，由工作者指出这些问题的重心所在，再继续进行讨论。对焦可以减少讨论中的难题，减轻混乱的程度，避免模糊不清的状况，以利在相关的主题上做具体的讨论，使探讨更为深入。在运用时，工作者留意谈话内容是否出现散乱、偏离话题、失去方向的情况，如果有这些情况，工作者需把谈话的重点再次带回主题，但不宜立即阻止或强行打断受助者的说话，而应先就他们刚才的说话略作回应，使他们感到受尊重，然后再重申目前应关注的话题，若讨论包含若干个问题，工作者可以协助案主选取优先讨论的问题，引导讨论朝某方向进行。

（3）摘要。摘要是把案主一段相当长的说话内容片段或在不同部分所表达的内容、感受加以整理，概括归纳，作重点摘述。摘要可以帮助案主理清混乱的思路，促进案主对自己的了解，促使案主在某个话题的重点上及讨论主题上做更进一步的探讨，协助案主回顾在面谈中曾经表述过的内容，以便在面谈和聚会的开始、中间和结束部分，发挥承前启后、推动进程的作用。在运用时，工作者应留心倾听案主提到的不同话题，把所谈及的内容及感受重点串联起来，进行综合归纳，以简单明了的语句进行摘要。

3. 影响性技巧。是指工作者通过影响案主，使其从新的角度或层面理解问题或采取其他方法解决问题的技巧。常用的影响性技巧包括提供信息、自我披露、建议、忠告、面质。

（1）提供信息。提供信息是指工作者将一些案主需要得知的资料传达给他们。这些资料可包括一些关于政府政策、社会服务、社区资源、机构服务、活动内容等，以使案主增进对这些资源的认识，作出行动决策以解决问题。工作者提供信息时，应关注案主的问题究竟是什么，按照他们的问题，提供适合的资料，并需要留心对方是否愿意去接收有关的信息，工作者所提供的信息必需具体、实在。

（2）自我披露。自我披露是指工作者选择性地向案主披露自己的亲身经验、处事方法和态度等，从而使案主能够借鉴他人的经验作为处理个人问题的参考。自我披露可以引导案主从其他的角度去思考问题，或参考别人方法解决自己的问题，自我披露还可以为案主树立坦诚沟通的榜样，工作者的坦诚、与人分享自身的经历和感受的做法，会感染案主使其愿意表露自己的内心世界，工作者的自我披露还有利于促进工作关系。在运用自我披露时，工作者应注意认真衡量欲披露的亲身经验与当下讨论的案主的问题及情境是否紧密相关，披露的内容是否能给案主带来建设性的帮助。工作者应注意自己与案主的差异，尊重案主的独特性。工作者还需检视自己是否出于个人需要而自我披露。

（3）建议。建议是指工作者对案主的情况、问题有所了解和评估后，提出客观、中肯具建设性和有助于解决问题的意见。建议有助于案主认识到可以用来处理自身问题的方法，增加案主做决定时可选择的范围，促使其采取有建设性的行动。工作者在建议时应清楚地说出所提议的内容，并说明该建议背后的原因或根据，征询式而不是命令式地向案主提出建议，并与案主一起讨论该建议的适合性和可行性,让案主清楚具体的做法,鼓励案主接受建议。

(4)忠告。忠告是指工作者向案主指出案主行为的危害性或案主必须采取的行动,通常针对一些比较严重的事件或行为。但是,是否严重是一种价值的、道德的判断,是很主观化的,因此,工作者应该耐心地讲清道理,提供案主不知晓的知识和视角,使案主有所领悟。否则,是收不到忠告的目的和效果的。

(5)面质。面质是指工作者发觉案主的行为、经验、情感等有不一致的情况时直接发问或提出疑义的技术。通过面质,工作者可以协助案主觉察到自己的感受、态度,信念和行为不一致和欠缺协调和谐的地方。由于面质含有攻击性,因此工作者在使用面质时要注意,面质一定要建立起信任关系后才可以使用,进行面质时,要持真诚与关怀的态度,在使用面质后,要细心体察案主的感受。如有必要,要反映出他的感受或赞赏他的长处,让案主感到他是被接纳和被关怀的。

四、注意事项

1. 避免将案主定义为"问题人"。尽量避免问求助者"你有什么问题",这种提问有认定"求助者有问题"的嫌疑,使之产生心理的不愉悦的感受。可以尽量转化为"你有什么需要跟我谈"等这样的问句,让人觉得舒服,有安全感。

2. 避免将案主标签化。要认识到案主问题和需要的独特性,重视案主对待困难和问题的个人感受与看法,并用个别化的原则来处理该个案。

3. 避免评判案主的对错。工作者的角色是了解和帮助案主,而不是对案主作出是非对错的评判。评判会引起案主的紧张和防卫心理,阻止他的自我表达。因此工作者应接纳案主,尊重案主,不采用否定、责备、拒斥的态度。

4. 避免过早的提出建议。由于很多案主在困境中期望得到明确的指导,以使其能尽早走出困境,而刚刚从事个案工作的新手往往会迎合这种期望,在未弄清楚问题的来龙去脉之前急于教导案主,寻求对问题的即刻解答。这种草率的建议不仅无助于问题的解决,还容易让案主怀疑工作者的专业能力。

5. 避免缺乏同理的回应。在建立专业关系时,缺乏同理的回应会使案主觉得工作者不明白自己,不关心自己,没有同理,工作者容易批评案主,也会阻止案主的自我探索。而同理的回应可以让案主感觉被理解和接纳,从而促进案主的开放。

6. 避免强迫非自愿案主。一些非自愿案主往往对工作者的服务有抵触情绪,甚至怀有敌意。工作者应把握好案主自决原则,将是否接受服务当作案主可以选择的选项。工作者可以强化案主求助的动机,但不能强迫案主接受你的服务。

五、实务操作

(一)了解案主的基本情况

社工在接受了社区服务中心的工作指派后,立即仔细阅读载有案主信息的服务申请表(见表2-1),并用笔划出了需要引起注意的信息点。社工认为,当务之急是尽快与案主直接碰面,了解案主的精神状况,做好自杀风险评估,稳定其情绪,并采取相应措施以确保案主的安全。

在了解陈某的基本情况同时,工作者检查自己的专业知识储备,这里包括自杀评估及干预技术、有关中年危机的知识,工作者可借助专业书籍、互联网获取这些知识,或者寻求督导和有经验的同事的帮助。在此,如果工作者感到自己不能胜任该个案的服务工作,则需要进行及时转介。

表2-1 ××镇社区服务中心服务申请表

姓名	陈某	性别	男	年龄	42	婚姻状况	已婚
家庭住址	××市××区××镇××村××组		联系方式	158××××××××		工作	务农
求助途径	家人转介(案主大哥求助)		主要问题	家庭负担重、案主有轻生的想法			
背景资料	**案主的状况:** 案主初中毕业,曾当过兵,退伍后在外打工,没挣到钱,三年前停止外出务工,在家务农,农业收入低,家庭负担重,多次在亲戚朋友面前流露出"活着一点都没有意思,活得窝囊"。 **案主的家庭状况:** 妻子高中毕业,是代课教师,儿子上高二,学费贵,每年学费5000元,女儿上初二,家里经济条件差,仅靠妻子每月800元的工资生活。因为儿子上学,负债近万元。 案主与父母曾在分家时发生争吵,与母亲关系不好,与弟弟的关系也不好,但与大哥的关系不错。案主与岳父母关系也不好。 **案主的社会状况** 案主为人沉默,与周围村民很少来往,曾竞选村委书记职位,但失败,仅仅当选了村支部委员。有些村民认为其作为村干部,处理不好与母亲的关系,不称职。但案主有一位好友,是其当兵时的战友,又同村,所以经常来往,案主能与其深入交谈心事。						
服务中心意见	由于案主有轻生念头,拟派社工紧急介入。						

(二)与案主面谈前的心理准备

社工在与陈某会面前,尽力处在陈某的生活情境中去感受他的感受,他目前对生活一定很绝望,务农没有多少收入,还要靠老婆的工资维持家庭生活,在乡邻面前如何能抬起头?子女要上学,特别是儿子,现在一年要交这么多的学费,原来的债没有还,新的债去哪里借,借了后又怎么还,这生活还怎么过?把握陈某心情的同时,工作者还应反省自己的价值观以及自己的心情是否适合处理该个案。

(三)安排与案主的面谈

社区服务中心有个案会谈室,布置得很温馨舒适,光线充足,通风好,最重要的是会谈室隔音效果好,不易受打扰,能让案主觉得有足够的安全感。但社工考虑到陈某的状况,决定把第一次面谈的地点放到案主家中去,一方面这是案主所熟悉的环境,另一方面工作者可以顺便观察一下案主所居住的环境及生活条件,这也是预估时的重要依据。由于案主不是主动求助,而且事情危急,所以工作者决定不经过电话预约,而是采取主动登门拜访的方式。临去案主家之前,工作者还花心思检查自己的着装打扮是否适合与陈某会谈,在这一个案中,衣着光鲜,一身名牌显然是不合适的,朴素整洁一点的衣服能拉近与案主的距离。

(四)拟订与案主的初次面谈纲要

工作者在登门拜访案主前,还需要做的一个准备是拟订一个面谈纲要,这可以提高面谈的效率,同时也可以减少会谈中产生遗漏要点或造成疏失的情况。在面谈纲要中,工作者应先列明本次会谈的目的,以保证面谈围绕目的进行。以下是工作者与陈某初次面谈的纲要:

面谈目的:建立与案主的信任合作关系、评估案主的自杀危险程度,稳定案主情绪,确保其安全。

1. 介绍自己及职业。
2. 介绍本次面谈的目的。
3. 表达对案主情况的关注和理解,稳定其情绪。
4. 探讨、评估案主的自杀企图。
5. 促使案主承诺较短时间内暂不要采取自杀的行动,如果有此念头,应尽快联系工作者,或与某个值得信赖的亲朋好友谈话。

社会工作方法与实务

6. 了解案主的困难。
7. 约定下次面谈的场合和时间，以及面谈的内容。

（五）与案主进行初次面谈

工作者在进行了充分的准备后，立刻出发去找案主，在案主的家里，工作者刚好见到了陈某。对于工作者的来访，陈某露出怀疑、有些不友好的眼神，工作者赶紧进行自我介绍，以消除案主的疑虑：

"陈叔，您好，我是镇社区服务中心的社工小高，今天冒昧来您家，不为别的，听您大哥说您最近的情绪比较低落，他有些担心您的状况，因此托我过来与您交流一下，我可以进来谈吗？"

陈某将工作者让进了屋，工作者注意到陈某的家狭小，看起来有些破旧，家具陈设简单，有些凌乱。在屋里，工作者还看到一张陈某年轻当兵时的照片，照片中的陈某显得意气风发，而眼前的陈某看起来比他的实际年龄老多了，可能由于长期喝酒的缘故，陈某的脸上显得潮红并有明显的眼袋。陈某显得寡言，工作者为了打破沉默，就先由他的照片开始谈起。

"陈叔，您当过兵，看起来好精神啊！"

"是啊，在西藏呆过几年，那时候年轻。"案主开始有了回应。

工作者继续与案主寒暄了几句，觉得案主在慢慢地放松，举动也友好了，还给工作者倒了一杯水。这时工作者可向案主介绍一下自己的职业及工作过程。

"陈叔，您对社工有了解吗？"

"不是很了解。"

"那我简单介绍一下这个职业，可以吗？在中国，这个职业这几年刚刚发展起来，政府现在是很重视的。您也知道，现在家家都有一本难念的经，社工的职责就是倾听大家各自的难处，和我们的服务对象一起找到问题所在，一起想出问题解决的办法，最后一起来解决问题，这就是我们的工作。"

"唉！有些事，谁也没有办法的，这是命。"案主显得很绝望，对社工也有明显的不信任。

"虽然，我现在还不知道您具体说的是哪些事，但听起来你一定想过很多办法去解决它，您现在甚至感到有些绝望，对吗？"

"是的。我想你也不要白费劲了，反正我也认命了。"案主还是没有信心。

"陈叔，如果您愿意，不妨先让我听听您的苦处，只要我们一起想办法，一起努力，情况一定会有变化。您放心，我们的谈话是保密的，没有经过您的同意，我不会向谁透露您的情况。"

在这里，工作者向案主传达了关心和理解，并鼓励案主要有信心面对问题。在工作者的鼓励下，案主开始有些迟疑地讲述他的压力和感受。工作者则耐心地倾听，适时的回应，并对其自杀的危险性进行评估。

案主："我不止一次想到过去死，觉得自己真的活得很累，活着没有一点意思。"

工作者点头回应："这种想法什么时候出现？"

"一年多了。当我一个人时，就会反复想这个问题。你可能不清楚，我虽然有儿有女，有老婆，但是老婆是一月回来一次的，女儿跟着老婆，也是一月回来一次，儿子上高中，一周回来一次，所以基本上我是一个人过日子。"

"听起来你的压力很大，也很孤独，所以才会想到死。那你有没有实施过想法呢？"

"有一次喝了一点酒，差点就……。"

"您还记得这是多久发生的事？"

"十几天吧。"

"那是什么原因使你后来停止这一举动了？"

"想到了孩子，我如果死了就是孩子放不下。"

"感觉你很牵挂你的孩子，平时一定对孩子很好。"工作者强化案主跟孩子之间的联系，"那之前有没有留遗书？"

"没有。"

"有没有详细地去想怎么自杀。"

这时，案主的情绪有些激动，"有，我想如果有一天我真的要去死了，我想一定要把孩子一起带走，以免他们继续受苦。"

工作者初步评估认为案主有较严重的自杀倾向，而且案主的情绪极不稳定，不仅要自杀，还有进一步伤害自己孩子的可能，尽管在案主看来这是爱自己孩子的表现，所以应当马上采取进一步的措施来保证案主及其家人的安全。首先是让案主承诺在一段时间内暂不要采取自杀行动，并告诉他在自杀边缘时应当采取的应对行动。

工作者："陈叔，您能不能答应我，不管什么原因，在这两周之内，您先不要自杀。"

案主沉默着。

工作者略等待了一下，继续说："我想这段时间我们可以详细地讨论一下您所面临的困境，自杀仅仅是一个选择，我们可以一起商量，面对这些困境还有什么更好的选择。所以，我会留一个我的电话给您，当您有自杀的冲动时，

社会工作方法与实务

一定要先打电话给我,或者您也可以找您所信赖的亲人和朋友交流。这样您能做到吗?"

案主点点头。

除了让案主承诺短时间内暂不自杀的同时,工作者过后还应与案主的家人取得联系,让其家人更主动地去关心案主,密切留意案主的情绪、举动,积极防止案主自杀,以及出现伤害家人的行为。为此,工作者应与其家人事先商量应对之策,例如,把家里的刀具以及绳子、农药等收藏好,并商讨有突发危险时如何施救、自救等。

在作了紧急干预处理后,工作者在初次面谈时,还简要地探讨了案主想自杀的原因。

工作者:"陈叔,我感到困惑的是,您刚才说活着没有意思,是什么原因让您觉得活着没有意思呢?"

案主又沉默了,工作者没有说话,而是用关切的目光注视着案主。在沉默了一段时间后,案主终于开口了。

"好多不顺心的事啊。打工挣不到钱,回家这几年,养过猪,养过羊,都亏了本,去年养了两头奶牛,但是奶粉事件后,没有人来收牛奶了,只好把奶牛贱卖了,土里又刨不出几个钱。现在正是家里要用钱的时候,但一个大男人,却找不来钱,真的是抬不起头来。儿子成绩不是很好,虽然现在化(花)大钱在读高中,但是看起来是考不上大学了,差一点的学校如果去读了,也一定找不到好工作,担心他会像我一样,到处打工,也挣不来钱。没有钱,也娶不到媳妇。所以,你说我还有什么指望呢?"

工作者在倾听的同时,点头,让案主继续倾诉。

"自己身体也不是很好,去年胃病,又化了很多钱,动了手术,现在重活还不能干,家里只有我一个人,这时心情差得要死。因为儿子上学的事,已欠下一大笔债,我也不知道怎么来还这笔债。眼看着儿子又要上学了,还要交5000元钱,现在还不知道到哪可以借到这笔钱。你说,这些还不够让人烦吗?"

工作者:"这些的确够让人操心,所以您感到这日子没有希望。但我也看到了您为这个家所付出的持续努力,这比什么都重要。接下来,我愿意跟你在一起商量您的这些烦心事,我们可以一起来面对,您说好吗?"

案主感激地点点头。

……

至此,工作者认为助人关系已初步确立,案主开始信任工作者,并愿意与工作者一起面对问题。于是工作者准备结束本次面谈,结束面谈时,工作者可

个案社会工作 项目二

以回顾小结本次面谈的内容,并注意帮助案主的情绪恢复平静。

"时间过得真快,不知不觉中我们已交流了四十分钟,主要是听您讲述了您的压力和困扰,不知道您这样讲述后,感觉是否好点?"

工作者还可以向案主交代两次面谈间应做的努力,并确定下次面谈的时间和地点、内容。

"就像我们刚才讨论时所言,这段时间,如果有什么想不开,请您随时给我打电话,我相信,没有迈不过去的坎。在您的周围,还有很多人在关心着您,例如您的大哥,还有您的孩子、妻子,他们都不希望您出意外,所以您也可以与他们充分地进行交流。我们在下次面谈时可以更详尽地讨论困扰您的那些事,至于下次面谈的时间和地点,您觉得怎么定比较方便?"

最后,工作者应表达对案主合作的谢意,并有礼貌的告别。

工作者:"最后,谢谢您坦诚地告诉我这些,这很不容易。我们下次再见!"

(六) 撰写接案报告

下面是一个接案报告的例子。

接 案 报 告

接案人:×××

日期:×年×月×日

(一) 案主基本资料

姓名:陈某

性别:男

年龄:42

案主来源:亲人转介

1. 基本印象

案主是一个中年男人。社工走进他的家,感觉其家狭小,看起来有些破旧,家具陈设简单,有些凌乱。与案主接触发现案主显得心事重重,少言寡言。案主看起来比实际年龄要老。可能由于长期喝酒的缘故,陈某的脸上显得潮红并有明显的眼袋。

2. 关系的建立

由于案主寡言,社工先由其年轻时的照片为话题,打开案主的话匣,然后在社工的引导下,谈话进入了正题。社工主要应用倾听、同理技巧,评估了案主的自杀危机,与案主建立了助人关系,并对自杀危机进行了初步评估。

3. 自述问题

案主自述其有自杀的念头，并差点付诸行动。案主的家庭困难，打工赚不到钱，回家后务农也赚不到钱，儿子上高中费用高昂，家庭为此还负了债，案主据此认为其作为男人"无用"，活着没有意思，案主还担心其孩子的未来，为此感到悲观。案主生过胃病，身体不是很好，生病也加重了其负担，案主现在特别关心的是他孩子即将开学，而学费还没有着落。

4. 与家人关系

案主陈述案主的妻子一月回来一次，他的女儿也随着他妻子一月回来一次，儿子上高中，一周才回来一次，所以案主基本是一个人在家里生活。

5. 发现的问题

（1）案主的生活压力沉重。

（2）消极，觉得自己无用，活着没有意思，心理负担很重，有自杀的念头。

（3）案主尽管有完整的家，但几乎是独自生活。

6. 下次面谈计划

（1）继续处理案主的自杀念头，确保案主生命安全。

（2）更详细了解案主的情况，为评估做准备

社会工作者签名：　　　　　　　督导签名：

日期：×年×月×日　　　　　　 日期：×年×月×日

六、总结点评

1. 社工在面谈前应当做好充分的准备，包括资料准备、心理准备，拟订面谈大纲以及事务准备。

2. 与案主面谈前应决定是否需要紧急介入，遇到紧急情况时，就需要社工直接进入干预程序，先提供紧急介入服务再接案。

3. 初次面谈时社会工作者应当选择合适的话题切入点，想办法让案主能够慢慢开放自己。

4. 运用积极倾听、同理、真诚技巧与案主面谈，并建立起专业关系。

七、拓展提高

1. 社工未打招呼，直接去案主家里与案主面谈，请问合适吗？

2. 社工是怎么观察案主及案主家庭情况的？从社工的观察中你能得出什么结论？

3. 为什么社工选择案主年轻时的照片开始聊？

个案社会工作 项目二

4. 向案主介绍社工的职业起到了什么作用？
5. 社工是怎么处理案主的自杀危机的？如果是你，你怎么做？
6. 请你评价社工接案的成败之处。

任务二 收集资料与预估

教学目标

通过教学，使学生理解预估的原则，了解收集资料的范围与内容，掌握收集资料、预估的方法与技巧，学会预估报告的撰写。

工作任务

1. 确定收集资料的范围
2. 制定收集资料的计划
3. 开展资料收集工作
4. 预估
5. 撰写预估报告

一、术语理解

1. 预估

预估是指在收集案主资料的基础上，社会工作者对案主存在的问题、案主系统的功能、案主和环境的互动等方面情况形成综合分析判断，形成一个短暂性的评估结论的过程，从而为形成介入计划奠定基础。

2. 直接资料

直接资料是指通过与案主的会谈直接获得的资料。

3. 间接资料

间接资料是指在访视案主家庭、同事、邻居或其他有关机构时所获得的资料。

社会工作方法与实务

二、要点提示

（一）社会工作者要与案主共同协商确定收集资料的范围、计划

收集案主资料，需要社会工作者与案主共同参与。社会工作者如果没有案主的参与和配合，就不可能获取真实的信息，进而也无法对案主的问题做出准确诊断，更谈不上与案主达成对其问题的共识。因此，收集资料前，社会工作者要与案主共同协商确定收集资料的范围、计划。一般来说，收集案主资料的范围主要包含案主系统、家庭系统、社会支持系统三个方面。

（二）开展资料收集工作时要灵活运用各种方法

收集资料可运用的方法都很多，比如会谈、观察、家访、调查问卷、量表法、文献法、咨询等。社会工作者已事先与案主制订了资料收集的初步计划，但是还要根据实际情况灵活运用多种方法，以求达到收集资料的全面性和问题诊断的科学性。

（三）预估的内容

预估是工作者与案主一起汇集资料、进行分析和整合的过程，需要工作者与案主共同参与，否则无法对案主的问题做出准确诊断，更谈不上与案主达成对其问题的共识。预估的内容主要围绕三个方面。

1. 了解案主存在的问题，问题的性质、成因、程度及对案主的影响。
2. 了解案主个人的生活经历及行为特征，其中包括案主的人格特点特征、案主的长处和弱点。了解案主与周围环境的互动状况，及案主对自身问题的认识和改变的动力和能力。
3. 了解案主所处的环境，包括其家庭、朋友、工作单位、社区等系统的影响，从中找出有利和不利的因素。

（四）撰写预估报告

认定问题就可以准备撰写预估报告了。预估报告要清楚表达对问题的认识，为社会工作者自己和案主、社会工作机构以及那些与案主有关的系统提供关于案主需要与问题的准确和详细的信息，作为下一步制定介入计划的依据。

撰写预估报告时，要将事实与判断分开，语言简洁精炼。预估报告的结构如下。

第一部分：资料与事实。这部分主要是对问题的呈现，包括问题的时间及

涉及的任何系统，以及案主的背景资料。

第二部分：专业判断。这部分主要阐述如下内容：

（1）对资料的理解。

（2）对服务对象问题的评估。

（3）对形成问题原因的分析，对问题原因的理解和解释。

（4）判断改变的可能性和改变的益处。

三、方法技巧

（一）收集资料的方法

1. 会谈

会谈可以是个人会谈，也可以小组进行；可以针对案主本人进行，也可以针对案主的关系人进行。要使会谈有成效，社会工作者需要掌握会谈的技巧，如提问、话题衔接、澄清、反映感受、释意和总结等。

2. 观察

通过实地观察，可以增加社会工作者对案主及其社会环境的了解，增加对问题的实地感受，使所收集的资料更丰富和准确。观察有参与观察和非参与观察两种。在非参与观察中，观察者置身于被观察的对象或系统之外，观察对象不受观察者的影响，相对来说，这样收集的资料比较客观。

3. 调查问卷

调查问卷是非常有用的收集资料的工具。问卷的问题可以是结构性问题，也可以使开放性的。结构性问题为服务对象提供了一系列可供选择的答案，开放性问题则让他们按照自己的想法自由作出答案。

4. 文献法

主要是利用机构已有的案主资料、调查研究报告或政府机构所提供的有关问题与政策的资料等。案主若有其他方面的档案资料也都可以作为收集资料时的重要来源。例如，学生的成绩单、品德鉴定，低收入家庭申请救助的资料等。这些资料对了解案主的问题具有重要参考价值。

5. 咨询

为做出准确的预估，社会工作者也常常向其他专业人士咨询意见，以求对案主的问题有全面、正确、科学的认识。

6. 家访法

家访时社会工作收集资料是常用的方法。在家访中，社会工作者有机会观察服务对象在自然的家庭生活环境中与其家庭和相关社区系统的互动形态，观察和了解到很多在会谈中不能发现的东西。

（二）预估的方法

1. 家庭结构图：也称家庭树或家庭图谱，是以图形来表示家庭中三代人之间关系的方法。家庭结构图可以直观地提供有关家庭历史、婚姻、伤病等重要家庭事件、家庭成员间的沟通和互动状况等信息，帮助社会工作者了解案主家庭模式，案主在家庭中所处的位置，以及家庭对案主的影响等。

2. 社会生态系统图：简称生态系统图，是以图形来呈现个人、家庭及社会系统之间的相互作用和影响的方法。生态系统图可以清晰地展示案主与外在环境系统的关系，说明系统之间能量的流动和各系统间的关系本质，及其与案主需要和满足需要的资源系统、案主问题之间的关系。

3. 社会网络分析：用来评估和测量案主社会支持网络的种类和规模，并从案主主观经验的角度将其的支持的性质和数量呈现出来的方法。

四、注意事项

（一）个别化原则

个别化原则来源于案主的特点。社会工作相信，每个人都是独特的，都有各自的特点，长处和弱点。预估要准确反映案主的特点及其问题的特殊性，这样才能使介入工作是有的放矢，有效的。

（二）合作原则

预估需要案主一同参与，来探索问题的领域和探索的方式。所以，这是工作者与案主合作的过程，案主的参与将使收集的资料更为全面，问题的诊断更为准确。

（三）避免片面

为确保资料的准确性，社会工作者要采用多种方法收集资料，以防止资料的片面性，保证资料的可信性。

（四）避免简单归因

因为人是社会性的，他们的问题与其生活的环境密切相关。因此，预估时要尽量全面，避免对问题做简单归因。如此，才能识别出问题与环境、与其他因素之间的关系，识别出问题的产生、演变与发展的过程，为科学的介入提供坚实的事实依据。

（五）兼顾案主的弱点与长处

预估是要采用"优势和能力"视角，既要找出案主的弱点，也要发掘其长处。发现弱点能够帮助社会工作者认识、知道案主的问题所在，而发掘优点和长处则可以为社会工作者提供解决问题和满足需要的资源。

五、实务操作

（一）确定收集资料的范围

接案后，工作者立即着手资料收集工作，这一过程需要工作者与案主共同参与。首先，工作者与案主通过沟通，按照个别化、合作原则，与案主确定了收集资料的范围，具体如下：

1. 案主系统。

（1）案主个人基本资料：年龄；简历；社会经济地位等。

（2）案主生理和心理方面的特点，生理方面主要了解案主的健康状况、既往病史、用药情况及其对案主产生的潜在影响。在心理方面，包括案主的智力水平、个性特点、自我概念、心理感受、情感和行为方式、认知标准。

（3）案主对自己存在的问题的看法及解决动机、案主的长处等。

2. 家庭系统。包括家庭成员基本情况；家庭收入状况、居住环境、家庭成员的健康状况；家庭成员的角色和互动状态；家庭规则；家庭成员的沟通方式；家庭的决策和分工方式。

3. 社会支持系统。包括朋友、亲戚、邻居、所在村及村民等。在案主的社会支持系统中，有无关键性人物；哪些人在案主生命历程中有着举足轻重的影响及他们是如何影响案主的；在案主的社会支持系统中，社会体制和组织环境对其有什么影响。

（二）制定收集资料的计划

工作者与案主共同确定了收集资料的范围后，接着就不同的收集内容制定大致的计划（参见表2-2）。

表 2-2　资料收集计划表

计划一：收集案主系统资料
时间：×月（安排1-3次会面）
地点：社会工作机构、案主家中、案主所在××村
方式：针对案主的会谈、问卷调查、量表法；针对案主家人、亲戚、朋友、村民、村委会的访谈。
计划二：收集家庭系统资料
时间：×月（1-2次会面）
地点：案主家中
方式：针对案主及其家人的会谈、非参与观察、问卷调查
计划三：收集社会支持系统资料
时间：×月（2次会面）
地点：案主所在××村
方式：针对案主亲戚、朋友、村民、村委会的访谈。

（三）开展资料收集工作

依照计划，工作者开始有序地展开资料收集工作。以下为各种方法的运用及其获得的资料情况：

1. 量表法

针对案主目前所存在的自杀风险，工作者通过自杀意向量表来测量案主的自杀意向，测量结果显示：案主有着较严重的自杀倾向。

附：

自杀意向量表[①]

1. 就今天来讲，您如何评价自己的生存欲望？
   0 中等到强烈
   1 微弱
   2 没有

---

① 资料来源：卿文静. 湖南省沅江市农村老年人自杀意念及其危险因素的研究[D]. 中南大学，2007年

2. 您如何评定自己的死亡欲望?

   0 没有

   1 微弱

   2 中等到强烈

3. 就今天来讲,考虑自己生存或死亡的理由,您会回答:

   0 生的理由多于死的理由

   1 生和死的理由同样多

   2 死的理由多于生的理由

4. 您如何评定目前想尝试自杀或伤害自己或采取自杀行动的欲望?

   0 没有

   1 微弱

   2 中等到强烈

5. 就今天来讲,您的自杀症状是否小了些?例如:您会不会一方面想着自杀,一方面又为救助自己做好了准备?会不会吃药救自己?

   0 会做好救助自己的准备

   1 生死由命(例如:满不在乎的横穿马路)

   2 不采取措施自救

6. 这些想自杀的念头会持续多久?

   0 短暂的时间

   1 这些想法要持续较长时间

   2 一贯或几乎一贯有这些想法

7. 您多久就会想到自杀?

   0 很少或偶尔想到

   1 过一段就会想到

   2 一直都有这种想法

8. 您对自杀的念头有什么看法?

   0 我排斥自杀的念头

   1 我不清楚或不关心

   2 我接受自杀的念头

9. 我觉得自己能控制自杀的念头吗?您能做到不放弃自杀的念头但又不至于伤害自己吗?

   0 感觉自己能控制住

   1 我不太有把握自己能控制住

   2 感觉自己控制不住

10. 您会不会因为想到什么人或事而放弃自杀的企图?

    0 会

    1 会有所顾虑

    2 很少或不会

11. 当您想到自杀时,主要原因是什么?

    0 为了操纵局面,或引起周围的注意,或为了报复

    1 即有操纵局面也有逃避问题的原因

    2 为了逃避、了结问题

12. 您想过用什么方法自杀吗?

    0 我没想过这个问题

    1 我想过这个问题,但还未想出具体方法

    2 我有个详细的计划

13. 您有自杀的实施计划吗?现在有机会实施自杀计划吗?或很快就能找到机会?

    0 方法不存在,没有机会

    1 有一定机会但方法费事费力

    2a 方法和时机都有

    2b 将来会有时机

14. 您觉得自己有能力尝试自杀吗?您是否真正了解怎样才能结束自己的性命?您肯定不会迟疑?

    0 不,我没有自杀的勇气或能力

    1 我不确定自己是否有自杀的勇气或能力

    2 是的,我有自杀的勇气或能力

15. 您期望真的做一次自杀的尝试吗?

    0 不

    1 不确定

    2 是的

16. 您自杀的步骤开始实施了吗?

    0 没有,还未做任何准备

    1 还没有准备好,只做了部分准备

    2 是的,我完全准备好了

17. 您已开始或已经写好遗书了吗?

    0 没有

    1 只写了个开头,但还没有结束;我已经想过这个问题

    2 是的

18. 您是否为自身做好了善后工作？例如:安排好人寿保险和医嘱？
    0 没有
    1 想过或做了些安排
    2 是的，完全做好了安排
19. 您告诉过或想到过要告诉什么人您想自杀吗？
    0 我曾公开说过我的想法
    1 想说但没说
    2 我独守自己的想法
20. 你是否曾经有过自杀行为？
    1 是   0 否
21. 如果上题的答案为"是"，那么在过去12个月中，您是否有过自杀行为？
    1 是   0 否
22. 下面三种陈述中，哪一种最好地描述了您的企图？
    1 您确实要自杀，但是运气不好，没有成功。
    2 您试图自杀，但您知道那种方法不行。
    3 您企图自杀是渴求关注或帮助，而不是想死。

2. 会谈法

（1）针对案主的会谈

会谈中，工作者注意了提问、话题衔接、澄清、反映感受、释意和总结、同理心、倾听等技巧的运用。例如，运用同理心等技巧加以回应："听起来您有些绝望，您认为自己的人生不顺，越混越差，从而觉得活得没意思，是吗？"话题的衔接："您除了角色自己人生不顺之外，您觉得困扰您的人或事还有哪些？您愿意谈谈吗？"等。

通过与案主的深入会谈（3次），工作者获得了关于案主的下列信息。

案主基本资料：案主初中毕业，曾当过兵，退伍后在外打工，没挣到钱，三年前停止外出务工，在家务农，回家这几年，养过猪，养过羊，都亏了本，去年养了两头奶牛，但是奶粉事件后，只好把奶牛贱卖了，种田的收入寥寥无几。现在需要供两个孩子上学，家庭负担重。

案主生理情况：案主去年曾患胃病，很严重，瘦得皮包骨头，已经治愈。案主表示"我花了几千块钱把病治好了，我要争气"，也说过："我这次病得很重，病中很希望亲人们能够来看看我，听他们说些暖心话……"

案主心理情况：案主初中毕业，智力水平一般；案主性格内向，为人沉默；

案主自我认知度很低，极度不自信，有悲观厌世心理，多次在亲戚朋友面前流露出"活着一点都没有意思，活得窝囊"；与人交往很少，只有个别朋友能倾诉谈心；个性比较争强好胜，对政治感兴趣。

案主其他情况：案主对自己存在的问题归结为：人生失败与不顺意；复杂的家族关系困扰；没有知心朋友，孤独寂寞；生活没有目标等。目前案主比较悲观，有自杀倾向，但另一方面，案主又表示要争气，要过得更好，可见也有改变现状的动机。案主的案主的长处是对家庭的责任感强，十分疼爱子女。

案主的家庭系统：妻子高中毕业，是代课教师，儿子上高二，学费贵，每年学费5000元，女儿上初二，家里经济条件差，仅靠妻子每月800元的工资生活。因为儿子上学，负债近万元。

案主与大哥的关系不错，案主与母亲、岳父母关系不好。

案主社会支持系统：案主平时与周围村民很少来往，现在当选了村支部委员。案主有一位好友，是其当兵时的战友，又同村，所以经常来往，案主能与其深入交谈心事。

（2）针对案主关系人的会谈

主要针对案主的妻子、大哥、好友张某、偶遇的村民、村委会成员进行了会谈，通过开放式问题引入，激发相关关系人对案主的关心，从而获得了一些关于案主的资料，而这些资料可以与案主会谈所获得的资料相互验证，来真实呈现案主资料的全貌。获得的较为有效的信息有如下一些：

通过案主的妻子和大哥的会谈，了解到了复杂的家族关系对于案主造成了巨大的心理压力。案主与父母曾在分家时发生争吵，与母亲关系不好，与弟弟的关系也不好，但与大哥的关系不错。案主与岳父母关系也不好。

妻子和女儿一个月回家一次，儿子一周回家一次，平时陈某一人独守在家。妻子因为工作忙，与陈某沟通不多。家人还反映，近几年来案主越来越沉默，不愿与人交往。

通过与案主好友张某的会谈，工作者了解到案主内心更为真实一些的想法。案主其实很渴望亲情，复杂的家族关系给他造成了巨大压力，曾经试图与母亲改善关系未果；案主常常一人独守在家，感叹"家不像个家"；案主在妻子面前，其实是有些自卑和心虚的；案主对政治感兴趣，曾经想过要在村子里当个支书或者村主任，这样他还能在村子里待下去，有个"事业"。但结果很不理想，只当选了支委，这也让他有点失望；但当选支委的"不利之处"也很快显现出来，乡上有一次困难补助，在往乡上报困难户名单时，案主符合条件，却因为是村干部而被刷下了。

个案社会工作 项目二

通过与村民和村委会同志的会谈,有些村民放映,案主作为村干部,处理不好与母亲的关系,不称职,平时与大家交往也不多。村委会同志反映,案主工作不太积极主动,也许跟没有竞选上村支书有关,工作积极性不高。

3. 调查问卷

在资料收集过程中,工作者还设计了一份调查问卷,通过几道开放性问题,让案主按照自己的想法自由给出答案,从而了解案主对于自身问题认知、改变动机、可用资源等方面的真实想法。

附:

调 查 问 卷

一、您对目前自己的状况最不满意的几个方面是:

1. _____
2. _____
3. _____
4. _____
5. _____

二、如果您想改变,您最想做的是什么:

1. _____
2. _____
3. _____

三、对您目前拥有的,您满意的是哪些方面:

1. _____
2. _____
3. _____
4. _____
5. _____

4. 观察法

工作者事先与案主沟通过,可能会对其进行一次非参与式观察,以增加对案主及社会环境的了解,使资料收集更丰富和准确。某次在案主家中的会面,工作者与案主妻子及其大哥的会谈中,陈某妻子先行离开,开始准备晚饭。工作者同时进行了非参与式观察,观察记录见表2-3。

表2-3 观察记录表

时间	4月×日	地点	案主家中	社工	高×
参与者	案主、妻子及其儿女	与案主关系	夫妇、父子、父女		
观察情况记录					
案主妻子准备做晚饭，询问案主想吃点什么，案主表示自己无所谓，问问儿子女儿的意思。儿子沉默，女儿回答想吃面条。妻子继而去厨房准备，案主随之进入，表示自己来做好了，妻子让案主去休息，陪陪孩子们。案主出来，和孩子们呆在一个屋，儿子女儿正看着电视。案主问他们在学校的情况，儿子默不做声，女儿回答还好，还与案主说了学校的一些趣闻，案主露出难得的丝丝微笑。接着三人一起看看电视，很多时候是沉默，或是女儿说上几句。					

通过观察发现，案主妻子其实很关心案主，对由于工作忙而疏于照顾案主有所愧疚，因此难得的休息日也下厨，还亲自询问案主想吃什么。案主对妻子也心存体谅，表示自己来做饭，当然，长久以来基本上是自己给自己做饭已成为习惯。案主儿子较为沉默，而女儿则相对活泼开朗，但总的来说，案主与子女间的沟通不多，不充分，只是寥寥问几句学校的情况。可以看出，案主对于一对子女还是很疼爱的，和子女相聚，露出了难得的笑容。

5. 文献法及咨询

为更全面了解案主资料，工作者还从村委会出查阅了案主的相关资料，包括案主的困难补助申请表，案主参与村委竞选的结果记录等，从案主处查阅了其病历。工作者也查阅了有关农民心理问题的案例，请教了相关专家学者，就新形势下的此类问题有了更深刻的认识。

(四) 预估

这一过程工作者也强调案主的参与，与案主共同完成，给其一个全新的视角去认识自己及所处的环境，并了解自己的社会支持体系。进行预估时，主要采用了家庭结构图、社会生态系统图、社会网络表等方法来进行。

1. 家庭结构图

家庭结构图是以图形来表示家庭的树状形结构，它可以提供有关家庭历史、婚姻、死亡等家庭重要事件，以及家庭沟通和互动方式的概要信息，通常至少包括三代人。工作者可以通过案主叙述的故事勾画出其家庭成员的社会心理特质或家庭互动模式，并和案主分享对家庭环境的认识。

家庭结构图中的符号有特定含义。一般，男性用方块表示，女性用圆来表示。配偶关系用连线，实线（—）代表已婚配偶，虚线（…）代表未婚关系，从线段衍生下来的符号，表示由此关系而来的孩子。分居用一条反斜线（/），离婚用两条反斜线（//）表示。孩子的排列以出生时间的先后从左到右而行，死亡的孩子在方块或圆形图上画×来表示。可以在图上注出每个人的名字和年龄，有关结婚、分居、离婚、死亡等情况都可以用简单的符号来表示。可以用一些简单的符号来记录某些生活中的重大事件 。

图2-1为工作者与案主共同完成的案主家庭结构图。

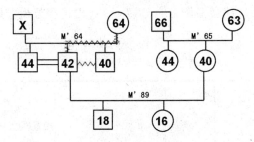

图2-1 家庭结构图

2. 生态图

生态图是用图示的方法来展示案主的生态系统，即案主的社会生活全貌。它不仅清楚地呈现个人、家庭之内部的关联，而且也呈现个人的社会系统与外在世界间关系的消长。

在生态图中，案主的家庭系统在中间的圆圈中，其他有意义且与案主有关的社会系统也用圆圈表示，各社会系统之间的关系特征都用线条来表示。实线（—）代表强的（一般的、正向的）关系；虚线（---）代表薄弱的关系；曲线代表有压力的或较紧张的关系；直线箭头（→）表示系统间资源和能量的流向。

图2-2为工作者与案主共同完成的生态图。

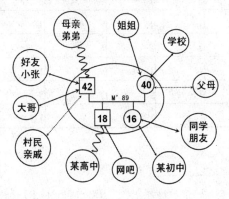

图2-2 生态图

3. 社会网络表

社会网络表是用来评估案主的社会支持系统的工具。这种网络表可以把跟案主有密切联系的人一一列在表上，然后在相应各自中国写上相关数字（1，2，3…），这些数字代表了在不同方面对案主的支持程度或亲密度。通过与案主一起完成社会网络表（见表2-4），工作者可以对案主的社会支持系统有一定的了解。完成此表后，社会工作者应与案主一起讨论和分析，以帮助案主更好地利用有益资源。

表2-4　案主的社会网络表[①]

案主：陈某 关系人	#	生活方面 1. 家庭 2. 其他家庭 3. 工作/学校 4. 组织 5. 朋友 6. 邻居 7. 专业人员 8. 其他	具体支持 1. 几乎没 2. 有时 3. 总是	情感支持 1. 几乎没 2. 有时 3. 总是	信息/建议 1. 几乎没 2. 有时 3. 总是	帮助方向 1. 双向的 2. 你对他们 3. 他们对你	接近程度 1. 从不接近 2. 有限接近 3. 非常接近	多久相见 1. 不见面 2. 每年几次 3. 每月 4. 每周 5. 每天	认识多久 1. 少于1年 2. 1-5年 3. 5年以上
妻子	1	1	2	2	2	1	3	3	3
儿子	2	1	2	3	1	2	3	3	3
女儿	3	1	2	3	1	2	3	3	3
母亲	4	1	1	1	1	1	1	1	3
大哥	5	1	3	2	2	1	3	4	3
弟弟	6	1	1	1	1	1	1	1	3
张某	7	5	3	3	3	1	3	4	3
李某	8	6	1	1	1	1	1	4	3

---

① 表格参见：劳动和社会保障部教材办公室、上海市职业技术培训指导中心．社会工作者（国家职业资格四级　三级）．中国社会劳动保障出版社，2006年，第184页。

个案社会工作 项目二

（五）撰写预估报告

××××镇社区服务中心预估报告

案主姓名：<u>陈×</u> 年龄：<u>42</u> 性别：<u>男</u> 婚姻状况：<u>已婚</u> 工作：<u>务农</u>
家庭住址：<u>××市××区××镇××村××组</u> 联系电话：<u>158××××××××</u>
案主类型：<u>家人转介</u> 求助原因：<u>家庭负担重，案主有轻生的想法</u>
预估时间：<u>2009年×月×日</u>

1. 案主基本情况

案主初中毕业，曾当过兵，退伍后在外打工，没挣到钱，三年前停止外出务工，在家务农，回家这几年，养过猪，养过羊，都亏了本，去年养了两头奶牛，但是奶粉事件后，只好把奶牛贱卖了，种田的收入寥寥无几。现在需要供两个孩子上学，家庭负担重。

2. 案主的问题

（1）案主的自杀危机：案主目前有悲观厌世心理，曾经试图自杀后主动放弃。

（2）案主的经济问题：目前，案主在家务农，没什么收入，妻子月收入才800元，两个孩子上学，案主的家庭经济负担较重。

（3）案主家庭沟通问题：案主与妻子、子女长期分开居住，沟通不够充分；案主与儿子都比较沉默，交流很少；案主与母亲和弟弟多年不和。

（4）案主的自我认知：案主自我认知度很低，极度不自信。觉得自己没有竞选上村支书很失败，做什么事都不行，没有人生目标，活得没意思。

（5）案主的人际交往问题：性格内向，为人沉默，平时与周围村民很少往来，只有个别朋友能倾诉谈心。

3. 案主的个人系统

（1）案主的生理情况：案主去年曾患胃病，很严重，瘦得皮包骨头，已经治愈。

（2）案主心理情况：案主初中毕业，智力水平一般；案主性格内向，为人沉默；案主自我认知度很低，极度不自信，有悲观厌世心理，多次在亲戚朋友面前流露出"活着一点都没有意思，活得窝囊"；与人交往很少，只有个别朋友能倾诉谈心；个性比较争强好胜，对政治感兴趣。

（3）案主其他情况：案主对自己存在的问题归结为：人生失败与不顺意；复杂的家族关系困扰；独守空房，孤独寂寞；生活没有目标等。目前案主比较悲观，有自杀倾向，但另一方面，案主又表示要争气，要过得更好，可见也有改变现状的动机。案主的案主的长处是对家庭的责任感强，十分疼爱子女。

3. 案主环境系统

（1）案主的家庭系统：妻子高中毕业，是代课教师，儿子上高二，学费贵，每年学费5000元，女儿上初二，家里经济条件差，仅靠妻子每月800元的工资生活。因为儿子上学，负债近万元。案主与妻子、子女长期分开居住，沟通不够充分；妻子之间彼此存有愧疚；案主与儿子都比较沉默，交流很少。案主与大哥的关系不错，案主与母亲及弟弟多年不和，与岳父母关系不好。

（2）案主社会支持系统：案主平时与周围村民很少来往，现在当选了村支部委员。案主有一位好友，是其当兵时的战友，又同村，所以经常来往，案主能与其深入交谈心事。

4. 工作者分析：

案主目前面临的问题主要有心理、经济、家庭沟通、人际交往等方面，这些问题是错综复杂地交织在一起并相互影响的。多年来人生的不顺，家庭经济问题日益凸显，加上性格内向，造成了案主自我认知度很低，极度自卑，却得不到来家庭或其他途径的支持，心理问题日益加深，甚至有了自杀的想法，而日益严重的心理问题必然导致案主其他方面状况的继续恶化。所以，首先最迫切的是针对案主的自杀干预，其次是帮助改善家庭经济状况，改善与家人的沟通及人际交往状况，还要通过各种途径提高案主自我认知度。

从获得的资料来看，案主的表示要争气，要过得更好，可见也有改变现状的动机。案主的案主的长处是对家庭的责任感强，十分疼爱子女。案主的家庭、大哥、好友张某都是帮助案主可利用的有效资源。

社工签名　　高×　　　　　　　　　督导签名：　李×

日　　期：×年×月×日　　　　　　日　　期：×年×月×日

六、总结点评

1. 进行资料收集前，工作者要与案主共同协商确定收集资料的范围、计划，保证案主的参与及资料收集工作的有序开展。

2. 开展资料收集工作时，工作者要根据实际情况灵活运用多种方法，以求达到收集资料的全面性和问题诊断的科学性。

3. 评估过程需要工作者与案主共同完成，以给案主一个全新的视角去认识自己及所处的环境，并了解自己的社会支持体系。

4. 预估报告要清楚表达对问题的认识，作为下一步制定介入计划的依据。

个案社会工作　项目二

撰写预估报告时,要将事实与判断分开,语言简洁精炼。

七、拓展提高

1. 案主目前面临自杀危机,心理消沉。初次会面只是对案主做了初步危机干预,未从根本上解决其心理危机。处在此状态中的案主,能在工作初就与工作者积极配合,参与确定资料收集的范围与计划吗?

2. 针对案主目前所存在的自杀风险,工作者通过自杀意向量表来测量案主的自杀意向。所采用的量表是个别研究者设计的,其效度和信度是否得到检验?

3. 工作者针对案主及家人实施的非参与式观察与针对案主大哥的会谈同时进行,如何协调,保证观察或会谈的有效性?

4. 社会网络表法,并非完全客观反映案主的真实情况。有时,案主会夸张或低估了某个人对自己的影响。完成此表后,工作者是否应该与案主再一起讨论和分析,以帮助案主更好地利用有效资源?

任务三　制订服务计划

通过教学,使学生理解服务计划的构成,制订计划的原则,掌握制订计划的方法,学会设定目标,构建行动计划,签订服务契约,为介入做好准备。

1. 设定目的与目标
2. 构建行动计划
3. 签订服务协议

一、术语理解

1. 服务计划

服务计划是指在预估的基础上,为了解决案主的问题和达到目标而进行的一系列思考和决策过程,包括设定目标及选择为了达到目标而采取的行动。

2. 介入目的

介入目的是指介入工作总体要达到的方向和最后的结果。它是案主对想要达到的境界的宽泛的、总体性的陈述,是社会工作者和案主通过努力期望最终达到的总目标。

3. 介入目标

计入目标是指具体的工作指标,是为实现最终结果而做工作的过程和中间阶段要获得的、具体的、近期的阶段性的成果。

4. 介入策略

介入策略指社会工作介入案主的需要与问题的整体方案,是改变案主态度和行为的一套方法。介入策略包括介入的技巧、社会工作者的角色和所担当的任务。

5. 服务协议

服务协议也称服务合同、工作契约等,是社会工作者与案主经过讨论协商所达成的满足案主需要和解决他们问题的工作方案,是双发对解决问题的承诺,是社会工作者与案主之间的合作计划,体现了双方的伙伴关系。它主要包括问题确认、工作目标、服务内容、介入策略,以及社工、案主及其他参与人员的角色与任务。

二、要点提示

(一)设定目标的程序

目标设定涉及很多内容,其之行过程包括以下基本程序:
1. 决定案主是否准备好开始协商目标。
2. 向案主解释设定目标的目的。
3. 从案主那里引导出目标,建议可能的目标,然后共同选择适当的目标。
4. 和非自愿案主商讨包括强制委管的目标。
5. 明确决定目标,并说明案主想要改变的程度。
6. 决定关键目标的可行性,并和案主讨论潜在的利益与危险。
7. 帮助案主选择他们要认同的特定目标,当非自愿案主有强制委管的目标时要确定地告知他们如不执行这些目标的后果。

个案社会工作 项目二

8．共同决定目标的先后顺序，并将任何法律命令委管的目标列为优先。

（二）选择介入系统

社会工作的介入系统有个人、家庭、小组或群体、组织、社区等，也包括为帮助和协助关注对象解决问题而需要介入的其他社会系统，包括宏观社会系统。选择介入系统的根据是案主需要与问题的预估结果，包括通过案主正式和非正式社会网络与支持的分析，来选择和决定正式和非正式社会网络与支持系统的介入策略。一般来说，社会工作的介入系统可以分为直接介入系统和间接介入系统两类，社会工作者要根据案主的需要决定介入的系统。

（三）选择行动内容

社会工作介入行动是实现目标的手段。行动可分为如下不同类型：

1．危机介入。危机介入是社会工作中常见的内容。当案主遇有突发性事件时，例如，遭受暴力虐待、自杀、突发公共事件或者天灾人祸等问题，都需要社会工作立即介入，包括通报相关机构、安置和安抚受影响人员、进行物质救援和受影响人员、进行物资救援和受影响人群的心理介入等。

2．资源整合。案主的需要和问题，需要多元化的服务，因此整合运用资源是满足需要和解决问题的必要手段。制订计划时，社会工作者要根据案主的需要和问题说明要建立和串联的资源网络，包括案主需要哪些资源，谁能提供这些资源，如何动员资源，以及什么时候和怎样使用资源等。

3．经济援助。经济援助可分为常规性的和临时性的两种。常规性的经济援助包括对低收入案主给予正式制度性帮助，临时性经济援助是当案主出现特别需要时提供的帮助，如经济医疗救助、特别教育补助以及临时性的物质帮助。此外，经济援助也包括从非正式社会网络和资源网络系统获取的资源。

4．安置服务。这类服务是指将案主带离原有生活场所进行暂时或替代性安置的服务，根据时间的长短可分为暂时性安置、短期安置、长期安置和永久性安置。

5．专业咨询。社会工作者应该掌握本地满足人们需要的资源系统的资料和信息，在案主需要时提供咨询服务。咨询服务的内容涉及有关社会福利和社会救助的政策和法规、资源系统，已经需要与问题的评估和建议等。当案主所需咨询超过社会工作地专业范围时，要进行转介或安排相关专家进行咨询。

社会工作方法与实务

（四）签订协议的过程

社会工作协议是与案主在从接案到共同讨论问题、构建行动计划的过程中逐步协商产生的，因此协议的从接案时就已经开始了。随着助人过程的发展，协议的内容越来越具体，直到形成具体、可操作的协议。

1. 会谈协议

所谓会谈协议，是指案主与社会工作者通过会谈在介入目的、目标等方面达成协议，它是社会工作所有服务协议的基础。社会工作会谈的目的，是为了讨论和找出案主的问题和解决问题的办法，它是一个连续的过程，前一次会谈常常决定了双方的后续行动。所以，会谈协议是社会工作者与案主之间形成或者签订的第一个协议。

2. 界定案主的问题

所谓问题，是指社会工作者要处理的、有关案主社会功能发挥方面的事项。社会工作者与案主对问题的看法可能并不一致，如果双方对此不能达成协议，就失去了共同工作的基础。所以，社会工作者与案主一起探讨找出共同为之进行努力所希望改变的"问题"，这是协议的重要内容。

3. 协议介入目的和目标

在对"要解决的问题"达成协议后，社会工作者与案主就要共同协议制订介入的目的和目标了。目的和目标的制订要经过双方的协商，可以先由社会工作者根据案主的情况提出目的和目标，然后与案主逐条讨论，最终确定具体目标。

4. 协议介入策略和行动

实现介入目标的策略不止一个，因此社会工作者与案主要为介入策略和行动方案形成一致看法，达成协议。这样，双方就能旨在工作过程中相互配合，实现目标。

三、方法技巧

（一）设定目标的细节

设定目标的过程中，需要对若干细节进行恰当的把握。

1. 确定案主的准备状态。预估期的任务就是探究案主与其生存系统的互动状况，明确其问题所在。在进一步与案主协商目标前，需要再次确认彼此对问题的共识，以便察看案主是否已做好准备进入下一阶段。

2. 向案主解释设定目标的目的。本步骤可以使案主了解下一步做什么以及为什么这么做。日常实践经验告诉我们，当案主了解目标及其设定的意义，并明确自己在设定目标中的重要性与选择目标的最终决定权，他们会产生认同与积极等正向反应。

3. 共同选择适当的目标。一般而言，选择适当的目标包含两个步骤：筛选目标和定义目标。筛选目标是指社会工作者与案主一同找出想要达成的初步目标；定义目标是指初步筛选出想要的目标后，把用一般语言表达的目标界定清楚，明确想要改变的程度。

4. 与案主讨论目标的可行性和可能的利弊所在。在决定目标前，非常重要的一点就是要检查目标达成的可行性。目标过高容易给案主造成挫折感，而目标太低则使得案主缺乏成就动机。因此，常需要和案主多讨论一些目标的可行性。

5. 确定最终目标并排定优先顺序。在案主建立他们确认的最终目标后，社会工作者协助案主讨论这些目标的先后顺序。

（二）签订服务协议的技巧

1. 认定案主对问题的看法。签订协议过程中，案主对自身问题的看法、对问题的认定是最重要的。所以，社会工作者要成功与案主签订协议，一个重要的技巧就是由案主自己来认定问题，社会工作者根据他们的看法与其进行讨论，从而达成共识。

2. 与案主分享对问题的看法。当社会工作者与案主对问题和介入目标与行动有分歧时，为了达成协议，社会工作者需要与案主分享自己的看法和观点，避免案主有不被重视的感觉。

3. 描述为之工作的问题。描述社会工作和案主为之工作的问题，目的在于为双方后续工作提供依据，也就是签订协议的基础。因此，对问题的描述要尽量具体详尽、清楚、简洁、易懂。

4. 确定目的和目标，并说明行动的具体策略。与认定问题一样，对目的和目标的协议也需要案主的参与，而对介入策略的协议则需要社会工作者详细说明双方的角色和任务，以及介入策略所包含的具体方法、针对性的问题、实现目标的时限，以便使案主明白介入策略与自身问题的关系，愿意投入行动。

5. 总结和强调协议的主要内容。运用上述技巧，社会工作者完成了与案主

社会工作方法与实务

签订协议的过程,最后社会工作者需要与案主一起对协议进行总结,提醒案主承担履行协议内容的责任。

四、注意事项

(一)制定服务计划的原则

1. 要有案主的参与

制定介入策略时要注意以案主为中心,让案主参与介入策略的制订。这是因为,如果社会工作者单方面制订介入策略或者过快确定介入的策略可能会带来两个问题:一是按住没有机会为解决自己的问题作努力,而是妨碍我们看到案主在解决问题过程中所做的努力。如此一来,实际上是取消了案主自我成长的机会、体验自尊的机会和解决问题的贡献。因此,在制定介入策略时,要注意发挥案主的长处和优势,让他们参与整个计划的制订。

2. 要尊重案主的意愿

制定目的和目标时,社会工作者要考虑案主系统的愿望,要与案主系统分享对目的和目标的期望。如果案主与社会工作者双方的目标与目的不一致,就要进行讨论和协商,直到取得完全一致的意见。否则,工作起来案主与社会工作者很可能是相反的方向,影响目标的实现。

3. 计划要尽可能具体和详细

详细、具体的计划能够给社会工作者和案主提高行动的指示,促进改变过程的进行;详细、具体的计划还可以进行测量,使得社会工作者和案主看得见、摸得着工作的成果,知道是否实现了目标。这样,社会工作专业才能够建立起对社会公众的交代。

4. 要与工作地总目的、宗旨相符合

计划的具体目标不能偏离介入的目的。有些事情可能对案主是有益的,但它们与案主的近期需要满足、或者问题的解决并不吻合,在这种情况下,社会工作者要懂得轻重缓急,务必使计划与介入目标一致。

5. 要能够总结与度量,以为评估打好基础

一项计划不但要能够满足案主的需要,解决他们的问题,还要能够进行量化评估,以便能清晰地呈现改变的成果。一般来说,在制订计划时要考虑到如何评估介入行动,这也是制订计划的重要原则。

（二）服务协议的制定原则

社会工作协议的本质是一种契约，目的在于保证介入目标的实现，因此它的一个最大特点是要具有可操作性。可操作性服务协议的制定应该遵守以下原则：

1. 明确性。协议内容应该是明确的，没有秘而不宣或隐含的意思。为了避免意思上的含混不清，协议的文字应清楚、精简和具体，避免过多使用专业术语。

2. 得到社会工作者和案主认可。协议必须是双方共同拟定的，即必须是双方合作、共同参与并使用案主明白的语言制订的；协议必须是双方对问题界定、工作目标、介入策略、参与者各自角色和任务的共识，是双方完全同意的。

3. 具有弹性。法律协议具有固定不变性然而，社会工作地服务协议却要根据案主的变化不断进行调整。这使得社会工作的服务协议具有灵活性而不是一成不变的，可以根据案主的新需要重新商定。

4. 具有实用性。协议应该是社会工作者和案主双方可行的、现实的。协议既需要具有约束力，但也不应该太严格而难以实现。能够实现的、现实的协议让案主感觉自己有能力处理和把握问题，有助于恢复和增强他们处理问题的信心。协议条款太过严格难以实现会增加案主的挫败感，因而是不适宜的。

五、实务操作

（一）设定目的与目标

在预估阶段，工作者已经与案主共同探讨了案主系统、家庭系统、社会支持系统的状况，并明确了案主问题所在，接下来就是制订服务计划，第一步就是与案主共同设定工作的目的与目标。

1. 确定案主的状态。在进一步与案主协商目标前，工作者再次确认彼此对问题的共识，以便查看案主是否已做好准备进入以一个阶段。工作者通过这样的询问方式来确认："我们先前已经一起分析了有待解决的问题，我想我们再一同确认一下，这些问题包括您的心理压力、经济困难、家族矛盾、家庭沟通、人际交往等问题。您觉得这些问题是否就是我们下一步需要解决的？"这时案主表示已经做好了准备，所以工作者进入下一个步骤。

2. 向案主解释设定目标的目的。工作者这样向案主解释设定目标的意义："我们对目前所存在的问题已经有了很多达到解决问题的目的，现在需要制定明确的目标来督促您的行动，也让我知道应该怎样帮助您。下面，我们一起来讨论一下,看看您认为什么是您觉得最重要的目标,我们应该怎样具体行动来一步步实现这个目标,您看怎么样?"案主给予了正向反馈,工作者继续进入下一个步骤。

3. 共同选择目标。首先是工作者与案主一同找出想要达成的初步目标。工作者先让案主指认想要的改变来探讨初步目标,例如:"我能感受到您想改变现状,想过的更好,想对家庭担起责任。那么,我想听听您自己希望自己的具体改变是哪些?"工作者把案主所讲的信息写下来,再补充上自己所想到的所有可能的目标,然后与案主逐个对目标进行筛选。此时,案主表现出不确定自己对于目标的认同程度,工作者采用了简单量表来测量,即使用1-10的量表给每个待定目标打分,经过比较挑选出案主最希望和最迫切的改变目标,分别是改善家庭经济状况、打消自杀念头、加强与家人沟通、改善与家人关系、提高自我认知度、改善案主人际交往状况。

在目标筛选出来后,工作者引导案主讲目标界定清楚,明确想要改变的程度。比如,工作者问:"您想加强与家人的沟通,那么您认为要达到什么程度呢?"案主问答说:"比如一周多见几次面,平时多打电话,多多关心我。"工作者引导案主进一步明确目标,一周全家团聚两天,每天打电话等。

4. 探讨目标的可行性及可能的利弊所在。在决定目标前,工作者还与案主讨论了目标的可行性。比如,在谈及改善与母亲弟弟的关系目标时,工作者这样与案主讨论:"您觉得要达成这个目标,可能会存在哪些障碍?有什么有利因素能帮助您实现这个目标?"通过这样的讨论,使案主明白这个目标实现的现实难度,避免过程中挫败感而降低他其他方面的行为动机。另一方面,也激发案主利用大哥这个有利资源努力达成此目标的决心。

5. 确定目标并决定目标的先后顺序。在与案主确定了最终目标后,社会工作者协助案主讨论这些目标的先后顺序。工作者这样引导:"现在您已经定了这些目标,但您还要决定出它们的优先顺序。建议您从最重要的目标开始。依序决定其他顺序,我们会定完所有目标的顺序,但我希望您从最重要的目标开始。"

附:

(针对案主的)工作目的与目标

1. 目的:协助案主应对现阶段所面临的危机与困难,帮助案主完善其支持体系,重新找回自尊,积极生活。

个案社会工作 项目二

2. 目标（参见表2-5）

（1）协助案主解除自杀危机，打消自杀念头。

（2）帮助案主改善家庭经济状况：帮助案主申请困难家庭补助、协助案主拓展新的经济来源。

（3）改善案主与家人的沟通状况，让其家人多关心案主，缓和案主与母亲等人的关系。

（4）改善案主人际交往状况：鼓励案主扩大人际交往圈子，多与人交往；同时，改善邻居、村民对案主的看法，让案主重获尊重尊严。

（5）鼓励案主积极投身村委会工作，实现自身价值，提高自我认知度。

表2-5 案主目标确认量表

目标	认同度（1-10分，1表示"非常不确定，一点没有准备"，10表示"非常认同，愿意开始"）
改善家庭经济状况	10
打消自杀念头	9
改善与家人关系	7
加强与家人沟通	8
提高自我认知度	6
改善案主人际交往状况	6

（二）构建行动计划

工作目标设定后，接下来工作者与案主讨论如何实现既定的工作目标，即制定一套行动计划来实现目标。这个过程实际上就是选择介入方法和介入系统的过程，是发展有效行动方案、明确任务和责任的过程，也是决策行动的过程。

通过工作者与案主的共同讨论，决定从案主个人系统、家庭系统、群体系统、社区系统等方面全面介入，选择如下行动内容：

以案主个人系统介入，主要包括危机介入，解除自杀危机；协助案主学习一技之长，从事一副业；鼓励案主积极投身村委会工作，从而改变自我认知，重拾信心；协助案主学习情绪管理、人际交往等技巧。

以案主家庭系统、群体系统介入，主要是挖掘家人、亲戚、朋友、邻里、村民等各方资源，为案主的改变提供情感的支持，使其能在融洽、和谐的环境中实现有效地改变。另一方面，也是直接为解决案主的家庭问题、人际交往问题而行动。

社会工作方法与实务

以案主的社区系统介入,是指在案主所在村的层面展开工作,主要是如何促使案主积极融入村委会工作,以及帮助案主申请困难家庭补助,并从村层面如何形成一个关心案主的氛围。

当然,还可以从宏观的社会系统介入,即如何争取案主之类的退伍返乡人员的社会环境(体制、文化等)的改善。

附:

帮助案主的计划书

一、工作目的与目标(同上)

二、介入系统和行动计划

根据对案主个人及其社会环境的预估,在与案主共同讨论的基础上,我们可以制定如下介入计划。

1. 首先要协助案主解除自杀危机,打消自杀念头。目前案主有悲观厌世心理,并曾经试图自杀后主动放弃,在对案主做了自杀预估后,发现案主的自杀倾向处于较为严重。所以首先必须提供进一步的紧急救助,以解除案主的自杀危机,否则一切工作无法进行。

工作者首先将案主转介其进一步咨询专业的心理医生,确定是否需要服用抗抑郁药物或住院治疗;其次,工作者积极关注案主的情绪变化,耐心倾听他的倾诉,和案主一起确定他产生自杀企图的原因等;再次,与案主一起讨论解决问题的技巧,确定目前案主最想解决的问题,列出所有的选择,并对这些选择进行评估,分析各种选择的优缺点,最终形成一个可行性强的小步骤趋近目标的行动计划来取代案主的自杀选择;最后,动员其家人一起配合进行干预,要求其家人多关注案主的心理状态,轮流陪伴案主,并传授紧急情况下的应对方法。

2. 帮助案主改善家庭经济状况。案主目前家庭负担重,是造成其巨大心理压力的重要原因。帮助案主改善家庭经济状况,可直接缓解其心理压力,进而导致其他方面状况的好转。

由于案主最直接的经济压力是源于儿子的学费。工作者采用两方面的办法帮助其解决实际困难,一方面是陪同案主联系其儿子所在高中的校长,向其申请减免部分学费或者能够缓交学费。另一方面,是向农村信用社咨询助学贷款的事宜,争取为案主贷到其所需要的学费,以解燃眉之急。另外,工作者答应案主帮助留意困难补助政策,如果有机会,将会通知他去申请。

接下来,工作者与案主一起谋划其出路问题。由于案主学历不高,没有一

个案社会工作 项目二

技之长，出去打工未必是最后的选择。所以工作者应帮助其调整心态，通过平衡表法做出选择，选择在家务农之余搞点副业。为了提高案主的能力，工作者可介绍案主去农技部门参加培训，学得一技之长。

3. 改善案主的自我认知和自我对话

案主认为自己作为男人太无能，多次不成功的经历让案主觉得生活没有希望，活着没有意思。这些自我挫败的认知明显的影响到案主的精神状态，从而也影响了其行动。所以工作者需要帮助案主学习改善自我对话。

4. 改善案主与家人的沟通状况。家庭应该是案主改变的巨大动力，亦是其情感支持的强烈后盾。但案主目前与家人的沟通状况不佳，尤其与母亲和弟弟关系很僵，所以这方面的工作很重要。

工作者首先应鼓励妻子、儿女多关心案主。先阶段子女上学的需要，决定了一家人分开居住的模式，这个无法改变。但应该鼓励妻子儿女在周末回家团聚，妻子每天打电话问候案主，案主也要理解妻子的辛苦，还要主动问问儿女在校情况，儿女尤其是儿子也能主动与案主说说话，多沟通。

针对案主与其母亲及弟弟的关系，要深入了解其形成的历史原因，重视大哥这个桥梁作用，鼓励案主积极主动，循序渐进以诚意打动母亲和弟弟。也可以将一家人聚在一起，说出彼此的想法，消除彼此的芥蒂，慢慢缓和关系。

5. 改善案主人际交往状况，让案主重获尊重尊严。一方面，工作者要鼓励案主多与邻居、亲戚、朋友、村民等交往，以实际行动改变邻里、社区对他的负面看法。另一方面，工作者也应说服案主的朋友、邻居、村民、村委会等多关心案主，与案主保持良好的关系，使他能在融洽、和谐的社区中生活，体会到大家庭的温暖。

6. 鼓励案主积极投身村委会工作，实现自身价值，提高自我认知度。案主本身对政治有兴趣和热情，如果能在村委会积极工作并实现自己的价值，对重拾案主的自信心有极大的帮助。

一方面，工作者在村委会层面展开工作，争取他们的支持和配合，积极创设良好氛围欢迎案主参与工作。另一方面，从案主系统展开工作。首先要帮助案主调整其心态，竞选村支书失败并不意味着人生的失败，能当上村委委员也很不容易，肯定其成功；然后，引导他在现有的岗位上努力工作，积极投入，以实际行动来换取广大村民的支持，为以后竞选村支书做准备。

7. 为案主争取社会环境（体制、文化等）的改善，帮助他找回自尊。

(三)签订服务协议

当计划完成后,工作者与案主签订了服务协议,以保障计划的执行,这是计划阶段的最后一项工作内容。

服务协议是与案主在从接案到共同讨论问题、构建行动计划的过程中逐步协商产生的,因此协议的从接案时就已经开始了。随着助人过程的发展,协议的内容越来越具体,直到形成具体、可操作的协议。协议有口头协议和书面协议两种。为了更清晰明确界定双方的任务与责任,工作者与案主签订了书面协议,还请了案主重要关系人即案主的大哥签名确认(参见表2-6)。

表2-6 ××镇社区服务中心之服务协议①

××镇社区服务中心服务协议书			
案主姓名	陈某	性别	男
出生年月	1967年×月×日	联系电话	158××××××××
家庭住址	××市××区××镇××村××组	案主编号	2009×××
社工姓名	高×	接案日期	2009年×月×日
主要问题陈述 (1)案主的自杀危机:案主目前有悲观厌世心理,曾经试图自杀后主动放弃。 (2)案主的经济问题:目前,案主在家务农,没什么收入,妻子月收入才800元,两个孩子上学,案主的家庭经济负担较重。 (3)案主家庭沟通问题:案主与妻子、子女长期分开居住,沟通不够充分;案主与儿子都比较沉默,交流很少;案主与母亲和弟弟多年不和。 (4)案主的自我认知:案主自我认知度很低,极度不自信。觉得自己没有竞选上村支书很失败,做什么事都不行,没有人生目标,活得没意思。 (5)案主的人际交往问题:性格内向,为人沉默,平时与周围村民很少往来,只有个别朋友能倾诉谈心。			
总体目标 协助案主应对现阶段所面临的危机与困难,帮助案主完善其支持体系,重新找回自尊,积极生活。			

---

① 表格参见:劳动和社会保障部教材办公室、上海市职业技术培训指导中心.社会工作者(国家职业资格四级 三级).中国社会劳动保障出版社,2006年,第205页。

续表

具体目标	行动计划
(1) 协助案主解除自杀危机，打消自杀念头。 (2) 帮助案主改善家庭经济状况。 (3) 改善案主与家人的沟通状况。 (4) 改善案主人际交往状况。 (5) 提高自我认知度，实现自身价值。	(1) 引导案主发泄内心情绪、唤起其生存欲望、描述自杀负面后果、指出可行替代出路；请专业机构协助，提供心理咨询与治疗。 (2) 帮助案主申请困难家庭补助、并尽力促进其经济状况得到改善。 (3) 改善案主的自我认知和自我对话。 (4) 引导案主关心家人，让其家人多关心案主，缓和案主与母亲等人的关系。 (4) 鼓励多与人交往；改善邻居、村民对案主的看法，让案主重获尊严。 (5) 村委会积极创设良好氛围欢迎案主参与工作，引导案主积极主动参加村委会工作。

案主（签名）：
日期： 年 月 日
案主重要关系人（签名）：
日期： 年 月 日

社工（签名）：
日期： 年 月 日
机构负责人（签名）：
日期： 年 月 日

六、总结点评

1. 设定目标前，要确定案主是否准备好开始协商目标，并向案主解释设定目标的目的。

2. 要与案主共同选择适当的目标并最终确定先后顺序。

3. 社会工作者要根据案主的需要决定介入的系统和行动内容。

4. 社会工作协议从接案时就已经开始了，随着助人过程的发展，协议的内容越来越具体，直到形成具体、可操作的协议。

七、拓展提高

1. 在向案主解释设立目标的意义时，如果案主没有给予正面反馈，工作者应该怎么做？

2. 工作者与案主筛选出了初步目标后，工作者应如何帮助案主将目标界定清楚，试举例说明。

3. 确定目标顺序问题时，当目标系统涉及很多人的时候，不同成员会有不同目标，且对目标的排序会有所不同，工作者如何协商来统一意见？

4. 服务协议为何要案主关系人的签名？协议达成后是一成不变的吗？

任务四　实施服务计划

通过教学，使学生掌握实施服务计划的方法和技巧，以促使案主发生改变，能力得到增强，与环境更为和谐，从而实现社会工作目标。

1. 对陈某进行危机干预
2. 帮助案主缓解家庭经济压力
3. 改善陈某的自我认知和自我对话
4. 改善陈某和家人之间的沟通状况
5. 改善案主人际交往状况
6. 鼓励案主积极投身村委会工作
7. 为案主争取社会环境的改善

一、术语理解

1. 实施服务计划

实施服务计划又称介入工作，是社会工作助人过程中的关键阶段，是社会工作者运用专业知识、方法和技巧，和案主一起采取行动，按照服务协议落实社会工作计划，帮助服务对象改变，解决预估中确认的问题，实现助人目标的过程。

2. 直接介入

直接介入是指直接针对服务对象采取行动，例如可以为案主提供实质帮助，疏导案主情绪，改善案主的认知，帮助处在危机中的案主更有效地处理或调适紧急危机情况下的压力，从而达到改变案主的目的。

个案社会工作　项目二

3. 间接介入

间接介入是指针对服务对象的环境采取行动，从而间接帮助案主发生改变。社会工作者可以增强案主的社会支持系统，也可以整合社会资源，或发起社会倡导与行动。

二、要点提示

个案工作者在实施服务计划时的主要工作内容：

1. 提供具体帮助

个案工作者在为案主提供服务时，可以提供一些实质性的帮助，以解决案主的实际困难，如为案主申请困难补助，帮助案主寻找工作，提供工作培训机会、提供安置服务等。工作者在提供具体帮助前，应当认真评估案主的需求内容，需求程度以提供适切的服务，当然还应当遵循案主自决原则，看案主是否愿意接受这样的帮助。在提供具体帮助时，还需要关注案主的心理需求，进行必要的心理辅导，以减少案主的依赖，促使其自立、自强。

2. 提供信息

在案主面临问题时，工作者提供一些信息情况，以便于案主选择行动，学习新的知识，了解新的认知方式或行为方式，常见的信息有社会福利政策、法规、资源、简易的问题评估及与问题相关的知识等。提供信息时需要注意：

（1）信息的及时性和准确性，避免提供过时和不确定的信息。

（2）注意信息的通俗易懂，并善加组织，避免向案主随意地，没有条理地给案主一些高深莫测的信息，使案主更加困惑。

（3）提供信息后，还应有充分的讨论空间，以使案主明确重点，澄清疑问。

3. 提供指引

在介入过程中，案主常常需要工作者给予自己方向性的指引，想听听工作者的意见，特别是有些案主依赖性强，希望工作者指点迷津。在提供指引时，工作者应当意识到自己的局限性，每个案主的情况都各不相同，工作者无法完全掌控案主的情况，所以贸然地给案主提供建议或意见，案主如果遵照实施，其实际结果可能和预期不一致，甚至会失败，从而把责任推给工作者。因此，当案主求助时，社会工作者应先与其一起分析问题，发现潜在的解决方法，并对不同方法进行评估。通过这个过程让案主看清解决问题的不同方法和相应的结果，然后由案主根据个人意愿选择解决方法。

4. 鼓励与支持

对不自信，比较自卑，怀疑自己能力的案主，工作者在介入过程中，应当通过语言和非语言等方式向案主表达充分的尊重、信任和接纳，对案主的点滴进步给予及时的鼓励，以便案主树立起解决问题的信心和勇气。鼓励案主时要注意避免含糊笼统的说辞，而是要针对某些具体行为的改善或进步进行表扬和赞许。支持与鼓励应当自始至终贯穿整个的介入过程。

5. 情绪疏导

有时候，情绪的疏导比问题的解决更为重要，当案主沉浸在情绪中不能自拔的时候，常常不能形成对问题本身的客观分析；而让案主对事件所带来的情绪得到宣泄，案主对问题的看法可能就客观一些。工作者可以用引导宣泄的方式来帮助案主释放郁积已久的情感，即工作者鼓励案主诉说他们经历的悲伤、恐惧、羞愧、愤怒和紧张，然后工作者协助案主处理这些情感。

6. 观念澄清

在很多情况下，解决案主的问题不是改变发生的事件本身而是改变案主对事件的看法，因为产生问题的根源是案主对问题的认识和看法。工作者可以帮助案主进行认知重建，第一，要让案主了解他们的自我对话、假设和信念对他们的生活所起的作用与影响，即认知对行为结果的影响。其次，要协助案主辨识影响其问题和不良功能的信念和思考模式，并挑战案主的信念和想法的合理性，如让他说出他如何产生这样的结论，支持这些观点或信念的证据是什么，如果案主害怕某些行为的后果，这个信念的逻辑又是什么？再次，帮助案主用良好的自我对话代替自我挫败的认知。最后，协助案主为取得的进步而表扬自己。

7. 行为改变

案主的行为可以借助观念澄清而得到改变，有些行为也可以由工作者借助行为治疗的方法如角色扮演、奖赏与惩罚来帮助案主减少消除不适当的行为方式，建立新的行为方式。与观念改变不同，行为改变不是一朝一夕的事。工作者要注意案主每一个进步并及时给予鼓励，同时要耐心对待案主行为的倒退和维持原状，注意观察背后的原因。很多时候，案主已经形成了多年的或者自己意识不的行为习惯，因此要其改变是有一定的难度，工作者要有足够的耐心和宽容度。

个案社会工作 项目二

8. 危机介入

危机介入也叫危机干预，是帮助处在危机中的案主更有效地处理或调适紧急危机情况下的压力的密集性干预实践。在危机介入中，特别强调时间的限制，它是一种密集性的介入，有的案主可能每天都需要工作者的帮助。在介入过程中，工作者的角色是积极主动和指导性的，运用自己的专业权威来鼓励案主要有希望和信心，危机介入的焦点应放在此时此刻，主要目标是减缓压力并使案主能再度恢复平衡。

9. 增强社会支持系统

社会支持是以个体为中心，由个体、周围他人及其交往活动所构成的系统。研究显示，良好的社会支持对降低个体的应激水平极为有效。对社会工作的案主而言，运用合适的方法强化其社会支持系统极为重要。工作者首先可以强化案主的自然支持系统。自然系统指的是与人们的社会生活密切相关的人群。其中，有的是与生俱来的（如家庭成员、亲戚等），有的则是在社会生活中不断建立起来的（如朋友、同学、同事等）。社会工作者可以使用家庭辅导来强化自然支持系统，也可以建议和倡导朋辈群体间的帮助行为。再者，社会工作者也可以考虑发起社会自助团体，让一群具有相似问题者共同面对困难，一起寻找适应方法或解决途径，促进他们相互帮助，相互交流。

10. 整合社会资源

社会工作者在实施助人计划时，很重要的一点就是社会资源的整合和运用。社会资源包括有形的物质资源（如人力、物力或财力等）和无形的精神资源（如意识形态、信念、社会关系、心理支持等）。社会工作者整合资源时应注意开发现有的资源，并加以运用，还要利用好志愿者资源。

11. 社会倡导与行动

社会工作者在帮助案主争取他们所需的资源与服务时，还应倡导社会的公平与正义，通过社会倡导和行动，努力去修正和完善足以对案主产生负面影响的政策或程序，或促使制定新的政策法规。

三、方法技巧

（一）社会工作者为主的主导技术

1. 提问

提问不仅用于更好地了解案主问题的原因、背景、过程及影响因素，确定

社会工作方法与实务

合适的服务计划，而且在实施阶段，社会工作者借助提问可以帮助案主理清思路、清楚表达，提高他们认识问题、解决问题的能力。例如，案主在为是否离婚而犹豫不决，并为此希望工作者提出建议，这是工作者可以抛出问题"除了离婚，你是否想过还有没有其他途径来解决你们之间的问题？"来引导案主思考更多的选项。

提问分为封闭式提问和开放式提问。封闭式提问通常使用"是不是""对不对""有没有"等词，要求案主回答是或否式的答案。这种询问所得到的答案比较明确，常用来澄清事实，获取重点，缩小讨论范围。但过多地使用封闭式提问，会压制案主的表达愿望和积极性，产生被讯问的感觉。开放式提问通常使用"什么""如何"等词发问，案主回答时有较大的表述空间，从而使社会工作者获得更多资料。提问时工作者应该注意这些细节：①一个问句不宜出现几个问题，否则案主不知道如何回答。②逐个提问有利于深入了解和剖析问题。③明确究竟想了解什么，避免东一句西一句，使案主不知所措，或使问题很分散。④边倾听边思考，掌握问题的核心。⑤将封闭式提问和开放式提问结合应用。

2. 解释

解释指根据专业的理论观点、合理的思考方式或社会工作者个人的经验，识别案主所表达信息中隐含或暗示的行为、模式、目标、愿望和情感。有效解释的形成需要倾听并确定案主信息中隐含的意思，确定社会工作者对问题的看法，通过评估案主对解释技术的反应来检查解释效果。解释有助于建立积极的治疗关系；有助于识别案主明确表达和隐藏信息与行为之间的关系模式；有助于案主从另外的角度阐释自己的问题，从而对问题有更好的理解；有助于促进案主的领悟，导致其心理生活改善，并促进行为的改变。社会工作者运用解释技术需要遵守的基本原则是运用解释技术的基础是社会工作者与案主已建立了良好的沟通关系；运用解释技术的次数不宜过多，过多的解释会让案主觉得社会工作者在不断揣摩自己；要建立在案主信息准确的基础上，不要将社会工作者的价值观投射到案主身上；运用非肯定性语句，以避免案主产生抗拒或防御心理；防止解释的内容与案主的文化背景产生冲突。

3. 即时化反应

即时化反应指社会工作者在工作中描述此时此刻所发生的事情的一种言语反应特点，其目的在于使社会工作者同案主建立专业的关系，以有助于工作的开展。社会工作者要对以下三种情况作出即时反应：

（1）社会工作者的即时化。即当社会工作者的想法、情感或行为出现的"那一时刻"，在工作中要立即将它们表达出来。例如，"我很高兴今天能见到你""很抱歉，我对你刚才所说的话还不是很明白，你能否再说得详细一点？"

（2）案主的即时化。即社会工作者对案主作出回应，将案主表现出来的情感和行为告诉他们。例如，"我发觉你很紧张""你刚才说完这件事情的时候长长地呼了口气，你觉得说出来后轻松点了吗？"

（3）关系的即时化。即社会工作者要表达出他对专业关系的看法和情感。例如，"我很高兴你能把你的秘密告诉我"。

4. 面质

指社会工作者不掩盖、回避问题和矛盾，通过对案主的深刻了解之后来用某些技术手段协助案主认识自我，打破过度的心理防御机制，觉察到自己在态度、信念和行为上存在的问题，以促进问题的解决。面质常涉及的矛盾是案主在真实自我和理想自我间存在差异；案主的思维、感受与其实际行为间的差异；案主想象的世界与社会工作者看到的真实世界间的差异。当上述这些情况出现时，就可以利用面质使案主发现自身的某些不协调或不一致之处。面质时工作者一定要和案主已建立起信任关系，并要持真诚与关怀的态度，在使用面质后，要细心体察案主的感受。

5. 建议

建议是社会工作者在对案主的情况和问题有了深入了解之后，根据工作者的经验对案主提出的客观、中肯、具有建设性，有助于解决问题的意见。建议可以协助案主认识到可以用来处理自身问题的方法，了解处理自身问题的可选择的方向，增加案主做决定时可选择的范围，鼓励或劝阻案主的某些行为、想法或感受，促使案主采取有建设性的行动。工作者在运用建设时首先要清楚说出所建设的内容，并说明做出该建议背后的原因或根据；其次，留意案主是否明白你所表达的意思；再次鼓励案主考虑有关的建议；最后与案主讨论建议的适合性、可行性，从而提高案主采纳建议，实行建议的可能性。建议应当通俗易懂，具体精简，不宜提出过多过早的建议，也不宜将意见强加给案主。

（二）案主主导参与的技术

1. 角色扮演

即让一个人或几个人有意识地去扮演某个或某些角色，按照那个角色的特征、期待和要求进行场景模拟，让扮演者在模拟中获得该角色的体验和感受，让观察者从侧面去发现、感受和领悟。角色扮演过程中，社会工作者要注意观察访扮演者的行为变化，及时引导扮演事件的发展，并在扮演结束后引导扮演者分享感受，促进沟通和了解，巩固角色扮演的效果。

2. 空椅子

空椅子主要用于需要澄清人与人之间或个人内心的冲突。运用空椅子技巧，使案主能够从另一个角度来看待其冲突，并且明白了为什么他们会用那样的方式来感觉和行为。

当案主的问题是属于人际的冲突或家庭矛盾时，通常我们需要这些人同时到场，便于我们深入了解问题的全貌。但有时应该出席的人由于种种原因没有到场（路远、已经亡故、不愿出席等）的情况下，社会工作者就可以拉过一把椅子放在案主面前，这张椅子就代表了困扰案主的那个人或那种情境，案主与那人之间也许不是存在冲突就是存在着如忠诚、负疚和罪恶感之类的联系。社会工作者就会要求案主把那张空椅子作为倾诉的对象，对着空椅子来诉说自己的想法和情感，然后再让案主坐到那张椅子上扮演那人的角色，案主在不断地换位中，扮演着两种角色，完成了一段"对话"。案主在同时扮演不同角色的过程中，可以发泄其深藏已久的内心怨恨和痛苦，同时也试着去感受对方的想法。

3. 学习问题解决的技巧

工作者首先激发案主学习问题解决技巧的需求，然后向案主介绍解决问题的步骤和探讨如何将这些方法运用到解决自己的问题上来，一般来说，问题解决的步骤是：①承认问题的存在；②分析问题及辨认各位成员的需要；③提供各种可能的解决方案；④根据每个人的需求评估每个方案，达成共识找到最佳方案；⑤履行已选出的方案并评估解决问题的努力和结果。工作者在介绍问题解决步骤时，还应向案主说明探讨问题时应遵守的一些规范：问题的陈述要清楚、具体；焦点放在现有的问题上，避免翻老账；一次只针对一个问题；他人在陈述问题时，必须耐心倾听；陈述问题时尽量保持正面的态度和举动。

4. 系统脱敏法

系统脱敏法主要针对焦虑或恐惧的情绪。主要是诱导案主缓慢暴露导致焦虑的情境，并通过心理放松来对抗这种情绪，从而达到消除焦虑的目的。使用系统脱敏法的步骤是：首先要建立焦虑或恐惧的等级层次，要找到所有能引起案主焦虑或恐惧的事件，并让案主给这些事件从小到大地标注出感到焦虑或恐惧的程度。其次，放松训练。教会案主进行肌肉放松。最后，进行脱敏治疗，工作者可以遵循如下程序，第一是放松，工作者可采用放松指导语。第二是想象脱敏训练，工作者口头依次描述能够引起案主焦虑或恐惧的事件，要求案主在能清楚地想象此事时便伸手示意。然后，让案主保持这一想象的场景约为30秒。想象训练一般在安静的环境中进行，想象要求生动逼真，像演员一样进入角色，不允许有回避或停止行为产生，一般能忍耐一小时左右视为有效。当案主无法忍耐而出现严重的恐惧时，让案主采用放松疗法对抗，如此循序渐进，直到达到最高级的焦虑或恐惧事件的情景时案主都不会出现惊恐反应或反应轻微。想象训练一般一次不超过4个等级，如在某级训练中出现较强反应，则应降等级，直至完全适应。第三是实地适应训练。要求案主从最低级到最高级逐级训练，以达到对真实场景的心理适应。

5. 厌恶疗法

厌恶疗法是指当某种不良行为反应出现后立即给予刺激性惩罚，如电击、催吐剂、体罚、厌恶想象等，使其感到厌恶，从而抑制和消除不良的行为反应。厌恶疗法的特点是治疗期较短，效果较好，但是需要注意的是厌恶刺激必须足够使案主产生痛苦且持结时间较长，否则很难见效。此外，该法具有明显的强制性，需要案主自愿接受。厌恶疗法中最常用的有橡皮筋厌恶疗法，即在案主的手腕上套上一根橡皮筋，作为厌恶刺激。当案主出现不良行为反应时，自己用力拉动橡皮筋弹自己手腕，以引起腕部的疼痛感。拉弹时要注意拉弹的次数，以此达到掏强迫症状的目的。

四、注意事项

1. 以人为本、案主自决

实施计划时，要充分体现以人为本的原则，从案主的需要和利益出发，并且在决定介入行动时要有案主的参与。由案主决策和参与的介入行动将会使他们有更大的动机去承担责任和完成任务。

2. 个别化

个别化是个案工作的主要特点，也是介入时需要注意遵循的基本原则。针对案主系统的特殊性采取介入行动，才能有助于解决问题。

3. 考虑案主的发展阶段和他们的特点

对于个人，介入行动应集中在协助其完成相关阶段的生命任务上；对于家庭则要考虑与家庭发展相应的阶段任务。

4. 与案主相互合作

社会工作者不能单枪匹马地采取介入行动，而是要依靠服务对象，与他们紧密配合，双方共同参与介入行动，才能最大限度地发挥案主系统的积极性与能动性。

5. 瞄准服务目标

介入行动应围绕介入目标进行。

6. 考虑经济效益

介入意味着社会工作者和案主都要付出时间和精力，介入行动的原则就是要量力而行，优先考虑投入时间和精力最少的行动，从而以最小的成本投入获得最有效的改变结果。

五、实务操作

（一）对陈某进行危机干预

工作者当务之急是需要协助案主解除自杀危机，打消自杀念头。目前案主有悲观厌世心理，并曾经试图自杀后主动放弃，在对案主做了自杀预估后，发现案主的自杀倾向较为严重，所以必须提供进一步的紧急救助，以解除案主的自杀危机，为此工作者采取了密集的行动。

工作者首先征得陈某的同意，转介其进一步咨询专业的心理医生，由专业的心理医生为其检查精神状况，确定是否需要服用抗抑郁药物或住院治疗。（工作者提供陪同服务）

其次，工作者积极关注陈某的情绪变化，耐心倾听他的倾诉，和陈某一起确定他产生自杀企图的原因，并了解什么情境下自杀的企图容易出现。例如案主喝了酒，一个人就容易想及看不到自己及孩子的未来，这时就会表现得心情黯淡，有自杀的冲动。就此情境，工作者可以传授给案主有关情境的回避或处置方法，例如不要喝酒，提醒家人多点时间在一起，告诉陈某可学用深呼吸、肌肉放松等方法来减轻压力。

再次，与案主一起讨论解决问题的技巧，确定目前案主最想解决的问题，列出所有的选择，并对这些选择进行评估，分析各种选择的优缺点，最终形成一个可行性强的小步骤趋近目标的行动计划来取代案主的自杀选择，工作者还给予案主及时的鼓励。

个案社会工作　项目二

最后，工作者为有效应对陈某的自杀危机，动员其家人一起配合进行干预，要求其家人多关注案主的心理状态，在近段时间内需要轮流陪伴案主，并传授紧急情况下的应对方法。

（二）帮助案主缓解家庭经济压力

陈某目前家庭负担重，是造成其巨大心理压力的重要原因。帮助案主改善家庭经济状况，可直接缓解其心理压力，进而导致其他方面状况的好转。

由于案主最直接的经济压力是源于儿子的学费，随着开学的临近，案主担心借不到学费，所以心理压力明显加大。工作者采用两方面的办法帮助其解决实际困难，一方面是陪同案主联系其儿子所在高中的校长，向其申请减免部分学费或者能够缓交学费。另一方面，是向农村信用社咨询助学贷款的事宜，争取为案主贷到其所需要的学费，以解燃眉之急。另外，工作者答应案主帮助留意困难补助政策，如果有机会，将会通知他去申请。

接下来，工作者与案主一起谋划其出路问题，由于案主还想尝试出去打工，工作者与案主一起分析优势和其他选择，案主的优势是有长达十几年的打工经历，所以如果案主选择出去打工，经验是没有问题，另外妻子儿女不在身边，案主可以少受家庭的牵绊，不足在于案主的学历不高，没有一技之长，即使打工也挣不到钱，另外是案主的年龄优势已经丧失，打工还要远离妻子、儿女。工作者同时与案主一起商讨其他的选项，比如在家务农，种植某类经济作物或者案主曾经搞过养殖，工作者与他一起分析失败的原因，探讨其继续从事养殖的可能性。最后，工作者和案主一起，用平衡表法做出选择。

为了提高案主的能力，工作者介绍案主去农技部门参加培训，鼓励其积极学习新的感兴趣技能，为其打工或者务农奠定基础，工作者还让案主多看看中央七台的致富经栏目，并为其提供有用的农民增收信息。

（三）改善案主的自我认知和自我对话

案主认为自己作为男人太无能，多次不成功的经历让案主觉得生活没有希望，活着没有意思，甚至不仅仅是对自己，还对其儿子的前途表示悲观，这些自我挫败的认知明显的影响到案主的精神状态，从而也影响了其行动。所以工作者需要帮助案主学习改善自我对话。

工作者第一步是要让案主识别他们正在谈论的情感和想法。例如工作者在听了案主陈述之后，对案主讲：

"陈叔，您讲了很多，不知道您有没有注意到，您多次提到了您的失败，您认为自己无能,您觉得毫无希望,一切都没有用,甚至儿子本来应是您的希望所在,但现在您认为儿子也是失败的,您看不到他的将来。"

第二步,引导案主检查他们的自我对话,并且把它大声地说出来,要他们特别关注自己的想法,发现他们所说的一些常用词,如"不能"、"总是"、"每个人"、"完全"等。例如:

工作者:"当您觉得活着一点都没有意思时,您还告诉自己什么?"

案主:"我告诉自己,怎么我一点用都没有,活着干什么?"

工作者:"好,您把告诉自己的话再大声地表达一下。"

案主:"怎么我一点用都没有,活着干什么?"

工作者:"您有没有注意到,您对自己的评价是'一点用都没有'"

第三步,让案主区分事实和认知,让其说出不同于认知的事实。例如:

工作员:"您说您自己一点用都没有,但事实上您为家里做了很多事,您为改善家庭经济状况一直在努力,您出去打过工,养过猪、养过羊,还养过奶牛,你尝试了很多、尽管遇到了困难,但您的努力说明您不是一点用都没有,您还可以做很多事,对不对?"

"现在您大声地告诉自己,'我是有用的人,我一直很努力,我的家人需要我'。"

等到案主开始强调事实,而避免用一些不准确的词汇,他的情形就会发生改变,不再像他原来想象的那么糟糕了。

(四)改善陈某和家人之间的沟通状况

家庭应该是案主改变的巨大动力,亦是其情感支持的强烈后盾。但案主目前与家人的沟通状况不佳,尤其与母亲和弟弟关系很僵,所以这方面的工作很重要。

工作者首先应鼓励妻子、儿女多关心案主。在危机阶段,需要轮流陪伴案主一段时间,因为妻子工作,子女上学的需要,决定了一家人分开居住的模式,所以在危机后,鼓励妻子儿女在周末回家团聚,妻子每天打电话问候案主,案主也要理解妻子的辛苦,还要主动问问儿女在校情况,儿女尤其是儿子也能主动和案主说说话,多沟通。

针对案主与其母亲及弟弟的关系,要深入了解其形成的历史原因,重视大哥这个桥梁作用,鼓励案主积极主动,循序渐进以诚意打动母亲和弟弟。也可以将一家人聚在一起,说出彼此的想法,消除彼此的芥蒂,慢慢缓和关系。

（五）改善案主人际交往状况

一方面，工作者要鼓励案主多与邻居、亲戚、朋友、村民等交往，以实际行动改变邻里、社区对他的负面看法。另一方面，工作者也应说服案主的朋友、邻居、村民、村委会等多关心案主，与案主保持良好的关系，使他能在融洽、和谐的社区中生活，体会到大家庭的温暖。

（六）鼓励案主积极投身村委会工作

案主本身对政治有兴趣和热情，如果能在村委会积极工作并实现自己的价值，对重拾案主的自信心有极大的帮助。一方面，工作者在村委会层面展开工作，争取他们的支持和配合，积极创设良好氛围欢迎案主参与工作。另一方面，从案主系统展开工作。首先要帮助案主调整其心态，竞选村支书失败并不意味着人生的失败，能当上村委委员也很不容易，肯定其成功；然后，引导他在现有的岗位上努力工作，积极投入，以实际行动来换取广大村民的支持，为以后竞选村支书做准备。

（七）为案主争取社会环境（体制、文化等）的改善

工作者可以进行社会倡导，呼吁社会关注自杀问题、贫困问题，完善相关的社会政策，这是一项重要而长远的行动计划，是在更为宏观的社会层面增能的问题，工作者还可以积极呼吁社会对退伍返乡人群给予更多的关注，地方政府应给予他们政策扶持、技能培训等实惠，使他们能更好地生活。

六、总结点评

1. 实施服务计划是助人过程的关键阶段，因为只有通过这一阶段，案主才会发生改变，服务工作取得成效。由于助人过程的复杂性，所以实施服务计划的方法与技术也是多种多样。

2. 一般是在两个层面上实施服务计划，一个层面是案主层面，又称为直接介入；另一个层面是环境层面，又称为间接介入。

3. 实施服务计划时的主要工作内容主要有：提供具体服务、提供信息、提供指引、鼓励与支持、情绪疏导、观念澄清、行为改变、危机介入、增强社会支持系统、整合社会资源、社会倡导与行动等。

4. 实施服务计划时以社会工作者为主导的技巧主要有：提问、解释、即时化反应、面质、建议等；以案主主导参与的技巧主要有：角色扮演、空椅子、学习问题解决的技巧、系统脱敏法、厌恶疗法等。

七、拓展提高

1. 社会工作者在干预案主的自杀危机时，运用了哪些方法？检讨这些方法？
2. 社会工作者在干预案主的自杀危机时，面临的风险是什么？社会工作者如何面对这些风险？
3. 请学生进行角色扮演，运用各种介入技巧为案主提供直接服务。
4. 请学生进行角色扮演，调停案主与母亲、弟弟的矛盾。
5. 请深入思考还可以为案主提供哪些适切的服务？

任务五　结案与评估

通过教学，使学生掌握过程评估和结果评估的方法，使学生掌握结案的类型与任务，结案的反应及处理方法，学会做好结案记录，了解跟进服务方法。

1. 完成评估工作
2. 完成结案工作
3. 做好结案记录
4. 跟进服务

一、术语理解

1. 评估：是指工作者利用各种技术评价社会工作干预结果的过程。评估分为过程评估和结果评估，过程评估是指社会工作介入服务仍在进行时所进行的评估，它提供有关服务过程的各种信息（过程目标及活动），供社会工作者修正服务方案时使用。结果评估又称为成效评估或累积性评估，通常在社会工作服务的最后阶段或整个方案结束后进行，目的是检视服务的成果或成效。

个案社会工作 项目二

2. 结案：一般情况下，结案是当介入计划已经完成，介入目标已经实现，案主的问题已经得到解决，或者案主已有能力自己应付和解决问题，即在没有社会工作者协助下可以开始新生活时，社会工作者和案主双方根据工作协议逐步结束工作关系所采取的行动。

3. 跟进服务：一般来说，跟进服务是社会工作者在服务结束一段时间以后对案主情况进行后续跟踪和联络，了解其进展情况及服务需要的行动。

二、要点提示

（一）评估

1. 过程评估是指社会工作介入服务仍在进行时所进行的评估，它提供有关服务过程的各种信息，供社会工作修正服务方案时使用。过程评估贯穿于整个助人过程，但在不同介入阶段，过程评估的重点略有不同。在介入初期及中期，过程评估重在对案主表现及社会工作者表现及技巧进行评估，以此了解案主的进展，适时修正服务的方案及技巧。其中应用的评估方法有个案记录、录像或录音、社会工作者或案主的日记等。在结束阶段，过程评估重在评估什么元素导致案主改变，相对简单的方法是关键事件分析法，即通过详细记录服务过程中有影响力的事件来探索案主转变的内在动力。在进行过程评估时，工作者要询问自己案主为何来求助，呈现的问题是什么，案主做了哪些努力，服务是否按计划进行，服务效果如何，工作者表现如何，不能达到预计效果的原因是什么等。

2. 结果评估，又称为成效评估或累积性评估，通常在社会工作服务的最后阶段或整个方案结束后进行，目的是检视服务的成果或成效。一般而言，社会工作人员在服务结束时，通过一定方式搜集案主对目标达成程度、服务内容、工作手法、工作者表现等方面的评价，以判断社会工作介入服务是否达到了预期的目标或结果。在进行结果评估时，社会工作者需要思考的问题包括：服务对案主是否有效，案主取得了哪些变化，这个改变是如何测量的，运用的理论和方法是否合适，社会工作者从中学到了什么，哪些地方在以后的服务中值得改进等。

（二）结案

1. 提前通知结案时间

留出足够时间处理案主和工作者关于结案的感受非常重要。突然结案对工作者和案主都很困难，因此工作者应在合适时间里提醒案主注意结案时间，这提醒可根据服务期限而灵活决定。通过提醒，虽然案主对结案仍可能有抗拒，但心理上已逐步开始接受结案的事实，并在行动上为分离做准备。

2. 过程的回顾与总结

过程的回顾与总结是指社会工作者和案主一起来回忆服务过程中发生的事情。回顾过程不止是对过去经验的简单再现，而是批判式的思考和系统整合经验的过程，甚至包括对不愉快经历的接纳、释怀与面对，同时总结自己的变化与成长。这个过程可以帮助案主分析和反思他们学到的内容和学习过程，可以帮助案主巩固已学到的知识，也有助于案主提高分析问题和解决问题的能力，增强对未来生活的信心。

回顾和总结的重点包括：案主是怎样来求助的，求助目的何在，社会工作者和案主一起作了什么努力，哪些地方已得到改善，最适合案主改善的解决问题的策略和技巧是什么，影响问题解决的局限性因素有哪些，有哪些工作方法值得调整和改善。

3. 巩固已有改变

在回顾工作过程中，社会工作者通过指明和强调案主取得的成绩来增进他们的自信。一个对自己有了信心的案主，今后遇到问题时其应对行动和表现都会更好。因此，工作者在结案阶段的重要任务之一是帮助案主稳定与增强其改变，并表达积极支持的态度。工作者要做的工作如下：

（1）在结案之前，提供模拟练习的机会，巩固案主已取得的技巧。

（2）鼓励案主独立，减少对社会工作者的依赖，鼓励案主将目光投到服务以外的人与事，着眼于将来。

（3）告诉案主接受服务只是起点，改变是缓慢而漫长的过程，必然会遭遇到各种困难与挫折。工作者与案主讨论可能遇到的各种困难、原因及办法，帮助案主发现可以支持改变的自身资源及社会环境资源。

（4）帮助案主制定将来的计划，确定此后的成长目标，并通过各种方式增强。

（5）表达积极支持的态度。结案时，工作者应对案主在服务期间所表现出的努力、转变的结果等进行肯定，鼓励案主自己独立解决问题，并肯定他们有能力这样做。

4. 处理分离情绪和未终事宜

案主及社会工作者都会对结案产生情绪，妥善处理分离情绪也很重要。未终事宜是在服务过程中有些预定要做的事，或想做而未作的，或有些该处理的事，需要在最后结束时做出及时总结和处理。

5. 解除工作关系

正式与案主解除工作关系。此时，并不是说社会工作者绝对不再与案主有任何解除，而是不再提供服务。如果案主还需要其他服务，社会工作者应予以转介，这对时机未成熟就必须结案的案主来说尤其重要。转介案主时，社会工作者需要与其他机构建立互联网络，了解转介条件，为案主作转介准备，妥善结案。

6. 做好结案记录

结案工作接近尾声时，社会工作者有必要撰写书面的结案记录，以检视服务内容和方式的适当性。结案记录的内容包括：案主何时求助、求助原因、工作过程中提供了哪些服务、案主有什么改变、为什么结案、社会工作者的评估和建议等。这份记录，比平时的过程记录更有意义，它不仅从总体上回顾了服务过程，而且包含着工作者对服务的反思及未来工作地计划与目标。

（三）跟进服务

结案并不意味着服务最终结束，一般来说，社会工作者需要在服务结束一段时间以后对案主情况进行后续跟踪和联络，了解其进展情况及服务需要，这就是跟进服务。跟进服务是社会工作实务的一般步骤，并不表明在任何情况下都是必要的，若需要跟进服务，则安排在结案以后的3~6个月之间。

三、方法技巧

（一）评估方法

1. 单个案设计。单个案设计经常用于单个案例或案主而得名，又称为单一受试设计、单个对象设计或单一系统设计，评估时不设对比组或控制组，通过对同一研究对象进行干预前、干预中、干预后的观察和研究，比较案主服务前后发生的变化。

单个案设计中，研究者先为案主建立基线，接着提供治疗和服务，然后评估服务提供后案主的进展。具体过程如下：首先，确定案主的目标行为，例如，行为、思想、感觉、社会关系或社会环境的变化；其次，选择恰当的测量工具，例如，直接观察或使用标准化问卷或量表；第三，确定目标行为和测量工具后，对个案的目标行为进行测量并记录该数据,这就是基线数据,该时间段称为基线期;第四,对案主实施干预并重测案主的目标行为,该时间段称为介入期;最后,比较基线期和介入期的数据,如果数据趋势与基线期和介入期的转换同时发生,一般可以认为干预发生了效果。单个案设计的类别包括 AB 设计、ABAB 设计和多重基线设计。AB 设计包括一个基线期和一个干预期。ABAB 设计增加了一个基线期和一个介入期。通常在服务结束一段时间后设立第二个基线期,并在第二个基线期确定了稳定趋势后再次引入介入服务。多重基线设计是指同进开始两个或多个基线期,在每个基线期测量不同的目标行为,或通过在两个不同环境中或对两个不同个人测量同一目标行为。

2. 过程评估的测量方法。在最后阶段,社会工作者有必要对整个介入过程进行评估,了解案主变化由哪些因素引起,标准化问卷或量表、个案记录、日志或日记、录音和录像等都是过程评估中的常用工具。

(1) 标准化问卷或量表。行为科学家、心理学家、社会工作者已发展出大量标准化测量工具,通过这些工具可以测量案主的行为和心理状态。这些标准化测量工具包括已被证明有效的各种量表和问卷,在社会工作实务中,常使用的量表包括普通健康问卷、忧郁量表、主观幸福量表、自我肯定量表、自尊量表、一般生活满意度量表、临床焦虑量表等,社会工作者可根据案主问题的性质和评估目的进行选择。

(2) 个案记录。指社会工作者对服务对象的会谈及有关联络事项,以文字方式记录并保存。完整的个案资料包括:案主基本资料、案主来源、呈现问题、社会工作者预估、服务协议和行动计划、社会工作者和案主的会谈情况、其他机构服务情况等。

(3) 日志或日记。社会工作者要求案主每天留意在介入服务之外发生的某些行为,通过日志或日记形式记录下来。不仅记录行为的次数,而且着重记录行为出现的情景、过程、感受及结果。

(4) 录音和录像。在征得案主同意的前提下,将整个服务过程或某些片断用录音、录像记录下来。录音和录像资料可以帮助工作者在服务结束时回忆和整理整个服务过程,反思工作表现,总结经验。录音和录像资料也可成为社会工作督导的重要媒介,通过资料的再现,督导可以清楚地了解服务过程,有针对性地提出指导,帮助改进服务内容和工作技巧。

3. 结果评估的测量方法。结果评估的方法包括观察法、自我评估报告及使用各种评估工具。常见的评估工具包括:标准化测量工具、目标问题评量、目标达成等级、任务完成情况评分、案主满意度调查以及案主的自我报告和观察等。

（1）标准化测量工具在过程评估方法中已有叙述，这里不再赘述。

（2）目标问题评量。这种方法是通过案主目标问题困扰程度的转变来显示服务成效，适用于服务的目的是处理案主某一问题或帮助案主提高解决该问题的能力的场合。该目标问题可能是行为问题，也可能是思想、情绪、环境等方面问题。具体使用方法如下：在进入社会工作服务前的评估面谈时，请案主提出不多于三项困扰他们的问题，并对每一问题的困扰程度进行评分，7分为最困扰，1分为最小困扰，然后在服务结束后再次对这些问题进行评分，看见否有效。具体见案例操作。

（3）目标实现程度评估。这个方法与目标问题评量相似，主要用来评估案主的行为思想、情绪等问题，主要用来评估案主是否已达到其预设目标及达成程度如何。这种方法更强调正向积极的改变，而较少关注问题层面，具体方法如下：工作者要求案主在服务前列出不多于三项希望在服务结束后能实现的目标，然后在服务结束时再次对各目标的实现程度进行评分。评分标准如下：+2（预期中好得多），+1（比预期中好），0（与预期相同），-1（比预期中差），-2（比预期中差很多）。

（4）任务完成情况评分。对于以完成任务为主的案主，可以设计任务完成情况评分表，将总目标分解成几个具体目标，并对目标完成情况进行打分。对于任务完成情况报告，工作者可以运用案主的自我报告，也可以用案主满意度调查。

此外，如果工作者处理的是案主行为方面的问题，所以要求案主或案主周围的人对案主行为进行观察和记录是很效的。

（二）结案

1. 对于案主的结案反应的处理方法

（1）对于案主正面反应的处理

对于案主的正面反应，社会工作者要给予肯定并适时适当地进行强化，以增强案主对未来的信心。需要注意的是，社会工作者要避免刻意渲染这种气氛，以防止产生离别的感伤情绪，影响案主正常的情绪反应。

（2）对于案主负面反应的处理

对于案主的负面情绪反应，工作者应该分清类型并区别对待：

对于案主对结案表现出来的逃避、否认等情绪，社会工作者可以适当地肯定和揭露案主的情绪。工作者可以采用同理方式表达对这种感受的理解，通过自我表露的方式分享自己的感受来带动案主进行分享。对于通过行为倒退、出现新问题等方式来逃避、否认结案的案主，工作者可适当地不帮助案主反思这些行为背后的动机，帮助其客观认识服务过程及对自己变化的评价，澄清结案的理由。

对于案主因结案表现出来的忧郁沮丧的情绪，工作者可以通过同理表达对这种感受的理解，促进案主情绪的表达。同时，社会工作者应时刻肯定案主在服务中的变化与成长，鼓励案主将目光投向未来，为将来独立面对生活做准备，从而提高案主的自信心。

对于因为结案产生不满愤怒情绪的案主，社会工作者应当表现出谅解、宽容的态度，让案主了解到工作者理解他们的感受，而不是直接的回击和辩解。对于社会工作者的服务过程或方式感到不满愤怒的案主，社会工作者在努力无效的情况下，应该进行转介或结案。

2. 对于工作者的结案反应的处理方法

工作者要特别留意自己的情绪反应、情绪表现是否与服务要求相一致。通常情况下，工作者需要适当地表达自己分离的情绪，这有助于案主情绪的释放。但是，如果工作者的分离情绪太过强烈，可能在工作者和案主之间形成过分感伤的情绪，反而影响案主处理自己的情绪及规划未来的信心和能力。

如果工作者感到自己很难处理对结案的情绪反应，最好找自己信赖的督导和同事加以疏导，帮助自己走出困境。

（三）跟进服务的方法

跟进服务的方法包括电话跟进、个别会面等方式。

（1）电话跟进。指社会工作者在结案后一段时间内和案主进行电话联络，了解案主结束服务后的情况。这种方式虽然简便易行、省时省力，但缺点是对案主真是状况无从得知。

（2）个别会面。指社会工作和在结案后一段时间内根据约定将案主约到机构或亲自到案主家里进行一对一面谈。这种方式比较直观，可以面对面地了解，有助于工作者了解更多信息。

四、注意事项

（一）评估

1. 注意让案主参与

因为评估是案主回顾自己成长过程的一个重要途径，为案主提供一个再学

个案社会工作　项目二

习的机会，另外对于工作者的工作是否有成效，案主最有发言权，只有经过案主认可的工作成果才是真正的工作成果，案主的评价是评估工作者工作绩效的重要指标。

2. 坚持为案主保密

保密是工作者自始至终都需要遵守的职业道德。在评估中机构要用一些资料，可能涉及案主的一些隐私，工作者和机构一定要本着案主为本的思想，妥善处理。

3. 工作者要透明，坦诚

评估过程中涉及对工作者工作绩效以及工作者态度等的反思和检讨，因此对工作者来说也许是一个不愉快的过程，尤其在同事和督导评估时，工作者要做到坦诚、透明，正确对待大家的评估意见。

（二）结案

1. 区分结案的不同类型

理想的结案是社会工作者和案主因已完成目标而共同计划如何结案，并最终能顺利结案。在实际过程中，社会工作者的每一次结案并不总是理想。一般而言，有下列几种结案的不同类型：

（1）目标实现的结案

经过评估以后，社会工作者和案主双方都认为问题已经基本解决、目标已经基本实现时，根据协议，社会工作者提议结案，案主也接受，因此就进入结案阶段。这种结案时有计划、按程序进行的结案。

（2）因案主不愿继续接受服务而必须终止关系的结案

当案主强烈抗拒服务，社会工作者就没有理由再继续维持与他们的关系，因为在这种情况下，案主没有意愿和动机接受服务，双方的关系没有意义。

（3）存在不能实现目标的客观和实际原因的结案

例如，当社会工作者发现案主的需要超出了自己的和机构的能力时，就要结案。这种情况下，结案的形式可能以转介方式将案主转往其他机构去接受服务而结束；也可能以转一份转移方式由其他工作者提供帮助而结束关系。

（4）社会工作者或案主身份发生变化时的结案

当社会工作者和案主身份发生变化时，即使目标没有实现也要结案。例如，

社会工作方法与实务

案主由于搬迁而离开机构所服务的地区时,或者社会工作者由于工作调动而离开时,都要结案。

2. 把握结案的可能反应

结案过程中,社会工作者应该清楚案主及工作者的可能反应,才能进行相应处理。

(1) 案主的反应

① 案主的正面反应

接受社会工作的协助对案主来说是特别的人生体验,多数人都能在与社会工作者的合作中获益,因而在结案是有正面情绪反应,包括对获得成长与成功的欣喜,对整个工作过程带给他们新认识的肯定、感觉视野开阔了、对于社会工作者关系的满意、对社会工作者的帮助充满感激、对未来充满信心等。

② 案主的负面反应

由于结案意味着社会工作专业关系的终止,意味着案主要回到各自的生活世界里,也意味着其后社会工作者与案主就要停止接触,案主不再有社会工作者的陪伴。因此,终止关系可能给他们带来"分离焦虑"等感受,表现为对这种即将到来的结案产生负面反应。常见的负面反应包括:

否认——不愿承认已到结案期,避免讨论关于结案的话题。

倒退——回复到以前的状态,以此拖延结案的到来。

依赖——对社会工作者过分依靠。

抱怨——对社会工作者不满意。

愤怒——表现为对社会工作者不满,批评、攻击和挑战其他人。

讨价还价——当发现没有可能阻止结案时,有些案主会寻找理由延长服务期限,有时还表现为倒退行为,很多意见解决的问题又出现等。

忧郁——当所有延长结案时间的努力都无效时,有些案主会表现得无精打采、失落而无助,对结束关系充满焦虑。

(2) 社会工作者的反应

社会工作者和普通人一样,也有喜怒哀乐,在服务过程中不可能完全抽离自己的情感。因此,对于结案,社会工作者也不可避免地产生和案主类似的复杂反应,具体反应则要根据不同情况和不同人而定。对于有些社会工作者,他们可能体会到更多的失落、失望甚至产生负疚感。特别是那些中途离职的社会工作者,如果案主接受服务的最终效果不甚理想的话,极易产生负疚感,认为如果不是自己离开或自己处理更好的话，案主改变可能更理想。而对有些社会工作者而言，可能会对特别成功的服务过程感到依恋，享受服务带来的成就感，而不愿意早结案。

五、实务操作

（一）评估

1. 工作者在整个实务过程中一直在关注服务的有效性，在每一个行动之后，均需要检视案主的反映及变化，并对该步行动的适切性进行反思，及时修正行动方向，并通过每次面谈后的个案记录予以记载保存。

2. 在结案前，工作者还需要对整个服务的成效加以检视。通常在介入服务前，工作者会对案主的状态进行评估，如在本案例中使用自杀意向量表测试案主的自杀倾向（见任务二），并记录得分情况，作为基线。在提供介入服务后，工作者可以再次使用该量表对案主的自杀倾向进行评估，并记录得分情况。然后将后者的得分情况与基线进行对比，如果案主的自杀倾向显著降低，说明工作者的介入服务是有成效的。

3. 工作者还可以使用目标问题评量（参见表2-7）。

表2-7 目标问题评量表

请列举三项你最感到困扰的问题
1. 家庭经济压力大
2. 与母亲关系不好
3. 担心孩子的未来

请按困扰程度，在每项问题处评分（1-7分，分数越高，困扰程度越大）

目标问题	事前评估	事后评估	跟进评估
1	6	3	4
2	5	1	1
3	5	1	1

4. 目标问题评量法也可以修整为目标实现程度评估，因为目标问题评量法似乎过分关注案主的问题，而目标实现程度评估更强调正向积极的改变，而较少关注问题层面（参见表2-8）。

社会工作方法与实务

表 2-8　目标实现程度评量表

请列举三项你最希望达成的目标
1. 儿子的学费有着落，家庭收入有增长。
2. 与母亲、弟弟良好沟通，达成谅解。
3. 儿子的学习成绩进步 10 名。

请按目标实现程度评分（+2 表示比预期要好得多，+1 表示比预期好，0 表示与预期相同，-1 表示比预期中差，-2 表示比预期中差很多）

目　标	实现程度
1	+2
2	0
3	-1

5. 案主满意度调查

案主满意度调查问卷

请在空格处填写上您的信息，并在您认为合适的答案上画圈
1. 您的年龄：＿＿＿＿＿＿＿＿
2. 您的性别：＿＿＿＿＿＿＿＿
3. 您对在本中心接受的服务项目的总体评价：
　　（1）非常好　　　　　　　　　（2）好
　　（3）一般　　　　　　　　　　（4）差
具体意见：＿＿＿＿＿＿＿＿＿＿＿＿＿＿＿＿＿＿＿
4. 您认为本机构的社会工作服务对您有帮助吗？
　　（1）完全没有　　　　　　　　（2）几乎没有
　　（3）有一点　　　　　　　　　（4）有很大帮助
您觉得最有帮助的是＿＿＿＿＿＿＿＿＿＿＿＿＿＿＿
您觉得最没有帮助的是＿＿＿＿＿＿＿＿＿＿＿＿＿＿
具体意见：＿＿＿＿＿＿＿＿＿＿＿＿＿＿＿＿
5. 社会工作者提供的服务能在多大程度上满足您的需要？
　　（1）几乎满足所有的需要　　　（2）满足大部分需要
　　（3）只有小部分需要得到满足　（4）完全不能满足我的需要

个案社会工作 项目二

6. 如果您的朋友需要帮助,您会向他/她推荐我们的服务吗?
(1)肯定不会　　　　　　　　　(2)大概不会
(3)也许会的　　　　　　　　　(4)肯定会的
7. 您对本机构服务的意见和建议:_____
_____

日期:

(二)结案

1. 提前通知结案时间

在与案主的第六次会面后,工作者已针对案主及其关系人进行了若干次直接和间接介入,取得了一定的工作成效。比如案主的自杀危机基本解除,与家人的沟通状况有所改善,家庭经济状况有所好转,人际交往状况也有所改善。考虑到总共9次左右的会面,所以工作者开始有意识提醒案主,三次会面后将结案,使案主在心理上逐步开始接受结案的事实。工作者可以以这样的话语来进行,"在我们谈论下次会谈任务之前,我想提醒您,三次会面后,我们将结束工作关系。我们一起努力了一段时间,您的改变很大,我想我们该谈谈您的变化了。"

2. 过程的回顾与总结

服务接近尾声,工作者引导案主一起回忆了服务过程中发生的事情,从而来帮助案主进行分析和反思,提高案主分析问题和解决问题的能力,增强对未来生活的信心。

工作者与案主共同回顾了如下内容。

① 初次会谈的情形。

② 一起做的努力:心理咨询;申请困难家庭补助;参加技能培训;与母亲等坐在一起开家庭会议;主动关心子女和妻子;主动参与村委会工作等。

③ 已经得到改善的方面:案主的自杀危机解除;与家人的沟通状况有所改善;家庭经济状况有所好转;人际交往状况也有所改善;自我价值有所体现。

④ 解决问题的经验:调整心态,相信自己,积极主动,有付出就会有进步。

⑤ 不足:扩大人际交往面,有能倾诉心事的朋友圈子;忌争强好胜,调整心态,珍惜现在拥有的。

要求案主进行回顾和总结时，工作者的要求和案主的回馈必须尽量具体。比如，案主说通过这个服务，他对自己有了信心，他觉得自己还是有用的。工作者就继续引导案主说得具体些，案主说："与弟弟的关系在自己的努力下有了改善，作为村委委员参与村里一些事务的讨论，提的意见被采纳了，村民也对自己友好了很多。"

3. 巩固已有改变

结案阶段，工作者为了帮助案主稳定和增强其改变，为走进现实生活做好准备，工作者还做了如下工作：

① 工作者鼓励案主独立，减少对工作者的依赖，鼓励案主着眼于未来。以这样的话语来进行"经过一段时间的努力，相信您完全能独立地面对您的生活，能与周围的人相处融洽。凭借自己的努力，相信您和您家的状况一定会越来越好的不是吗？"

② 告诉案主改变是个缓慢而漫长的过程，要积极应对。工作者以这样的话语来进行"经过这段时间的努力，您的很多状况有了改善。当然，以后还有很多的事情要继续努力，比如与您母亲的关系需要一步步去努力，比如家庭经济状况的改变最终还是要靠你自己去努力等等。但我相信，只要您对自己有信心，主动地去付出，一直去努力，遇事与家人朋友商量，一切都会更好的。"

③ 工作者还帮助案主制定将来的计划，规划未来的生活。比如达成了最终改善与母亲关系，学得一技之长改善家庭状况，竞选村支书等未来目标。

4. 处理分离情绪

在结案过程中，案主表现出了否认、忧郁等负面情绪反应。首先，工作者鼓励案主抒发情绪，并用同理方式表达对案主感受的理解和自己的感受。其次，工作者时刻肯定案主的变化和成长，鼓励案主将目光投向未来，为将来独立面对生活做准备，从而提高案主的自信心。经过工作者的努力，案主较快调整了自己的负面情绪，转为接受，在工作者的帮助下继续体会自己的成长，并且思考自己的未来。

5. 做好结案记录

最后，工作者需要撰写书面结案记录，以进行必要的反思。

附：

××镇社区服务中心结案摘要报告

NO.

案主姓名：<u>陈某</u>　　　性别<u>　男　</u>　　出生年月<u>1967年X月X日</u>
联系地址：<u>××市××区××镇××村××组</u>　联系电话<u>158×××××</u>
<u>×××</u>
接案日期：<u>2009年X月X日</u>　　最后面谈日期　<u>2009年X月X日</u>
社工姓名：_____

1. 求助过程

案主的大哥由于案主多次表示"活着一点都没有意思"，"活得真窝囊"，担心案主轻生向社区服务中心求助。

2. 社工提供的服务

（1）解除案主的自杀危机。通过转介至专业心理师，工作者温暖的关心、积极倾听来稳定案主的情绪状态，工作者与其讨论问题解决技巧，让案主明白自杀不是唯一的选择，也不是最好的选择，工作者还动员案主家人给予案主足够的支持和关注。

（2）提供具体帮助。工作者帮助案主解决其儿子的学费问题，一方面通过向学校申请缓交或减免学费，另一方面为其争取助学贷款。同时与案主一起谋划出路，协助其作出抉择，工作者还鼓励案主参加农技培训，提高案主的劳动技能。

（3）改善案主的自我对话。针对案主的自我对话"自己一点用都没有"，工作者提供事实信息，使案主失败的自我对话得到改善。

（4）改善案主与家人的沟通状况。案主与母亲和弟弟的关系十几年来陷入了僵局，工作者鼓励案主采取主动姿态，利用大哥的桥梁作用，使母子关系、兄弟关系得到改善。同时鼓励其妻子和子女能够更加关心案主，并有更多的时间与案主团聚在一起。

（5）改善案主的人际交往状况。一方面，工作者鼓励案主多与邻居、亲戚、朋友、村民等交往，以实际行动改变邻里、社区对他的负面看法。另一方面，工作者联系案主的朋友、邻居、村民、村委会关心案主，与案主保持良好的关系。

（6）鼓励案主积极投身村委会工作，实现其人生价值。

社会工作方法与实务

3. 案主的变化

（1）案主的心态发生了很大的变化，不再觉得自己没用，重新开始思考自己的价值与对家庭的责任，精神状态良好。

（2）案主儿子的学费有了着落，经济压力减轻，对于未来有进一步的规划。

（3）案主与家人的沟通状况得到了改善，与母亲弟弟开始进行沟通，一家人的团聚时间变多了。

（4）案主比以前更开朗，会主动去邻居家串门，村里人对其的看法也有积极的变化。

（5）案主更投入于村委会的工作，在支委会上，案主能够积极地为村公益事业发展出谋划策。

4. 结案理由

因为案主的状况明显好转，有很多方面达到了预定目标，所以工作者和案主协商结案。

5. 结案后的工作计划

在结案半年后进行一次回访，以确定案主的变化是否巩固。

6. 评估与反思

案主对工作者的服务基本表示满意，其情况也确实得到了改观。但是工作者在工作过程中发现自己的专业知识还不够丰富，有时候面对案主的情况有力不从心的感觉。工作者此前未处理过自杀个案，这次虽然成功地处理了该个案，但还是需要冒一定的风险，例如工作者的能力够不够？介入的限度在哪里？要不要报警？万一失败怎么办？而怎么规避这种风险这也是社会工作界的一大难题。

社工签名：_____　　　督导或负责人签名：_____

日期：_____　　　日期：_____

（三）跟进服务

工作者在结案后的一段时间内，仍旧与案主保持电话联络，了解案主结束服务后的情况，从案主的讲话内容及语气判断，案主目前的情况不错，他还对工作者持续的关心表示了感谢。

六、总结点评

1. 评估和结案是个案工作的最后一环。社会工作评估是指利用各种技术以评价社会工作干预结果的过程。结案是根据工作协议和计划逐步结束其工作关系，是案主在没有专业人员帮助下自己生活的新开始。

2. 社会工作评估可分为过程评估和结果评估。社会工作评估可以采用多种方法和技术，过程评估常见的方法包括个案记录、日志、录像和录音等。结果评估包括单个案设计、标准化的问卷和量表、目标问题评量、目标达成量表、任务完成情况评分、案主的自我报告及案主满意度调查。

3. 结案可分成四种类别：目标达成的结案、单独提前结案、机构服务期满而结案及社会工作者离职而结案。结案时，工作者应完成提前通知结案时间、对服务过程进行回顾与总结、稳定和增强案主的改变、工作双方彼此反馈、处理分离情绪和未终事宜、运用仪式结束工作、撰写结案记录等七项工作。

七、拓展提高

1. 为什么要进行个案工作评估？
2. 试述过程评估与结果评估的区别
3. 案主对结案的正面反应和负面反应有哪些表现？工作者如何处理？
4. 跟进服务的重要意义是什么？

教学情境二　行为治疗模式个案工作过程
　　　　　　以青少年认知辅导个案为例

教学目标

通过教学，使学生掌握认知行为治疗模式的基本观点、介入目标、工作者承担的角色、能够使用行为治疗模式从事个案服务。

案例背景①

小军今年18岁，5岁的时候父母离异，母亲带着他生活，母子俩一直居住在长宁区。三年前，母亲结识了一男友，带着小军搬到了普陀区。现在小军、

---

① 案例转引自马伊里、吴铎主编：《社会工作案例精选》，2007年，华东理工大学出版社，第8页

社会工作方法与实务

母亲和母亲的男友三人一起生活。小军全家现住在一小区单元房的五楼，面积约为50平方米，小军有单独的房间。家里有电视机、空调、VCD、电脑等。

小军虽已初中毕业，但目前还没有拿到毕业证，小军的解释是毕业时间已经很长了，不想去拿了，拿了也没用。初中毕业后小军曾考入了技工学校，读了一段时间后，他觉得学不到什么东西，认为技工学校是骗人的学校，因此主动退学了。之后就一直在家处于失业状态。小军自己没有任何经济来源，现靠母亲的收入维持生活。

小军目前的生活习惯基本上是白天睡觉，晚上上网玩游戏。到了周末，他就外出与原来长宁区的朋友玩通宵。小军在目前居住的小区内没有结交新朋友。

小军与母亲的关系很差，与生父更是从不交往，与母亲的男友（暂称为继父）的关系也很僵，经常会有冲突，其中最易引发的冲突是钱的问题。为了避免小军经常上网吧，家里特地为他购买了电脑，已经以ADSL方式上网，小军也有一个手机，用于与朋友联系，上网费及手机费用每月大概有400多元，加上小军每月生活费和每周外出与朋友的交往费，其每月的生活开支大概在700-800元左右。

小军的母亲现已退休，每月有800元的退休工资。为了维持生活，小军母亲还在一家宾馆做清洁工，每月有500元收入。继父已经退休，没有什么工作收入，但有一处房产，每月有些租金。小军每月的开销，对于月收入1300元左右的母亲来说是比较有压力的，可是小军现在没有一点自力更生的动机和行动，还常常为了钱的事情与母亲发生冲突。母亲对小军整日无所事事的生活状态十分不满，常常要责骂他，母子间冲突不断。今年3月，为钱的事母子间再次发生冲突，小军发怒砸东西，并有施暴倾向。母亲打110报警，经劝告事态暂平息，但家庭冲突并没有解决，家庭成员间的矛盾也越来越深。

母亲求助于社工站，希望得到帮助。社工接案后，与小军主动接触并建立起良好的专业关系。

1. 识别小军的内在对话及对他的情绪、行为的影响
2. 向小军解释认知行为的运作模式
3. 向小军指定家庭作业
4. 促使小军尝试新的认知模式下的行为
5. 引导小军反思、检验新的认知模式的有效性

一、术语理解

1. 认知

认知涵盖各种心理现象和活动过程,诸如知识、意识、智力、思考、想象、创意、规划和谋略、理性、推论、问题解决、概念化、分类和归属、象征化、幻想和梦想、记忆、学习等都属于认知的范畴。因此,可以说几乎所有人类的心理活动均与认知有关,或至少涉及认知的领域。认知是人类大脑的运作功能的主要部分,负责处理种种个人生活信息,同时也是建构个人生活形态和生活现实的主要媒介。认知学派认为认知与情绪、行为互为影响,其中认知在情绪和行为之间扮演着中介与协调的作用。

2. 自动化思考

自动化思考是指经过长时间的积累而形成的某种相对固定的思考和行为模式,行动发出已经不需要经过大脑思考,而是按照既有的模式发出行动。或者说在某种意义上思考与行为自动地结合在一起,而不假思索地行动。正因为行为是不假思索的,个人的、非理性的思考、错误的信念、零散或错置的认知等,可能存在于个人的意识或察觉之外,因此,要想改变这种状况,就必须将这些已经可以不假思索发出的行动重新带回个人的思考范围之中,帮助个人在理性层面改变那些不想要的行为。

3. ABC 情绪理论框架

埃里斯(Ellis)提出,即:真实发生的事件(activating event),人们如何思考、相信、自我认知和评估其所遭遇的事件(belief),人们思考、相信、自我认知和评估此一事件的情绪结果(emotional consequence)。埃里斯用这个框架来说明人们的思考、信念、自我认知和评估是理性的,则情绪是正常的;否则是非理性的、扭曲的,则人们会逐渐形成不正常的情绪、情感和行为。简单来说就是,如果人们有正确的认知,他的情绪和行为就是正常的,如果他的认知是错误的,则他的情绪和行为都可能是错误的。

4. 前置事件、目标行为和结果

前置事件是指环境中出现在目标行为之前的事件或其他相关行为。目标行为是指不想要的或有问题的行为,或即将予以改变的行为。结果则是指在发出行为之后所导致的相关行为和事件。

社会工作方法与实务

5. 认知行为理论

认知行为理论将认知用于行为修正上，强调认知在解决问题过程中的重要性，强调内在认知与外在环境之间的互动，认为外在的行为改变与内在的认知改变都会最终影响个人的行为改变。

二、要点提示

1. 确定评估重点。根据认知行为理论，评估的重点应该在于服务对象可以明确诊断的思考、情绪和行为上。由于思考可影响情绪和行为，同时可以被情绪和行为所影响，且每个人在思考、行为和情感上的运作过程并不一致，所以进一步的对案主个人的思考、行为和情感的独特运作模式的评估是非常重要的。

2. 专业关系的建立。在认知行为取向的实务工作过程中，社会工作者与案主间的专业关系定位是很重要的，社会工作者必须明确指导案主如何自我学习以改变错误认知和增强应对行为，并与案主不断的共同评估实务的成效并据此修订实务目标，督促案主完成家庭作业以及将新获得的认知和行为方式积极投入到日常生活之中，使实务的目标确实可以达成，提升案主的自我效能，防范案主原有认知和行为问题不再复发，所以专业关系具有指导性、教育性和评估性的特色。这一指导性关系之所以可以有效运作，必须首先有案主对工作者的接纳与信任为基础。因此在实务过程中，罗杰斯所强调的同理心和无条件的正向对待，是这一指导性专业关系中不可或缺的要素。只有案主相信工作者可以了解或体会自己的想法与感觉以及痛苦的往事经历，并相信工作者的动机和行为都是真诚的，为案主着想的，案主才会愿意面对自己并未察觉的错误认知，以及自动化思考所形成的不理性想法或失能情绪。

特别是工作者在助人过程中投入许多时间与案主在一起，向案主表现关怀、同理及支持的态度，这一接纳包容的互动方式，会让案主感受到与他过去生活适应中不同的对待方式，让案主相信和体验自身所具有成长的能力，以健康的方式来调适日常生活的要求，体验自己所拥有的人性的价值和尊严，所以专业关系对因错误认知导致产生负面自我或低自尊的案主，更加有效。

所以这一专业关系的本质和定位，事实上应由同理包容和指导监督二者相互整合或交替使用而成。工作者必须在确定案主已经信任和接纳工作者的基础上，向案主详尽地解释指导监督的用意和必要性，同时也鼓励案主尽早学习自我指导和监督。如果案主学会了自我指导和监督，专业关系在后期可以逐渐转变为伙伴关系，形成工作者与案主彼此敬重、合作共事的人际互动关系，工作者继续给予案主情绪支持和自我效能增强，以协助案主有机会学习以不同的方式看待自己和世界，和周围重要他人建立互惠的社会支持网络。

在专业关系持续期间，社会工作者还要不断反省，因为案主可能会将他对生活中的重要他人的期待投射到社会工作者身上。认知学派不用"移情"或"反移情"的概念，而是将此视为认知错误的一种扭曲现象，可以直接向案主解释与说明清楚，并予以改变。

3．社会工作者的角色。社会工作者在专业关系中有两个重要的角色，一个是教育者，一个是伙伴。作为教育者，社会工作者要教会案主运用认知行为理论与技巧来检验自己的认知与行为的改变。作为伙伴，则要陪伴对方一起探讨其思维方式，讨论应对其认知错误进行修正的目标与策略，并协助他/她学习正确的行为，规划自己的生活方式。

4．认知行为模式的介入目标一般来说分四个方面：

（1）改变错误认知或不切实际的期待，以及其他偏见或非理性的想法。

（2）修正不理性的自我对话

（3）加强问题解决和对策抉择的能力

（4）加强自我控制和自我管理

5．在认知行为模式的运用中，社会工作者的任务是：

（1）澄清内在沟通。协助案主觉察自己的想法及自我对话，并了解在其想法背后所隐藏的对自己或对他人的错误认知及非理性的想法，只要这些想法被社工意识到或者案主自觉，才能通过新的认知来加以改变。同时也协助服务对象了解其不当行为可能导致的不良后果，以引导其规避不良行为的发生。

（2）解释认知行为的运作模式。进一步教导服务对象运用 ABC 理性情绪治疗法，解释前置事件及行为结果间的关系，指认或发现造成情绪障碍的错误观念，并协助服务对象挑战及改变此类错误认知或非理性信念，并逐步学习正确的反应方式和提供学习的动机及诱因。

（3）指定家庭作业。要求服务对象学习 ABC 情绪运作模式，并将实际运用的案例及执行过程与结果真实地记录下来，借以有效指认、挑战及改善错误观念和非理性的自我对话，以及确定正确的改进方向，并达成有效结果。

（4）强调体验学习。如通过自我肯定、社会化、角色规范、心理剧、示范、角色扮演、任务分配等形式来使服务对象获得体验、反思及改变。

（5）试用逆向操作。类似激将法，使案主提前面对其经常或容易产生预期焦虑或不愉快的行为和情境，并提前操练。

（6）运用动态的思考及存在的反思。动态的思考是一种解决问题的思考方式，包括：意识——及早看到问题的表征；期待——寄望自己能解决问题和期待好的结果；定义问题——看看哪里不对，找到影响问题的情境；思考解决的方法和替代方案——罗列、分析、选择；归因——分析并修正个人对问题解决的处理方式，以使改变的结果可以维持。

6. 结案和跟进

当案主的生活方式和行为模式回到正常轨道上来时，就应该进入结案阶段了。在结案的过程中，社会工作者应该和案主一起商讨确定在结案以后的若干具体的行为改善目标，一方面作为服务对象自我监督和努力的方向，另一方也可以作为他在结案以后进行跟踪访问的依据。

三、方法技巧

1. 辨认失能或扭曲的思考方式和想法，以及该想法如何导致负面的情绪和失调的行为。

2. 自我监控负面的思考方式或自我对话。

3. 探索负面思考方式与潜在感觉或信念之间的关系。

4. 尝试不同的具有正面功能和不扭曲的思考方式类型。

5. 重新检验个人对自我、世界和未来的基本假定在行为应用及环境调适上的有效性。

根据上述步骤而发展出的家庭作业格式如下：

A：所发生的事件是什么？

B：对于这个事件我持有哪些错误观念？为什么我会这么想？

C：我的感觉是什么？

D1：我对 A 的描述正确吗？

D2：我对 B 的推理是合理的吗？如果不是，即重新尝试不同的思考方式。

E：D1、D2 引发了我什么样的新情绪？

四、注意事项

1. 相信服务对象行为的改变和认知的改变是联系在一起的，而他的自主意志和信念是非常重要的。

2. 社会工作者要相信服务对象有能力改变认知上的错误。

3. 在助人过程中，社会工作者首先要明确地界定案主的认知和行为问题，并帮助其逐渐改变认知、行为和感受。

4. 社会工作者要鼓励服务对象积极地与社会工作者合作，并逐渐使其成为自我帮助者。

五、实务操作

1. 识别小军的内在对话及对他的情绪、行为的影响

社会工作者首先与小军建立了良好的专业关系，预估时发现案主对待母亲的方式与他对父母亲的认知有关，根据案主的坦言，他无法接受母亲与继父的关系，因为这让他觉得抬不起头来。他怨恨生父从不关心他，并觉得这事母亲有很大的责任，他还认为母亲不该搬到现在的小区居住，这里环境很差，并让他失去了与原来朋友的联系。他说母亲从不与他商量家里的事情，只是要求他读书，他丝毫也没有感觉到母亲对他的尊重，所以他对母亲很怨恨。他不想出去工作，只想待在家中，这也算是对母亲和继父的一种报复。根据认知行为理论，工作者认为，改变其对母亲的认知，是案主处理好母子间冲突的关键，也是促使案主摆脱过度沉迷网络的困境，早日找到一份适合自己的工作的重要契机。因此，工作者决定在认知层面上对小军进行辅导，以帮助小军处理好与母亲之间的关系，并作为重要突破口，在小军的其他的问题上取得积极进展。

依据小军的陈述，工作者认为小军的内在对话与情绪、行为之间的关系如图 2-3 所示。

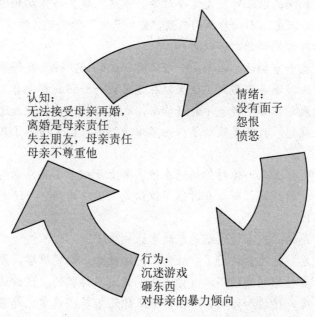

图 2-3　情绪、行为、认知之间的关系

2. 向小军解释认知行为的运作模式

希望小军的认知发生改变，工作者还需要完成的一个基础任务是让小军自己认识到他的认知如何在影响他的情绪和行为，向小军解释认知的重要意义，工作者在这里需要做一些必要的引导。例如：

社工："小军，你说妈妈在你上网玩游戏的时候，会很唠叨，你那时候是怎么看妈妈的唠叨？"

小军："真的是很烦，好心情都被搅乱了。"

社工："听起来，你很不喜欢这样的唠叨。这时候你会怎么做？"

小军（想了想）："我不听她的，我做我的事，她管不着。"

社工："所以你采取的自然反应就是不理妈妈，继续玩你的游戏，对吗？"

小军："是的。"

社工："不知道你注意到没有，你对妈妈的唠叨不以为然，妈妈的反应如何？"

小军："通常会更愤怒，骂我没用。我也会越发的反感，这时候忍不住就要跟妈妈吵起来了。"

社工："妈妈的做法可能是需要改变，就这点我会与你妈妈继续沟通。但你有没有想过，正是你不以为然的态度，更加惹恼了你妈妈。你能不能告诉我，什么原因让你对你妈妈会'不以为然'？"

小军："我一直都认为我妈是一个不称职的妈妈。她与我爸离婚了，现在又找了一个男人，逼着我搬到了这里，在这里我一个朋友都没有，我不玩游戏能干什么？每天，她都要说我不好好读书，也不去找工作，就知道玩，等于是一个废物，我就想，我就是废物了，她不难受？她自己又挣不了几个钱，她还管我？"

社工："听得出来，你对你妈妈在很多事上是相当不满，你用了一个'不称职'来评价你的妈妈，所以有时候不仅仅是'不以为然'，还有与妈妈'对着干'的冲动。"

小军："是的，我有时候就是想故意让她难堪。"

社工："恩，这儿你使用了'故意'。你故意让妈妈难堪，最主要的原因是你累积了很多对你妈妈的不满，你觉得妈妈是不称职的。这种认知影响到了你对妈妈的态度、情绪和行动。所以，如果你还想与妈妈建立起亲密的关系的话，那么，我们就应当重新去认识妈妈，并把这个作为构建母子关系的基础，你愿意吗？"

小军："愿意。"

社工："那好，我们就把重新认识妈妈作为我们的其中一个重要目标吧。"

3. 向小军指定家庭作业

社会工作者要求小军在下次面谈前完成以下作业（这里以一个片段为例）：

A：所发生的事件是什么？

妈妈在我游戏时又开始烦人的唠叨了。

B：对于这个事件我持有哪些错误观念？为什么我会这么想？

"她的唠叨全是废话，她说她的，我做我的事，她管不着我。"这样想的原因是我认为妈妈不称职，她管我太多，我对她不满。

C：我的感觉是什么？

"满不在乎"，故意让妈妈难堪，妈妈有了激烈反应后，我表现得更加冲动、愤怒。

D1：我对 A 的描述正确吗？

妈妈在我游戏时开始烦人的唠叨，但她是关心我才会这样，而且有的时候她的唠叨也是有道理的。

D2：我对 B 的推理是合理的吗？如果不是请新尝试不同的思考方式。

不合理。一方面母子之间的情感联系是割不断的，另一方面，按照中国的传统文化，父母有权管教自己的孩子。

新的思考方式：妈妈爱我，出于关心我才会唠叨。妈妈走到现在这样，是很不容易的。

E：D1、D2 引发的新情绪是：感激、释然，妈妈的意见受到尊重。

4. 促使小军尝试新的认知模式下的行为

社会工作者推动小军将他领悟到的新的认知模式运用到处理母子关系上去，而不仅仅局限在领悟以及个案会谈中。社会工作者首先应当明白，小军对他妈妈的态度与认识不是一年两年形成的，冰冻三尺，非一日之寒，所以在实际的改变过程中，会遇到一些障碍，所以工作者与小军需要讨论尝试新的认知模式会遇到哪些障碍以及如何解决？例如，工作者可以告诉小军，在尝试新的认知模式时会产生抗拒现象，主要原因是小军需要维护自己原来的自我形象，所以容易放弃改变，这时候需要坚持。工作者可以通过空椅子技术，让小军站在妈妈的立场上去思考和认知，学会向妈妈道歉，还可以通过角色扮演，在个案工作会谈中向小军示范如何与母亲对话。工作者最后还需要与小军妈妈的沟通，配合小军认知行为的变化，妈妈要改变原先的唠叨模式，少批评，多鼓励。

5. 引导小军反思、检验新的认知模式的有效性

最后，工作者让小军回顾这段时间与妈妈关系的进展，以检验新的认知模式的有效性。例如工作者发现，小军能认识到妈妈挣钱养家的辛苦，而自己的支出就占到了妈妈收入的一半，所以需要合理规划自己的生活支出。同时，小军也能考虑到出去找工作，以减轻妈妈的经济负担。工作者还注意到小军学会向妈妈道歉了，而妈妈也意识到原先与儿子沟通模式存在的不足，所以减少了批评，多了鼓励。母子之间的关系的障碍正在消失，小军受到了鼓励，这也更进一步坚定了他改变的决心。

六、总结点评

1. 认知行为理论将认知用于行为修正上，强调认知在解决问题过程中的重要性，强调内在认知与外在环境之间的互动，认为外在的行为改变与内在的认知改变都会最终影响个人的行为改变。

2. 在认知理论中，社会工作者的评估重点是服务对象可以明确诊断的思考、情绪和行为上。工作者要与案主建立起具有指导性、教育性和评估性的专业关系。社会工作者在专业关系中有两个重要的角色，一个是教育者，一个是伙伴。

3. 认知行为模式的介入目标一般来说分四个方面：（1）改变错误认知或不切实际的期待，以及其他偏见或非理性的想法；（2）修正不理性的自我对话；（3）加强问题解决和对策抉择的能力；（4）加强自我控制和自我管理。

4. 在认知行为模式中，社会工作的主要任务是：（1）澄清内在沟通；（2）解释认知行为的运作模式；（3）指定家庭作业；（4）强调体验学习；（5）试用逆向操作；（6）运用动态的思考及存在的反思。

七、拓展提高

1. 尝试检查日常的自我对话，并用认知行为理论进行分析修正。

2. 用艾丽斯的 ABC 情绪理论框架结合认知行为模式的家庭作业格式分析自己生活中的一个非理性思考的片段。

3. 角色扮演：用认知行为模式来修正小军的认知。

个案社会工作 项目二

教学情境三　任务中心模式个案工作过程
　　　　　以老年人任务中心模式个案为例

教学目标

通过教学，使学生理解任务中心模式的理论假设和相关概念，掌握任务中心模式的运作程序、原则和技巧，并学会运用此模式于个案辅导。

案例背景

案主李某，男，年龄 65 岁，离休干部。有一个儿子，成家后分开居住，老伴两年前去世了，现独自居住于家中，生活上基本能够自理。

李某楼上的住户到社区大吐苦水：李某一天不敲我们家的门就难受，今天来说有空调管滴水声，明天来讲半夜有走路声，后天又来反映电视机声音太响⋯⋯我们体谅老人年纪大了，尽可能满足老人提出的要求，他要把空调管子接到哪里就接到哪里，走路尽量轻，电视机声音尽量小，但是他也实在太麻烦了，我们在家像小偷，他倒好，大模大样上我家要我们怎样怎样，还老是在半夜三更，我们熟睡的时候来敲门，我们可是要上班的人呀！

社区服务中心得知此情况后，决定让社工负责处理该个案。

工作任务

1. 界定案主李某的问题
2. 与案主建立专业关系
3. 与案主一起确定辅导任务
4. 实施辅导任务
5. 结案与评估此次辅导工作

社会工作方法与实务

一、术语理解

1. 生活的问题

生活的问题是指案主生活中出现的人际冲突、社会关系不和、与正式组织间冲突、角色执行困难、难以决定问题、反应性情绪压力、资源不足及心理或行为等问题。是任务中心模式适用的主要范围。

2. 任务

任务指为帮助案主缓和生活的问题的严重性而即将采取的行动，解决问题是最终目的，完成任务只是达到目的的手段。

3. 界定目标问题

界定目标应以案主的意愿、期望或愿付出最大努力的部分为出发点，需要考虑什么是可处理的问题、转介过程的问题差异及法定问题的处理。

4. 可处理的问题

所谓可处理的问题必须具备四个条件，即案主知道该问题存在；案主承认自己有这个问题；案主愿意处理这个问题；案主有能力主动尝试处理问题。

5. 转介过程中的差异

所谓转介过程中的差异是指不同服务机构的社工对案主问题的看法有所不同。

6. 法定问题的处理

所谓法定问题的处理指法定问题是不能妥协的，工作者可以采取积极态度减轻案主与机构的鸿沟，但强调案主的自我权利，不能伤害案主的自尊心。

二、要点提示

（一）界定案主问题的过程

工作者与案主一起完成一个短时评估并对治疗过程中要解决的核心问题达成共识。界定过程如下：

1. 让案主用自己的方式陈述困难、找出潜在问题，工作者对问题进行总结。
2. 工作者与案主就如何理解主要问题达成初步一致。
3. 列出无法解决或者不期望的问题。

在界定问题的过程中,工作者应注意两点:一是虽然案主的自主自决是一个大原则,但工作者的意见及提议也是相当重要的。二是在界定问题的过程中,并没有划分出一个诊断阶段,来帮助界定问题,但这绝不表示工作者无需做诊断工作。相反,工作者必须做即时快速的思考,探讨问题所在,然后做出清楚的界定,再将之归类,并评估案主处理此问题的能力及其任务。

(二)契约的内容

工作者与案主找到核心问题后,可以尝试订立初步的口头或书面契约,对即将采取的行动达成初步意向,以建立专业关系。契约包括以下内容:

1．案主同意解决的一个或几个问题。
2．确定问题解决的优先顺序。
3．期望达到的治疗结果。
4．设计第一个系列任务。
5．确定治疗的次数和时间的长短。

(三)确定任务应考虑的因素

工作者协助案主确定任务时,应考虑以下几点。

1．案主的动机

动机是案主寻求改变的内在动力,所以,在计划任务时,必须考虑:第一,案主想做什么;第二,案主想做多少。然后基于这两个因素制定案主能够并且乐意承担的任务。

2．任务的可行性

工作者需要协助案主考虑以下四个因素:第一,案主的能力是否许可;第二,案主是否具有完成任务所需要的时间和精力;第三,机构是否能提供完成任务所需要的资源;第四,考虑案主的支持系统是否能提供所需要的支持和帮助。以上所有因素都会对案主完成任务有影响,工作者必须在全面考虑这些因素的基础上来协助案主设计他乐意并能够承担的任务。

3．任务的后果

有些任务都在完成时或者完成后,可能会给案主、机构或其他人带来不良的后果,那么工作者有责任提醒当事人考虑这些后果,然后与当事人讨论,看看是否有其他更合适的任务。

社会工作方法与实务

4. 次任务和多重任务

最简单的情况是案主只有一个核心问题和一个任务,但从单一的任务,仍然可以引申出次任务。次任务是指完成某个任务需要开展的一连串行动。当案主有多个核心问题,或者需要完成多项任务才能解决其问题时,多重任务就产生了。多重任务是案主同时开展或者连续开展不同的任务。当案主的某一任务确定后,次任务的确定有利于案主清楚地了解任务完成的整个过程及努力方向,提高工作地效率。多重任务要根据案主的能力与问题的复杂情况进行综合考虑,应以确定案主短期内能够完成的任务为首要考虑方向。

5. 开放式任务或封闭式任务

开放式任务时指没有终点的任务,它不会因为目标已经达成而不履行。封闭式任务是指有终点,可以清楚地完成的任务。无论是开放式任务还是封闭式任务,都必须规定一个终结日期,以督促任务尽快完成。

(四) 任务实施要点

在任务实施过程当中,工作者和案主还必须完成以下几方面的工作:

1. 对任务完成情况进行系统的记录。特别是对于那些按先后步骤开展的活动以及终点开展的行动要进行记录,为以后活动的顺利实施和评估提供资料方面的参考依据。

2. 找出相应的策略或技巧。通常有两种方法,一是模仿训练,如工作者模仿招聘人员进行招聘面试,案主扮演应聘者;二是引入他人的办法,如帮助一位身体残疾者联系如何适应家庭生活。

3. 如果任务本身不具备激励作用,需要在案主完成任务时,给予适当的鼓励和奖励。

4. 分析并除去障碍。在任务完成的过程中,案主可能会遇到一些没有预见的障碍,这些障碍可能与动机、理解、信念、情绪和缺乏技巧有关。工作者应和案主一起分析,寻找可能的解决方法。

除此之外,工作者还可能要与案主以外的人接触,以帮助案主完成任务(如准备与其他机构打交道)。同时,可能要分担案主因自己技巧和资源不足而难以完成的任务。每次面谈工作者要和案主一起回顾所取得的成就。

(五) 结束阶段的工作要点

在任务完成之后,进入结束阶段。在此阶段,工作者终点在于对任务完成

结果进行的评估,主要的工作包括以下几个部分:

1. 描述问题过去时是什么,现在是什么,看看是否发生变化,是否有所改进,有多大程度的改进,在那些方面改进。

2. 制定将来的计划。案主已经学会利用所学的技巧应对已改变的处境,工作者需要帮助案主明确将来的目标和将要面对的问题。

3. 视情况制定新的契约。如果案主完成任务不理想或者在任务完成的过程中发现新的问题需要解决,这时需要订立新的契约加以说明。

4. 当案主与工作者或者机构的接触还将继续下去时,工作者要与案主明确结束该阶段服务。

5. 进入一个长期的治疗过程,或者安排跟进计划以检查所取得的进步是否得到维持。

6. 根据案主的实际情况,有可能转介给另外的机构得到进一步的服务或者其他服务。

三、方法技巧

(一)沟通技巧

在任务中心模式中,沟通必须是有系统的沟通,按照任务制定的原则,一步一步地展开。工作者的沟通行为必须有助于本阶段及下一阶段行动的开展,即沟通必须以阶段为依据。同时,沟通还必须是有反映的沟通,强调沟通的效果,要求工作者通过与案主的沟通,使案主能积极回应工作者,表达自己的观点,感受到被接纳和鼓励。

任务中心模式主要有五种沟通的形式,每一种形式都有其独特的内容和作用。

1. 探究。探究是任务中心模式的首要沟通课题,其主要工作是澄清案主的问题及可能完成的任务。一旦任务确定,探究的内容便集中在与任务有关的问题上。

2. 组织。组织是指工作者和案主进行计划、组织并确定互动的方向。案主应清晰地了解任务的目的、性质、时间的安排,行动计划及如何与工作者进行沟通。

3. 认知增强。认知增强主要是由工作者提供尽可能多的资料,帮助案主认清自己的行为、问题及所处的情境。其目的在于增强案主对他人及情境的认知,增加案主对自己行为及对他人互动的深刻了解。所有的认知都必须和案主的任务有关，案主认知的增加，可以提高案主解决问题的能力，克服任务完成过程中的障碍。

4．鼓励。对案主积极、建设性的行为，工作者应予以适当的鼓励，以强化此类行动。

5．方向引导。工作者向案主提供建议及忠告，让案主知道履行任务时的有效途径，以帮助案主完成任务。在任务实施的过程中，工作者引导案主沿着既定的目标去完成任务。在适当的时候，应给予建议和忠告，确保案主的行为不偏离既定的方向。

（二）终结

终结是指工作者在治疗过程中不断提醒案主还剩下多少时间。其作用是令案主觉得他有一个明确的将来，只要他努力完成任务，将来一定会比目前更好。此外，这种"时间不多"的感觉，也促使案主觉得要更加努力，一种"成功在即"的心情，更鼓励案主发挥其潜能，使他更积极、更有热情地履行任务。

四、注意事项

任务中心模式的最主要特征在于"简要"和"时间限制"，介入原则是扼要、清晰及注重结构化。具体而言，有以下一些特征和原则。

1．经验取向。运用试验研究证实或支持的方法及理论去收集和分析案主资料，避免以纯粹的理论看待案主的问题和行为，要系统地搜集每一个案主在整个过程中的资料，并不断发展研究计划以改善工作模式。

2．理论整合。综合许多经验主义的理论，如，问题解决学派、行为认知学派及家庭建构理论。

3．短期规划。简要是指界定核心问题之后，规划其任务与实施任务，以使问题具体化，并使案主较能掌握解决问题的方向。时间限制指约在 1-3 个月内安排 8-12 次会谈，平均每周有 1-2 次会谈。

4．有结构性。指在诊断和服务过程中先制定明确的干预计划，包括会谈次数及建构出清楚的行动顺序。

5．合作关系。强调通过关心案主及与案主建立共同努力的合作关系，进而激发案主发展处理问题的策略以及培养解决问题的能力，并非帮案主想出解决问题的方法。

6．案主是问题解决及改变的媒介。得到案主允许所进行的问题解决任务才能带来成功的改变，这种改变要在案主所处环境中开始，工作者只扮演资源提供者及联结者的角色。

个案社会工作 项目二

五、实务操作

工作者接受了社区服务中心的工作指派后,立即仔细阅读载有案主信息的服务申请表(见表 2-9),并向社区服务中心工作人员处了解了案主李某的基本情况。同时,工作者检查自己的专业知识储备,包括有关老年、空巢老人的知识。在此基础上,拟定了初次访谈大纲,与案主进行了初次会谈,运用同理心、怀旧、生命回顾等技巧,与案主建立了良好的专业关系。之后,工作者又与案主儿子、楼上住户、社区居民等进行了会谈,比较全面地了解了案主的信息。在此基础上,工作者拟采用任务中心模式来帮助案主。因为这一模式主要用于解决人际关系、情绪、资源不足或心理及行为等生活问题。该模式认为,问题的产生是由于个人能力暂时的缺失。通过专业服务的过程,可以挖掘或增强案主解决问题的能力,同时也能够面对今后发生的问题。案主李某的主要问题都可以明确界定,案主自身也知道这些问题的存在,依靠案主及其家人的努力可以解决这些问题,所以工作者认为可以采用任务中心模式这一高效模式。

表 2-9 ××社区服务中心服务申请表

姓名	李某	性别	男	年龄	65	婚姻状况	丧偶
家庭住址	××市××社区	联系方式	135××××××××			工作	离休干部
求助途径	案主邻里求助	主要问题	心理孤独,叨扰邻里				
背景资料	**案主的状况:** 案主李某,男,年龄 65 岁,离休干部。现独自居住于家中,生活上基本能够自理。 **案主的家庭状况:** 有一个儿子,成家后分开居住,老伴两年前去世了,后来结识了一位老人,两人相处走到了一起,由于某种原因前阵子分手了。 案主儿子有时回来看望案主,主要关注案主物质方面的需要,精神沟通不多。 **案主的社会状况** 案主离休后,与原来单位的联系不多。与社区居民来往不多,较少参加社区活动。最近对楼上住户诸多抱怨和挑剔。						

(一)界定案主李某的问题

在与案主的第一、二次面谈中,工作者引导案主一起完成一个短时评估并对问题达成一致。

首先案主用自己的方式陈述了存在的问题：内心孤独、寂寞、空虚；儿子不关心自己；与社区居民交往少，感觉被人遗忘了，找不到生活的目标，所以常常去叨扰楼上的邻里。

案主对于自己的问题有着较为清晰地认识，工作者给予了认同。工作者进一步引导案主对问题进行排序，案主认为主要问题是心理方面的问题。工作者进而引导案主对此问题进行思考：内心的空虚、寂寞情绪，归根到底是由于退休后没有找到合适的角色，缺少与外界交往，过多寄希望于儿子、家庭而导致的。

（二）订立契约，与案主建立专业关系

工作者与案主找到核心问题后，尝试订立了初步的口头契约。将加强人际交往，扩大社会支持网络，缓解心理问题作为主要目标，并约定以八周时间，前二周每周二次，后六周每周一次，每次会谈四十分钟。会谈结束后的作业要确实落实，并在下次会谈中讨论作业。

如果需要做书面契约，契约模板见表2-10。

表2-10 ××社区服务中心之服务协议

××社区服务中心服务协议书			
案主姓名	李某	性别	男
出生年月	1944年×月×日	联系电话	135××××××××
家庭住址	××市××社区	案主编号	2009××
社工姓名	高×	接案日期	2009年×月×日
主要问题陈述			
总体目标			
服务计划			

案主（签名）：_____ 社工（签名）：_____

日期：____年____月____日 日期：____年____月____日

案主重要关系人（签名）：_____ 机构负责人（签名）：_____

日期：____年____月____日 日期：____年____月____日

（三）与案主一起确定辅导任务

综合考虑了案主的动机、可行性、后果等因素，为能有效确保案主了解并愿意实际采取行动达成目标，将目标转化为几个相关的任务，具体如下。

目标：加强人际交往，扩大社会支持网络，缓解心理问题。

任务：

任务一：每天去社区老年服务中心走走，看看，聊聊。

任务二：八周内交2-3个新朋友。

任务三：每周跟单位老同事至少联系一次，打打电话或见见面。

任务四：参加社区某老年兴趣小组，并积极组织或参加小组活动。

任务五：加入关心下一代协会，发挥余热。

（四）实施辅导任务

在任务具体实施的过程中，案主表示自己不知道如何主动与其他老人去交往，担心自己不受欢迎。工作者对与案主的自我表达表示肯定，并对此心理障碍进行疏导与去除。工作者让其知道其实很多老人的想法和他一样，担心自己不受欢迎，担心对方不好相处，害怕得不到对方真诚地对待，内心却渴望和其他人接触。使其相信，只要他踏出第一步，就一定会交到新的真心朋友。当然，案主需要摆脱以前干部角色，不再高高在上，要主动去融入他人。

任务实施过程中，作者不断提醒案主还有多少时间余下，其用意是让案主充分利用每一次会面时间，并在会面后的时间里更加努力地投入到任务的完成中。通常在会面的开始时，双方先检视一下由上次会面至今次会面期间，双方如何履行任务，完成了什么，然后，工作者就案主的行为、处境及进展等提出意见、解释，鼓励或指导，并确定双方从此次会面至下次会面所要完成的任务。

除此之外，工作者还与案主的儿子、案主所在的社区进行沟通，请求他们协助案主完成任务。比如要求案主多打电话给案主，给予情感支持，鼓励案主多与外界交往；请求社区协助，帮助案主融入社区老年服务中心，鼓励其多与居民交往，让其发挥自身特长组织一些社区活动及关心下一代工作。

任务实施过程中，工作者需要对任务完成的情况进行系统的记录，为评估提供资料方面的参考依据。记录模板见表2-11。

表2-11　任务完成情况量表

任　　务	完成程度	评　　分
1. 每天去社区老年服务中心走走，看看，聊聊。		
2. 八周内交2-3个新朋友。		
3. 每周跟单位老同事至少联系一次，打打电话或见见面。		
4. 参加社区某老年兴趣小组，并积极组织或参加小组活动。		
5. 加入关心下一代协会，发挥余热。		

（五）结案与评估此次辅导工作

按最初约定的时间，八周后，任务完成后，进入结束阶段。在此阶段，工作者对任务完成结果进行评估。

首先，工作者协助案主回顾了完成任务过程中的进展，检视了问题解决上的进步。案主表示自己目前生活充实多了，心理也不再觉得空虚寂寞了。

其次，工作者与案主讨论了将来的计划。案主表示现在对自己恢复了信心，今后要继续积极参加社区活动，关心下一代，发挥余热，实现自己的价值。

再次，工作者与案主表达彼此祝福以及珍重再见，并合影留念。

最后，工作者还撰写了书面结案记录（附后），以进行功过的评估与反思。

附：

××社区服务中心结案摘要报告

NO.

案主姓名：李某　　　　性别 男　　出生年月 1944 年×月×日

联系地址：××市××社区　　邮编　　　联系电话 135××××××××

接案日期：2009 年×月×日　　　最后面谈日期 2009 年×月×日

社工姓名：高×＿＿＿＿＿　　　　　　职称：＿＿＿＿＿

（1）过程与问题：

＿＿＿＿＿＿＿＿＿＿＿＿＿＿＿＿＿＿＿＿＿＿＿＿＿＿＿＿＿＿＿＿＿＿＿＿＿

＿＿＿＿＿＿＿＿＿＿＿＿＿＿＿＿＿＿＿＿＿＿＿＿＿＿＿＿＿＿＿＿＿＿＿＿＿

＿＿＿＿＿＿＿＿＿＿＿＿＿＿＿＿＿＿＿＿＿＿＿＿＿＿＿＿＿＿＿＿＿＿＿＿＿

（2）过程评估
_____
_____
_____

（3）持续目标：
_____
_____
_____

（4）现状评估
_____
_____
_____

（5）结束过程
_____
_____
_____

社工签名：_____　　督导或负责人签名：_____
日期：_____　　日期：_____

六、总结点评

1. 任务中心模式显示了社会工作朝向更清晰、更有焦点的实务发展的趋势。任务中心模式假定案主有更多的理性，提倡短时治疗，提高辅导的效率。

2. 界定问题过程中，除了案主的自主自决外，工作者也必须做出即时快速的思考，对问题做出诊断。

3. 工作者与案主订立初步的契约，可以是口头或书面形式的。一般，口头契约不像书面契约那么严肃，在涉及多个问题或者问题过于复杂时，才会使用书面合约。

4. 确定任务时，必须要考虑案主的动机、任务的可行性、任务的后果等多种因素，需要工作者与案主经过反复多次协商才能完成。

5. 任务实施时，要做系统记录，要运用相应的策略，要分析并去除障碍等工作，同时还要与案主以外的人接触，以帮助案主完成任务。

6. 结束也是一种技巧，在干预的一开始就已运用。在以后的过程中，工作者不断提醒案主还有多少时间余下。在最后的结束时,工作者协助案主回顾过程及进展。

七、拓展提高

1．如果案主的问题多而且复杂时,在界定问题及排序时可以运用什么方法来达成一致。

2．结合本情境中案主情况,尝试订立一个初步的书面契约。

3．假设本情境中案主在任务实施过程中,某次社区小组活动中受挫,你如何应对?

4．结合本情境,试做一份任务完成情况的记录。

5．结合本情境,试完成结案报告的撰写。

教学情境四　家庭治疗模式个案工作过程
　　　　　　　以家庭亲子关系个案为例

教学目标

通过教学,使学生掌握家庭治疗的基础理论与入门方法、能够简单地尝试运用家庭治疗的方法与技术从事个案服务

案例背景[①]

黄女士,44岁,前年下岗后一直赋闲在家,今年初刚刚找到一份商场营业员的工作,其丈夫1992年从部队复员后在一家国有企业工作,现担任部门主管,工作繁忙,很少管理家事。儿子小坤,高一学生,今年16岁,童年时期是在爷爷奶奶身边度过的,深受老人宠爱,到上小学时才回到母亲身边。尽管母亲不太喜欢小坤的任性和顽皮,但还算管得住。可从初二开始,小坤逐渐不搭理母

[①] 案例引自马伊里、吴铎主编:《社会工作案例精选》,2007年,华东理工大学出版社,第93页

亲了，开始不断顶撞母亲，放学后经常和同学去学校附近的游戏机房或网吧打游戏，回家做作业也是敷衍了事，黄女士被老师几次叫到学校谈话。上周小坤虽然已经回家，担扬言要彻底离开这个家，想退学出去找工作养活自己。黄女士在惊恐和无奈中，根据朋友介绍，来到家庭咨询中心求助。

工作任务

1. 接案并安排与黄女士一家的第一次家庭会谈
2. 建立专业关系，第一次家庭会谈，并收集信息
3. 预估，关注黄女士家庭冲突及使冲突维持的模式，促使家庭成员意识到他们在冲突中所扮演的角色，并使发生改变。
4. 介入，帮助黄女士的家庭成员自我表达直到相互理解。
5. 结束治疗

一、术语理解

1. 家庭治疗

家庭治疗是一类以家庭为对象进行的治疗模式，社工通过与全部或部分家庭成员的治疗性会谈以及其他专业技术来协助家庭成员改善家庭关系，建立良性的家庭互动模式，从而从根本上解决整个家庭及其个别成员的问题，促进家庭的良性运转和家庭成员的身心健康。

2. 家庭系统

家庭治疗理论认为家庭是一个有机系统。个体离开家庭系统就不能被充分了解。按照系统理论，个人的情绪和行为会影响整个家庭系统的运行状态，同时整个家庭系统的状态和运行机制也会影响到每个家庭成员。问题可能表现为个人的，但产生问题的根源却是在于维系家庭的家庭机制。个人的症状可能是家庭功能推敲的表现，并由家庭成员的相互作用而保持下来。所以个人面临的问题也是家庭共同面临的问题。因此，要改变家庭中病态的现象和行为，不能单从治疗某个家庭成员入手，而应以整个家庭群体为对象。治疗措施应该着眼于调整家庭成员的相互关系，改变问题产生的家庭动力机制。

3. 家庭结构

在长期的共同生活中，家庭成员间经过不断适应，发展出自己特有的互动

关系结构，使家庭维持良性或非良性的平衡。家庭治疗理论认为家庭成员的不良互动关系和沟通模式是孕育家庭问题的内在结构性因素。种种不良的家庭结构是制造家庭问题或个人问题的源泉。所以，家庭成员的互动关系和沟通模式及家庭结构功能状况是家庭治疗师进行家庭评估的重要内容，也是家庭治疗的着眼点。

4. 家庭问题

家庭问题是使家庭成员感到困扰的事件或情境，并影响到家庭正常功能的发挥。一个家庭的问题往往是在家庭生活过程中长期积淀的产物，如婚姻危机、某个家庭成员的问题行为。所以家庭问题的解决也绝非一次会谈所能完成，而是需要有一个较长的时间。但是尽管家庭问题是过去的产物，家庭治疗中并不把重点放在探索过去，而是更关注目前的家庭结构和功能的状态，并致力于现时的改变。

5. 家庭情感支持

每个家庭都是特殊的情感群体，家庭成员之间有特别的感情，治疗师不能单靠说理来推究原因与责任，也不能依靠处罚配偶或子女来解决问题，而是要更多地考虑"情"的一面，让家庭成员之间有诚恳、关心、相爱的感觉，发挥家庭情感支持功能来解决问题。

6. 家庭自决

家庭有权利自我决定有关治疗的事项，除非涉及人权保护和生命攸关的大问题。作为案主，求助家庭有权利决定是否进行治疗、找谁治疗、是否继续治疗、要不要改变、向什么方向改变等问题。社工的任务是给求助家庭以协助和引导，而不是替他们做重大决定，更不应该成为家庭的独裁者。但是，如果遇到处于危急关头的家庭，比如家庭成员中有自杀或者伤害他人的危险倾向，社工就应该及时进行强力干预，或无声无息地转介到有关机构，而不能坐等下次预定的会谈时间进行治疗或者任其所为。

二、要点提示

1. 接案并安排第一次家庭会谈

工作者接案后，如果确定案主需要运用家庭治疗，则需向来访者明确发起家庭会谈的可能性，并明确哪些人需要来参加（一般家庭中每个人都要参加），并安排好第一次见面。有些来访者会拒绝带整个家庭前来参加治疗，或者会排除特殊的成员参加，也有些家长希望单独治疗他的孩子，或者夫妻中的一方希望单独与工作者谈谈，工作者除了表示理解和尊重外，可以告诉来访者，为了获得尽可能多的信息，你需要倾听每个人的看法。工作者在邀请家庭成员参加会谈时，没有必要暗示每个人都与问题有关，而是让其家庭成员明白所有人有责任共同解决问题。最后，因为大部分家庭不愿坐在一起面对他们的冲突，在第一次见面前，打一个提醒电话可以帮助降低毁约率。工作者也可以让该家庭在会面前一天来电确认每个人都能够参加。

2. 第一次家庭会谈，建立联系并收集信息

第一次家庭会谈的目的是建立亲和的咨询气氛以及收集信息。

工作者首先向家庭成员进行自我介绍，并让家庭成员介绍自己，握手并欢迎每个成员的到来，向家庭介绍会谈的室内环境以及这次会谈的模式（目标、时间长短）。简单重复与先前来访者交流的内容（这样可以避免其他家庭成员产生疑惑），然后询问细节，一旦了解到某人的观点，再逐一往下问每个家庭成员的观点。在治疗过程中，以问题为中心的高度关注会产生令人沮丧的效果。所以需要花一些时间了解每个成员的兴趣和成就有助于转变治疗气氛。

收集信息时，工作者需要询问家庭成员是什么问题使他们前来治疗，谁先提出问题来？问题第一次出现是在什么时候、什么情况下发生？每位家庭成员对问题是怎么看的？曾做过什么努力、采取过什么措施来解决问题？工作者通过询问各个家庭成员各自对问题的认知，以对案主家庭问题有一个清楚的了解和判断。

工作人员在听家庭成员表达时，还要注意家庭中语言和非语言的沟通，如家庭成员的就座位置，谁与谁坐在一起，谁与谁离得较远；当家庭成员说话时，要搞清楚谁代替谁说话，谁打断谁，谁代替谁答话，这样可以对案主家庭的权力结构和关系有深入了解。

3. 预估，关注家庭冲突和问题的维持模式，促使改变发生

第一步，将冲突带入家庭治疗室，冲突中的夫妻或者有宿怨的家长和孩子通常会马上说出他们的分歧，界定冲突，建立使问题持续的假设模式。第二步，当某个家庭成员作为问题人物出现时，工作者可以询问其他家庭成员如下问题：他们是怎样参与其中的？受到了什么影响？他们对问题是怎样反应的？他们在制造这个问题中扮演什么角色？工作者在挑战无效行为时，很容易发生的一个错误是将对一个人的责备（如这个不听话的孩子）转变为对另一个人的责备（如某个家长没有管好孩子），所以挑战时可以使用这一有用的句式："你的×行

为越多,他的 Y 行为越多",另一个易犯的错误是急于提出建议,这会使家庭成员的注意力从自身的问题转移到工作者个人的建议上,正确的做法是引导家庭成员相互倾听各自的感受和观点,由他们自己提出问题解决方案。第三步安排家庭作业,以使家庭成员意识到自己在问题中的角色。典型的家庭作业包括:建议过度关注孩子的父母雇一个保姆管孩子,然后两个人单独外出;建议争论不休的夫妻交替发言,一个人说的时候,另一个人只能听不许说话,关注对方所言的内容,并在对方说话后做出反馈;建议过度依赖的家庭成员练习独处,自己做一件事情。

4. 介入,帮助家庭成员自我表达直到相互理解

首先,工作者应该鼓励家庭成员间增加互动。家庭成员间进行互动时,工作者应该退在一旁观察整个过程。当谈话陷入僵局的时候,工作者再指出问题或简单鼓励他们继续交谈。其次,和家庭成员讨论如何控制冲突发生时的情绪,如使用放松技巧,深呼吸。另一有效的途径是让家庭成员学会清楚地表达自己的感受,学会倾听对方的表达。

5. 结束治疗

只要工作者评估其所服务的家庭的问题已经解决,或者该家庭感到自己的治疗目的已经达到,服务就可以停止。

在结束阶段,工作者需要和家庭成员一起回顾家庭学到了什么,工作者也可以与家庭讨论下一个问题将是什么,已有的问题是否会反复,并和他们讨论该如何解决这些问题。在治疗结束后,工作者可以对家庭进行回访,例如写信或者打电话询问。

三、方法技巧[①]

1. 家庭雕塑

家庭雕塑是一种用来观察、测量及修饰社会互动的方法,它提供了一个有用的辅助性介入程序,来重建家庭系统中的角色及功能。它隐喻式地运用空间和动作姿态,通过一位家庭成员的视角来展现家庭成员之间的互动关系。

工作者在运用家庭雕塑的技巧时,会要求家庭成员以自己的感知来摆出家

---

① 参见马伊里、吴铎主编:《社会工作案例精选》,2007 年,华东理工大学出版社,第 88—92 页。

个案社会工作 项目二

人的各种空间位置和动作。这种用身体语言（非语言）的方式来呈现某个家庭成员在特定时刻所感知到的家人之间的关系，可以更直观地揭露出那些家庭中隐含的互动结构模式，有时胜过语言的表述。这一方式使工作者和整个家庭更轻易快捷地理解每个成员的经验与知觉。推动家庭作出新的选择来改变家庭关系。

家庭雕塑法在家庭治疗的任何阶段都可以运用，通常是全体家庭成员都在的情况下进行，如有个别成员缺席，也可以用某种可移动的家具充当，但至少要有3～4个人在场。一般而言，采用这一技巧可放在一段冗长的谈话后，适时调节一下气氛。或者，当某位家庭成员（通常是青少年）在会谈中长时间沉默不语，这时用这样的方式也许可以打破僵局。

家庭雕塑的过程，不仅仅在于呈现一幅动感画面，更重要的是通过雕塑来探讨和提示家庭成员间的相互关系，工作者首先可以邀请雕塑的设计者加以解释，在这个画面中，谁是飞扬跋扈的、逆来顺受的、乖巧的、慈善的、霸道的、依恋的、叛逆的、好战的等，以及这些人是如何相互关联的，接着家人就会参与进来，分享他们的感受。

2. 重温家庭影集

在家庭会谈中，让家庭成员一起重温家庭影集中的某些老照片，可以唤起他们对往日美好时光的回忆，可以创造机会使家庭成员一起来探讨过去生活中的一些重要事件，有些甚至是创伤性的，令人痛苦的事情。在看照片和分享的过程中，社工可以从家庭成员那里了解到过去的家庭系统是如何的，谁是家庭里投入最多，贡献最大的人。每个人的观点可能不一样，但通过分享，社工不仅可以更多地了解家庭的过去和现在，也给了家庭成员共同回忆和分享的机会，特别是对昔日美好往事的回忆，会牵动人的情感，甚至会收到意想不到的效果。

3. 帮助家庭学习沟通技巧

很多家庭来求助时，家庭成员的情绪激动，甚至吵吵闹闹，哭哭啼啼，大多缺乏基本的沟通技巧，而很多问题也正是源于家人间沟通的障碍。因此，有必要帮助家庭成员在咨询过程中学习沟通技巧，包括如何聆听，如何尊重别人的私人空间，说话时如何跟对方有恰当的目光接触，如何简短明晰地表达自己而不是采用责备他人的方式，如何运用"我"的信息，如何进行换位思考，在不明白的情况下如何提问等，社工首先要向案主展示有效沟通的魅力，在自己的示范中让案主学习如何跟他人开放地，有效地进行交流，重构其沟通方式。其次，要让案主练习和体验新的沟通方式，社工在旁指导并纠正沟通中出现的问题，要让案主真正意识到：任何责怪、贬损、否认、抗拒、猜测、让他人传话、转移话题、保留意见、放弃都不能很好地解决已有的矛盾和问题，只会使矛盾愈演愈烈。陷入僵局。

4. 家庭面谈的提问技巧

在进行家庭会谈时，可以运用四种提问方式，即直线式提问，循环式提问、策略式提问和反思式提问。

（1）直线式提问

直线式提问是具有探究性的，以探索内容和推理为主，属于"就事论事"一类，通过提问可以把收集到的信息作为对问题的解释。

（2）循环式提问

循环式提问是探索式的，通过对每个家庭成员的轮流提问，以了解他们对家庭中的存在的问题及其他家庭成员的看法，了解家庭成员之间的互动关系。循环式提问可以有以下四种方式，其一是让一名家庭成员评价另外家庭成员之间的关系或相互之间的交往。其二是让个体家庭成员对实际或假想情境做出的反应进行排序。其三是用问题来考察某一事件随时间而发生的变化，最后，是用来诱导案主对于不愿意回答或目前不愿意回答的问题提供信息。

（3）策略式提问

策略式提问可以在某一特定方向上提出新的可能性。例如可以问一位已经离婚的妇女："什么可以使你和你的前夫在对待孩子这件事上意见一致？"或者对一对过多关注孩子并屡屡为此发生争执的夫妇说："如果你们俩在这几个星期里忽略孩子作业拖拉，老跟大人顶嘴的行为，又会发生什么呢？"这两个问题其实都是想让父母联合起来对他们的孩子作出反应，打破原来的行为方式或互动方式，以尝试新的反应方式。

（4）反思式提问

反思性提问与策略式提问一样，旨在促进家庭的转变，但并不为家庭指明特定的方向，只是通过提问努力使家庭作出新的反应。例如："假如你的女儿离开她的男朋友，重新回到你的身边，你觉得你的生活会有什么不同？"在这样的提问中，关注的并非是特定的行为改变，而是推动家庭去反思由当前的知觉和行动所获得的意义，并刺激家庭去考虑其他选择的可行性。

四、注意事项

1. 中立原则：工作者在家庭治疗过程中，应该始终以一种客观、理性的态度与家庭建立工作关系，保持情感、道德上的中立，不涉及家庭成员之间的任何纠纷，不做任何道德评判和价值判断，让每个家庭成员都感受到信任和支持。

2. 循环提问原则：在治疗过程中，工作者要照顾到每个参与家庭治疗会谈的家庭成员的想法和感受，不能让任何家庭成员有被冷落，被轻视和受到不公平对待的感觉，循环提问有助于做到这一点。通过向每个家庭成员发问的方法，引导他们谈出自己的感受和对问题的看法，由此不但可以全面收集家庭的信息，也促进家庭成员之间的相互沟通和了解。

3. 积极赋义原则：对于家庭的困扰，家庭成员往往有所感受，并有着自己的（消极）解释。为此，家庭成员往往长时间沉溺于这种消极的情绪中而看不到解决问题的方向。对此，工作者可以换一个角度对问题进行重新定义，从积极的方面给予解释，并引导家人从问题的根本以及自己能够有所应对的方向入手进行行动。对于不容易进行积极赋义的事情，工作者也可以使用"未来取向"的解释，启发家庭构想未来的计划，而不使家庭由于当前的行为感到难堪和无望。

五、实务操作

1. 接案并安排与黄女士一家的第一次家庭会谈

社工接到黄女士的求助，首先与黄女士进行第一次接案面谈，从黄女士处了解到孩子的近况，初二以后孩子有了较大的变化，开始只是不愿跟母亲谈学校的事，回家就自顾自在房间发呆，也不爱学习。近期开始和同学每天在网吧玩到很晚才回家，并骗母亲说在学校做功课或打球。后来学校老师找家长去谈话，黄女士才发现儿子一直在说谎，成绩也一落千丈。黄女士回家后十分生气，教训了儿子一通，并于当晚告诉了丈夫。丈夫第二天一大早把儿子从床上叫了起来，责问他每天在干些什么，为什么如此不求上进。儿子当时顶了嘴，气得父亲打了他一巴掌，并声称没有这样不争气的儿子。黄女士还提到上周儿子离家出走的事。那天黄女士下班回家，发现抽屉里放的钱少了200元，等儿子小坤回家就问他是否拿去打游戏了，小坤勃然大怒，并怒斥母亲诬陷他。双方争执中，小坤拿起桌上的东西就砸，并发了疯似的冲出门外，就此三天没有回家。社工还问了小坤后来是怎么回来的，以及他爸爸对发生了这样的事情是怎么看的，最后约黄女士全家人是否可在下周一起来机构面谈。黄女士后来答复她丈夫和儿子可能不太愿意专门到机构去咨询，于是社工和黄女士约定周六上午九点在黄女士家里见面，因为这样的时间和地点更容易使家庭面谈的每个成员都在场。

社会工作方法与实务

2. 第一次家庭会谈，与黄女士家庭建立联系，并收集信息①

周六，社工准时来到了黄女士家，黄女士连忙招呼丈夫章先生和社工见面，并让社工到客厅就座，在主人泡茶时，社工环顾了室内的陈设，两室两厅，布置简单但打扫得很干净，墙上挂着几张家庭的合影。这时小坤懒洋洋地从房间里出来，好像才被叫起床，瞥了社工一眼，径直走进卫生间洗漱去了，黄女士捧着茶连连道歉，说是叫了几次，孩子都赖着不肯起床，真的不好意思。就这样等全家人都围坐在沙发旁已经是九点十五分了，于是开始正式的谈话。

社工：（清了清嗓子，面带微笑地）我先自我介绍一下，我叫君仪，是心语家庭咨询中心的社工，主要帮助家庭和青少年解决他们面临的困难和问题，黄女士一定跟你们说过我要来跟大家见面的事，她告诉你们我们今天谈话的内容了吗？

黄女士：（尴尬地）哦，哦，没说得很具体……

章先生：我本来是要出去办事的，（指了指黄女士）她说有个社工要来，让我待在家，我们也实在是头疼啊，不知道该怎么教育这个孩子才好！

（小坤歪坐在靠近阳台的地方，沉默不语，神色漠然，听到父亲的话，更是将头转向一边。君仪注意到这一切，并不急于逼小坤说话。）

社工：啊，看来家里确实遇到了一些烦恼的事，我们今天可以一起来讨论一下，当然也可以谈一些其他的东西，包括对家里其他人有什么不满，这样听起来是不是公平一些？

小坤：公平？这个家里什么时候讲过公平？不要把所有的目标都指向我，难道你们大人就没有问题？

章先生：（有点发怒地）你怎么说话呢？现在还靠着老子养活呢，就这么嚣张，敢跟老子叫板，社工同志，你瞧瞧，现在的孩子真是无法无天了！

社工：今天我们不开批斗会，好吗？我们把目标定在怎样有利于解决我们面临的问题上，好像家里每个人对面临的问题都有自己的看法和想法，让我们一个一个地说，在某个人说的时候，其他人需要耐心地听，可以发表自己不同的想法，但要等对方讲完后再说，大家同意吗？

黄女士：好的，（转向丈夫）你先说还是我先说？

章先生：你说吧。

---

① 以下案例分析主要引自马伊里、吴铎主编：《社会工作案例精选》，2007 年，华东理工大学出版社，第 95—105 页

黄女士：我们犯愁的主要是小坤现在根本就不想学习，整天就是玩电脑，说说他，他就跟我急，说不要我管，嫌我太啰嗦，动不动就威胁我们，说要离开这个家，他觉得这里就像牢笼一样。你说，天下哪有这么好的牢笼？

章先生：你讲话就是没重点，啰啰嗦嗦。小坤现在不光是不想学习，而且提出要退学自己找工作。平时在家什么都不做的人，还要离开家自己过，你说幼稚不？

小坤：那都是你们逼的！你们总是挑我的毛病，看我不顺眼，我还是离开比较好！

社工：听起来每个人对家里的现状都不满意，爸爸妈妈认为小坤不喜欢学习、贪玩，而且对父母的教育很反感，要闹独立了！而小坤呢，觉得这全是父母逼出来的，我倒是想听你说说，父母是怎样逼你离开这个家的。

小坤：我妈总在我旁边唠叨，要我好好学习，要考上大学，否则将来连自己也养不活的。她越唠叨，我就越心烦，不想学习，也不想回家，回家后他们除了说学习，就是说我这不好那不好。我知道我一直让他们不满意，他们觉得脸上无光。

社工：妈妈知道小坤的苦恼吗？他跟你谈过自己的想法吗？

黄女士：没有。他根本不跟我好好说话，要知道他心里是怎么想的真的很难。

小坤：你们也从来没给我说话的机会，每次都把我当小孩子一样地教训。

章先生：（生气地）这么说来，倒是你有理了，我们让你学习，错了吗？难道让你每天都拼命玩，才是对的吗？你怎么不说说自己是怎么逃学、说谎、偷偷拿家里的钱出去玩的事？

（小坤皱紧了眉头，低下了头。）

社工：小坤，爸爸刚才说的事，你能告诉我们当时是怎么想和怎么做的吗？

黄女士：（抢着说）他那次从家里拿了200元钱，就去网吧玩……

社工：妈妈，我们让小坤自己来说，好吗？

小坤：其实，那天回家路上同学约我去网吧玩，可是我的零花钱早用完了，前一天也是同学帮我付的钱，我觉得挺不好意思的，所以，跑回家拿了妈妈放在抽屉中的钱，还请同学去肯德基吃了一顿。当时也怕妈妈发现，紧张了好几天，后来，妈妈问我时，她态度挺横的，认定是我拿的，我就来气了，偏不承认，看她怎么办，结果跟她越吵越厉害。

黄女士：哪里是吵啊，简直就是发疯，还砸东西呢！

小坤：那是因为你骂我是小畜生、白眼狼之类的，我火就上来了，当时真

社会工作方法与实务

的恨得要命，只好靠砸东西来发泄不满。

社工：平时家里人发脾气时，是怎样解决的呢？比如，妈妈生气了，会怎么样呢？

小坤：她么，就是唠唠叨叨，哪里不开心了，都拿我当出气筒！

黄女士：简直胡说八道！什么时候拿你当出气筒了，我是一肚子苦水也没处倒呢。他小的时候，讲讲他还可以，从初二开始，就不能讲了，一讲他，就把房门"砰"的一声关上了，或者是跟你顶嘴，现在更厉害了，学会摔东西了，我真的是见他都要怕了。

社工：妈妈爸爸觉得是孩子变了，变得不听话了。有没有想到这是青春期的孩子萌生独立意识，觉得自己已经长大了，对父母的传统教育方法的反叛呢？

章先生：我们也知道男孩子的反叛性比较强，但从来没有想到自己的儿子会变成这个样子！

黄女士：我们几个同事也经常会讨论孩子的教育问题，我也知道自己比较啰嗦，这半年来，其实我已经改了好多。但还是搞不懂孩子到底是怎么想的。

社工：看起来，妈妈觉得和孩子的沟通有点困难。那么，爸爸呢？爸爸平时和小坤的交流顺畅吗？

黄女士：他啊，基本是家里的"不管部长"，你问问小坤，一星期也难得在家里一起吃顿饭，更不要说谈心了。像上次老师把我叫去学校回来后，跟他一说，他就火冒三丈，还扇了儿子一个耳光，弄得好几个星期家里都不太平。

社工：章先生，我知道你当时一定很生气，有没有机会和小坤好好谈谈呢？像小坤这样年纪的孩子，特别需要别人的尊重，需要有一种平等的感觉，如果他觉得父母还是像对待小孩子一样地教训他，就会产生逆反心理，即使你讲得再对，他也拒不接受。这样我们的教育岂不适得其反？

章先生：尊重孩子，道理上讲讲是可以的，但我们中国人毕竟不会像外国人那样讲自由、平等，长辈总该有些长辈的样子吧？

社工：那么，我们可以来试试，如果你要让小坤好好学习，用你平时的方法会怎么跟他说呢？你可以对着小坤说。

章先生：平常么，我就说：小坤，现在这个社会竞争多激烈，你只有好好学习，将来才能找得到工作。爸爸小时候没有你这样的条件，要不，学历高点的话，做公司副总经理肯定是没问题的，你看，现在我们这批人最吃亏的就是以前读的书太少……

社工：小坤，你听了爸爸的话后，有什么想法？

小坤：其实这些大道理我也知道，听得都起老茧了，大人越是反复说学习，我就越反感学习。

　　社工：那么，现在我来扮演妈妈的角色，跟小坤交流一下，好吗？小坤，你现在这种学习状态，妈妈真的很担心，也不知道怎么帮你才好。小坤，你如果听了妈妈这样说，会怎么回答她呢？

　　小坤：（想了想）不用担心，我会用功的，妈妈有这样的态度，我就很开心了……

　　社工：看啊，小坤还是很能理解父母的苦心的，他倒反过来安慰妈妈了。大家有没有从这个例子里受到些启发？父母和孩子的沟通方式对孩子的影响是很大的。

　　（小坤的父母似乎陷入了沉思，微微地点头。）

　　社工：今天我们的谈话时间差不多了，我想，我对你们家的情况已有了初步的了解，主要是爸爸妈妈和孩子在沟通上存在一些困难，孩子的学习问题和想中断学业离开家的想法令家长特别担心，目前家里的紧张气氛我也感受到了。我想，经过刚才的谈话，如果大家觉得我们可以在一起合作，共同来解决面临的问题的话，那么，我们就开始建立正式的工作关系了，以后每个星期我都会和你们见一次面，一起来寻找解决问题的对策；如果大家不满意我的服务，机构也可以安排其他的社工为你们服务，不知大家的意见如何？（用征求意见的目光扫视每一位。）

　　章先生：挺好的，我们欢迎你来。

　　黄女士：我们真的感觉很需要帮助和指导，比如刚才一比较，就发现我讲话没有你讲得好，你讲话，孩子就听得进去。那么，以后都是你来我们家吗？

　　社工：小坤的意见也很重要，如果小坤也不反对的话，我们下次就要在一起讨论我们想解决的主要问题是什么，并制订出改善的目标和措施。小坤，你的意见呢？

　　小坤：可以啊，我没意见。

　　社工：在结束前，我还想布置个任务给各位，在这一周里，妈妈能不能在和小坤讲话时，不要都讲学习方面的事，比如三句话里面只能讲一句关于学习的。爸爸呢，要注意一下小坤这一周里面表现好的地方有哪些。小坤的任务是找找报纸上的招聘广告，看看哪些工作只要初中文化就可以了，把这些广告收集起来，可以吗？当然你也可以顺便看看其他的要求。好，今天我们就谈到这儿吧，下周五下午五点我想单独和小坤谈一次，小坤，可以吗？请到我办公室来，这是我的名片，上面有地址和电话，找不到可以打电话给我，好吗？

　　小坤：好的。

社会工作方法与实务

黄女士：谢谢你！在我们家吃饭吧？

社工：谢谢！我还有其他的安排，祝你们周末愉快：有事我们再电话联系。再见！

章先生：谢谢你：再见！

3. 预估，关注黄女士家庭冲突及使冲突维持的模式，促使家庭成员意识到他们在冲突中所扮演的角色，并使改变发生

社工在接下来的几次面谈中，非常留意观察黄女士一家的互动方式，并了解家庭史，小坤的成长史，家庭成员间的相互看法。根据面谈及观察社工对黄女士家庭冲突及冲突得以维持的模式有了概括的认识。

社工发现，小坤的童年是在乡下爷爷奶奶家度过的，因为当时父亲在部队当兵，母亲在工厂要倒班，房子又小，一个人没法带孩子。等上小学时小坤才回到母亲身边，但在小坤的心里，爷爷奶奶才是最疼他的人，而母亲对自己太严厉，不喜欢自己，所以有什么心里话也不敢同母亲说。小坤四年级时父亲退役回家，小坤开始重新适应三口之家的生活。那时候家里经济条件也不好，时常有很多小摩擦，小坤一直提心吊胆，生怕父母一不高兴就把气撒到自己头上。小坤自认为从小学到初一阶段，自己表面上是个挺听话的孩子，但实际上是个"深受压迫"的人。小坤认为爸爸只爱工作，不爱妈妈和这个家，平常难得见到父亲，基本上不与父亲进行交流沟通。而母亲前年下岗后，因为找不到工作，情绪很坏，经常和父亲吵架。小坤觉得在家里没意思，所以就跟着同学在网吧玩，不想回家。玩游戏对他来说是种解脱和发泄，因为回到家妈妈无非就是讲学习，还时常要监督自己，没一点自由。小坤认为离家出走是不满父母对自己的态度，可以避开父母的争吵，也可以表达一种抗争，即自己已经长大了，不要再这样对待我，也不希望被父母认为自己只是个"吃闲饭的人"。小坤的优点在于，当接触社工后，态度从敌对转变到合作，是个内向、自尊心强、聪明、善于察言观色的孩子，有一定明辨是非的能力，并且是个好强的孩子，这些因素都可以在介入阶段好好利用。

黄女士和章先生的婚姻生活是波澜起伏的。他们是通过介绍认识的，结婚后常年两地分居，等开始三人世界的生活时，家庭成员面临着重新适应彼此的任务，加上当时章先生工作上的转变，使他自己感觉有很多困难和痛苦，但又得不到妻子的理解，于是就不太愿意和妻子交谈了，自己常常喝闷酒，每天很晚回家。妻子对他的表现很不满，所以，两人见面不是冷战就是吵架，频生摩擦。等章先生的工作渐渐有了起色时，妻子又面临下岗的困境，妻子嫌丈夫不关心她和孩子，整天不知在外忙些什么，所以一直有怨言，曾经一度闹起了离

婚,现因为孩子频频出现麻烦,他们才休战。在面谈时也反映出双方的不理解和互相埋怨的情况,特别是在教育儿子的问题上,双方的意见很不一致,章先生觉得妻子的啰嗦是造成儿子反抗的原因,而妻子则认为丈夫平时一点不管家事,儿子全由她来教育,一有错误就把责任推到她身上,才造成了今天的局面。

至于对孩子存在问题的认识,黄女士认为小坤由于从小是奶奶带大的,被他们宠坏了,所以,回来后跟自己不亲近,不肯同自己说心里话。特别是读初二后,开始变得反抗性很强,脾气很坏,你越不希望他做的事,他越做得起劲。逃课、说谎、偷家里的钱、砸东西、离家出走等,她真的不愿意相信这是自己的孩子干的,也觉得没有办法教育这孩子了,因为她说什么,孩子其实都听不进去。章先生认为小坤的学坏和他的同学有关系,是别的学生带坏了他的孩子,他否认自己不管孩子。

其中工作者认识到孩子从小与父母的分离,让孩子觉得跟爸妈不亲,自己是受害者,父母经常争吵给孩子的阴影,父母的管教方式,例如母亲的唠叨,父亲的粗暴,父母对处在青春期阶段的孩子特点认识不足以及孩子对父母的生活压力没有足够认识是使得家庭冲突持续发生的重要机制。工作者在预估中与案主家庭一起探讨这一冲突模式,明确每一个人在冲突发生时所扮演的角色,并鼓励家庭成员用新的行动方式代替旧的行动方式。

4. 介入,帮助黄女士的家庭成员自我表达直到相互理解

社工对黄女士夫妇的婚姻关系进行辅导,主要帮助他们学习沟通技巧,学会分享自己的感受和正面表达自己的期望,为此社工介绍黄女士夫妇参加了两次"心心相印"和"通向幸福婚姻之路"的活动,并且,在面谈中,还推荐了一些关于如何有效沟通方面的资料,不光和他们一起分析婚姻历程中经过的风波,也帮助他们重新认识自己和对方,用更宽容的态度来彼此接纳。经过几次会谈后,这对夫妇的态度有明显的改变,一方讲话时,另一方能够耐心听完,也注意用对方能接受的方式去表达自己的愿望,并且在教育孩子的问题上也初步达成了共识。

与婚姻辅导同时进行的还有对小坤与父母关系问题的介入。从改善小坤与父母的敌对状态入手,让他了解父母对他的爱及良苦用心。在家庭面谈中,社工让小坤回忆童年时代家庭的关系及现在对父母的感觉,用玩具型人物来分别代表爸爸、妈妈、爷爷、奶奶和自己。小坤在桌上摆出了童年时期的情形,他把自己放在爷爷奶奶当中,更靠近奶奶一些,爸爸妈妈分开放在很远的地方。他解释说奶奶是最疼爱他的人,小学五年级时奶奶去世,自己没能与奶奶见上最后一面,觉得非常难过,就好像生命中失去了支撑。小坤在讲述童年往事时,

母亲也在暗暗落泪,社工让母亲说说她的想法。黄女士说这是一段永远都无法弥补的遗憾,当孩子送到奶奶家时,她非常想念孩子,但每次去看望时,孩子陌生的眼神又深深地刺伤了她的心。好不容易盼回了儿子,可是却少了母子间应有的亲密,她怎么都无法走进孩子的内心,自己也觉得非常失落和无奈。小坤听着母亲的叙述,表情变得凝重起来,若有所思。当君仪让小坤摆出现在和父母的关系时,小坤把自己和母亲放得稍靠近一点,把父亲放在一边。他说母亲尽管唠叨,但还是关心他的,而父亲和他一直比较疏远,他很怕父亲,有时也有点恨他,因为他除了教训自己以外,从来不关心自己。社工接着问他,在他的心目中理想的家庭关系应该是怎样的。小坤摆出的图形是自己在父母中间,三个人紧靠在一起。他说他很羡慕其他同学的家庭,孩子和父母的关系特别好。社工进一步启发他,请他面对父母说出自己的期望,也请父母对小坤说出他们的期望。在他们的分享中可以看到父母已经不再坚持自己永远是对的,错都在儿子一方,不再光强调要达到较高的学习目标,而是希望儿子能继续读书,不再旷课,按时完成作业,以后即使考不上大学,只要找个能自食其力的工作就行。而小坤对父母的期望是给自己多一点自由的空间,多一点信任和理解,少一点批评和责骂,也表示自己会改的,会控制自己的脾气,学习也会用功一些。双方在社工的帮助下,已经慢慢学会协商和适当的妥协,即使有不同的想法,也不再以争论的方式解决。

随着家庭关系的改善,社工在帮助小坤学业方面也实施了相关的计划,如针对放学回家的大致时间、零用钱、做家庭作业的时间以及考试的成绩等进行讨论,设定合理的目标,并由小坤自己检查和家长监督相结合。在三个月的辅导期间,小坤的学习状况有明显改善,平时基本能按时交作业,小测验全部及格。班主任向家长反映小坤在校表现有很大进步,黄女士听了非常高兴。

此外,社工还建议黄女士夫妇参加了一次关于"怎样帮助你的孩子成才"的研讨会,不仅听专家介绍家庭教育的新方法,而且还与到会的家长在不同的小组分享教育孩子的心得,使他们对青春期孩子有了更多的了解,并且开始反思自己的教育方法。在以后的会谈中,章先生比过去更积极了,觉得自己以前的做法太粗暴,可能是由于受部队纪律教育的影响较深,所以方法比较简单,并检讨了自己对家人的忽视和态度,表示要和妻子一起努力,帮助儿子改变。社工不仅和他们一起分析小坤成长的脉络、个性特点、存在的主要问题等,还和他们一起进行角色扮演,从中感受被教育者的心态,体验平等、参与式教育对青少年的积极意义,并介绍了一些书籍供他们参考。黄女士夫妇感到收获很大。

5. 结束治疗

在最后一次面谈中，家庭成员分享了参加辅导以来的感受，觉得家里气氛好多了，章先生也明显比过去关心儿子了，回家吃饭的次数增加了，饭桌上还会说说笑话和介绍公司的事。小坤也觉得父母还是爱自己的，尽管不太主动报告学校的情况，但母亲问起时还能耐心回答，乱发脾气的毛病明显改善，大部分时间能按时回家，学习也比以前有进步了。黄女士对社工的帮助尤为感激，觉得这段时间的家庭辅导给了她很多新的启示，自己心态变好了，不再抱怨了，与儿子的关系也有明显改善。社工也感谢他们全家的投入和配合，称赞他们是非常有爱心的父母，小坤也是特别聪明的孩子，所以，经过三个月的共同努力，大家都学会了如何更好地相处。

六、总结点评

1. 家庭治疗是一类以家庭为对象进行的治疗模式，社工通过与全部或部分家庭成员的治疗性会谈以及其他专业技术来协助家庭成员改善家庭关系，建立良性的家庭互动模式，从而从根本上解决整个家庭及其个别成员的问题，促进家庭的良性运转和家庭成员的身心健康。

2. 在进行家庭治疗时，接案阶段，社工需要安排好第一次家庭会谈，与家庭建立联系，并收集信息；预估时，关注家庭冲突及使冲突维持的模式，促使家庭成员意识到他们在冲突中所扮演的角色，并使改变发生；介入时，帮助家庭成员自我表达直到相互理解；最后结束治疗。

3. 在进行家庭治疗时，社工需遵循中立原则、循环提问原则和积极赋义原则。

4. 社工可以运用家庭雕塑、重温家庭影集、帮助家庭学习沟通技巧等技术进行家庭治疗，在家庭面谈中可运用直线式提问、循环式提问、策略式提问和反思式提问等技巧。

七、拓展提高

1. 请尝试分析自己的家庭史、家庭互动结构、家庭成员对自己的影响。
2. 请寻找一个典型家庭案例，并进行分析讨论
3. 角色扮演：利用情境四案例，模拟一次家庭治疗面谈。

项目三　小组社会工作

理 论 链 接

一、小组社会工作的含义

小组社会工作又称为团体社会工作，由英文 social group work 翻译而来。这一工作方式在社会工作中的运用晚于个案社会工作，早于社区社会工作。随着时代的发展，它的工作内容不断变化，它的意义也在不断增加。

（一）小组社会工作定义

小组社会工作是社会工作的基本方法之一，是把有相似需求的案主组成两个人以上的小组群体，在社会工作者专业训练和辅导下，通过有目的利用团体经验，协助个人增进其社会功能，解决其困境、获得发展的工作方式。

我们可以通过 1972 年崔克尔（H. B. Trecker）总结的众多学者关于小组工作定义的观点来理解小组社会工作，如图 3-1 所示。

1. 意义：社会小组工作是一种方法——由知识、了解、原则和技巧组成
    ↓
2. 对象：通过个人在各种社区——包括个人、小组、社会机构和社区机构的小组中
    ↓
3. 方法：依靠小组工作者的协助，——通过接纳、小组个别化、小组目标决策方引导成员在小组中互动案活动、激励与辅导、组织与程序资源的运用
    ↓
4. 过程：以个人能力与需求为基础，——如：参与、归属感、决策、责任感、成使成员与他人建立关系，获就自我动机以及调适能力得成长的经验
    ↓
5. 目标：旨在达成个人、小组和：——目的在于达到个人行为的改变、小组民主社区的发展目标气氛的形成和社区的发展

图 3-1　小组工作的意义[1]

---

[1] 李建兴：《社会团体工作》，台湾五南图书出版公司，1993 年，第 5—6 页。

小组社会工作　项目三

（二）小组工作的特点[1]

1. 小组工作是一种小组活动或经验

早期的小组工作者把具有小组活动性质、能够提供小组活动经验且能满足个人以及社会所需要的活动，认为是小组社会工作。

2. 小组工作是一个过程

柯义尔于1939年提出："小组工作是一种教育的过程，在闲暇时间，在小组领导者的协助下，实施于志愿小组。其目的在于使个人利用小组经验得以发展与成长，并使其为了本身所需求的社会目的而利用小组。"

3. 小组工作是一种方法和手段

这种方法强调通过小组的过程和动力去影响服务对象的态度和行为。小组成员解决问题的能力和潜力是通过成员间的分享、相互分担和相互支持而发挥出来的，当然，这需要小组工作者按照既定的目标进行和指导。

4. 小组工作的工作对象不是单个人或单个家庭，而是一个群体及所有成员

5. 小组工作的工作者往往不是一名，而是数名或整个社区工作机构

6. 小组工作更强调群体成员间的互动和整个群体的力量，并把这种互动和群体力量看做是解决成员问题的重要途径

二、小组工作目标[2]

（一）个人层面的目标

我们根据美国学者克莱思（Klein）在1972年对小组工作目标的归纳，认为小组工作的个人层面目标有八点：

1. 康复：包括对原有能力的复原，对情绪、及态度或价值取向的复健。
2. 发展：发展面对问题与解决问题的能力，也就是学习适应危机情境的能力。
3. 矫治：协助犯罪者矫正行为与解决问题。
4. 社会化：协助人们满足社会的期待，以及学习与他人相处，其中包括对

---

[1] 张洪英：《小组工作理论与实践》，山东人民出版社，2005年，第2-4页。
[2] 丁少华：《小组工作》，社会科学文献出版社，2003年，第10-16页。

部分特殊个案的再社会化。

5．预防：预测问题的发生，提供有利的环境以满足个人的需求，并协助个人培养处理突发事件与危机处理的能力。

6．社会行动：帮助人们学习如何改变环境，以及增加适应能力。

7．解决问题：协助人们运用小组的力量形成决策，达成任务，解决问题。

8．社会价值：协助成员发展适应环境的社会价值体系。

这八项目标从个人层面解释了小组工作的目标，从行为改变到社会行动，涵盖相当广泛[①]。

（二）小组自身的目标

小组目标是小组共同参与的结果，小组自身的目标是一个过程概念。小组目标既非个人目标的总和，也不是可以从成员身上直接推论的，但小组目标应尽可能包含有成员的个人目标。因此，我们对小组目标的界定采纳哈佛德（Harford）在谈到小组功能时提出的观点：共同思考、一起作业，合作计划与增进团队的生产力，以集体行动来解决问题。

以上两个层面的小组工作目标是相互联系、相互影响和相互融合的。

三、小组工作的实施原则[②]

（一）明确小组计划与目标原则

认识到个体和小组的需要并且具有明确的小组目标，会使小组工作者的行为更有重点、有计划，同时也减少了把自己的需求掺入小组的可能性，这将更有助于成员个人及小组目标的实现。

（二）专业关系与个性化原则

在小组工作伊始，建立在工作者与小组成员相互信任、接纳的基础之上的有意识、有目的的专业关系，会直接影响小组工作的进展。同时，因为工作者所带领的小组经验不同，小组成员个体对小组的需求不同，且小组及成员都是处在不断发展及变化中，这就决定了在小组工作过程中，工作者一定要关注社会、小组和个人持续的变化，把握个性化原则，把每个组和小组成员视为与以往工作经历中的小组和成员是不同的。

---

① 林万亿：《小组工作—理论与技巧》，五南图书出版公司，2000年版，第12页。
② 陈钟林：《团体社会工作》，中国时代经济出版社，2002年，第72页。

(三）互动与民主原则

当人们以小组形式聚在一起时，便会产生相互影响和相互激发的可能性。这种人与人之间的彼此反应，其性质会随着时间因素的变化而有所不同，但它正是小组工作的主要动力。工作者应该以引导小组成员互动为原则展开工作，以此增进小组成员之间的相互作用。

在小组工作中，小组有最大的权利来决定小组活动，因此，工作者要注重发挥民主，鼓励小组成员做出决定、确定小组的活动内容及方式，并根据小组自身的能力承担起最大限度地责任。

（四）弹性与发展的原则

为了保持小组的适应能力，社会工作中的小组应该具有弹性，即能够随着小组成员的变化而改变。因此，小组工作者应协助小组在制订计划并实施后，对小组和成员状态进行评估，以发现变化。工作者和小组一起经历这一过程，使小组不断获得更为复杂的经验，以实现发展。

（五）有效利用资源原则

小组社会工作过程中，应该善于利用机构与社区所拥有的资源，来丰富个人以及小组经验。小组工作与社会机构、社区背景及社会文化三方面有着密不可分的关系。工作者是这种联系的联络人和协调人，小组是这些关系组合中的一部分，它必然受到整个组合的影响，经常发生相互刺激的关系。工作者必须对社区有充分的关注，了解在整体中与小组发生关系的其他小组，同时协助小组利用可应用的社会资源。

四、小组工作类型

在小组工作实务中，小组类型的划分是相对而言的。许多小组在类型上会有交叉和重合，一个具体的小组可能会同时兼有多种小组的类型特征。这里重点介绍的是小组工作实务中最常见的几种类型。

（一）教育小组

教育小组主要帮助小组组员学习新知识、新方法，或补充相关知识的不足，促进组员能够改变自己原本对问题的看法和解决的方式，来实现改变成员的目标。教育小组主要被广泛应用于社区、学校、医院等场所。教育小组在工作过程中，首先要让成员承认自己是存在问题的并需要改变；其次，要让成员能够从另一角度看问题，建立新观念；再次，开展干预服务，降低问题行为。社会工作者在教育小组中，除了要重视成员的自助外，也要重视互助，鼓励小组成员通过讨论、交流，互相学习。

（二）成长小组

成长小组的目标是帮助组员了解、认识和探索自己，帮助组员最大限度地启动和运用自己的内在资源，充分发挥自己的潜能，解决问题并促进个人正常健康发展。成长小组的典型是近年来针对不同人群的需要而开展的"体验小组"，如青少年野外拓展训练营。

（三）支持小组

支持小组是把具有相同质性的人聚集在一起，其组员一般都有相同的问题、经历或经验，通过相互支持的方式，达到解决问题和成员改变的效果。支持小组成员对自己的经历会有高度的自我表达和自我分析，组员之间相互理解，彼此支持，互相协助面对问题，探讨建立解决问题的对策与方法。支持小组的典型有"单亲家庭自强小组"、"癌症病友小组"等。同时，大多数支持小组属于自助性小组，社会工作者一般会做组成小组的工作。专业社会工作者在介入支持性小组时也会十分小心，因为小组成员容易对介入的专业人员有较高的期待，忽视成员间彼此的支持力量，使小组成员的支持气氛减弱。

（四）治疗小组

治疗小组的组员通常都是曾经在生活中受过创伤，或在心理、生理方面有不良症状从而影响现在的日常生活。治疗小组的目的就是为了能够缓解这些症状及其影响力，帮助组员康复，促进人格改变。治疗小组一般在心理卫生机构或者矫治机构中运用，如为毒瘾者提供服务的"美沙酮治疗小组"等。

小组工作发展至今有很多类型，本书参考香港理工大学何洁云（2002）的标准进行分类见表3-1。

表3-1　小组分类表

分类标准	社会工作小组类型
形成方式	组成小组、自然小组
参与方式	自愿小组、非自愿小组
互动状况	基本小组、次层小组
结构状态	正式小组、非正式小组

续表

分类标准	社会工作小组类型
成员界限	封闭小组、开放小组
性质/目的	任务小组、社交小组、教育小组、教化小组、服务或自愿小组、兴趣小组、娱乐小组、意识提升小组、成长小组、治疗小组、社会化小组、自助或互助小组、会心小组、社会行动小组

五、小组工作的功能

小组工作作为社会工作实践中的传统工作方法之一，强调从个人到社会，从行为改变到社会任务的完成，这样，小组工作的功能就是多方面的，总结如下：

（一）影响个人转变

当人们在社会生活过程中遇到阻碍时，社会工作者可以通过建立与解决问题目标相适应的小组，引导和协助有需要的人参与小组过程，促使小组中组员之间进行经验的分享、情感的支持、解决问题能力的学习、发展个人潜能等，使组员获得成长，增强其生活能力，并在价值观、态度及行为方面发生转变和改善，促进人们形成积极的生活态度和公民的社会责任感。

（二）社会控制

小组工作过程可以使小组成员学习、遵从、适应社会需要的行为规范，培养其社会责任心，学习在社会生活中承担具有一定积极意义的社会角色，成长为一个与环境适应良好的人。

（三）形成群体力量解决问题

在小组中，小组成员必须学习共同思考、团结协作、共同面对环境和问题。这时，不再是使个人单独面对问题，而是依靠组员间形成的群体力量共同解决问题。

（四）再社会化

小组工作过程可以帮助成员学习社会规范和人际关系的技巧，改变以往那些不适应社会生活的观念和行为，发展并形成更为积极的社会生活能力。

（五）预防

通过小组成员之间的积极互动，使他们学习解决困难的方法，在小组成员之间建立相互信任和相互支持的关系,为他们提供支持和帮助,以解决问题和预防问题的发生。

六、小组工作实施领域[1]

(一)按年龄对象划分小组工作的实施范围

1. 儿童小组:如儿童福利机构中的特殊儿童小组,教育机构中的儿童小组。
2. 青少年小组:如青年俱乐部、各级各类学校中的学生社团和组织等。
3. 成人小组:如家长学校、单亲家庭小组、夫妻婚姻调适小组、病人治疗小组等。
4. 老人小组:如老年学校学习和活动小组等。

(二)从实施机构来看小组工作的范围

1. 医疗卫生机构

(1)综合医院、慢性病院和康复中心:对象多为因病而产生家庭危机的病人及家属。对病人的小组要协助他们适应医院环境,进行社会诊断及小组治疗;改善医疗环境,以及康复期再适应等。对于家属的小组,可以协助他们了解病人疾病的状况,解除恐惧、焦虑或羞耻感,进而对病人提供积极的生活和心理等方面的照顾,并了解医疗设施、药品等的有效使用。对病人和家属的并行小组,则可以促进相互的扶持与了解,解除家庭危机,增强生活适应力。

(2)公共卫生机构:社会工作者可以与公共卫生机构合作,在社区居民中利用小组工作的方式开展有关疾病预防和保健知识的宣传等活动。

(3)心理卫生及精神病防治机构:在精神科或医院、社区心理卫生中心、戒酒戒烟戒赌戒毒中心等,社会工作者多以组织病人的家属为主要工作,协助他们了解精神病患的特质,解除因病人引起的家庭危机,调整家庭关系,或者与其他精神医疗人员共同组成病人的治疗小组。

2. 教育机构

在各级学校的指导活动室或学生辅导中心,对学习上、学校生活适应上、人际关系处理上、恋爱问题上等有困难的学生进行小组工作辅导,目的是协助他们解决学习困难;解除心理困扰;适应学校生活环境;增进人际关系,以及进行行为修正等。同时可以邀请家长参加,组成亲子小组等,通过小组工作,

---

[1] 张洪英:《小组工作:理论与实践》,山东人民出版社,2005年,第14—16页。

使他们进一步达到彼此沟通与支持,尤其是家长对子女在学校的学习与适应状况的了解与支持。

3. 司法机构

通常实施于监狱、工读学校等,主要针对犯罪者或家属进行小组工作的辅导,其目的在于与机构合作共同对服务对象进行心理和行为等修正。如中华女子学院山东分院社会工作系在 2004 年与其教学实习基地——山东省女子监狱合作,利用学生实习的机会用社会工作的方法介入到司法矫治领域。

4. 工业机构

工业机构或企业单位社会小组工作对象可包括直接从事生产工作的员工、管理部门和销售部门的主管。对员工的小组工作主要在于协助他们适应工作环境;增加生活情趣;解决心理困扰;学习社会技巧;适应劳资关系,促进劳工福利,以及改善工作环境等。对主管的小组工作,则以增进管理及领导能力,了解员工心理动力,协调劳资关系,以及寻求合理生产方式等为主要目标。

5. 一般社会福利的机构

如公共福利机构的家庭服务部门、老人福利机构和儿童福利机构等,社会工作者都可以与机构工作者合作利用小组工作的方式为服务对象提供支持和帮助,发展他们的潜能,使他们的生活过得更好。

总之,小组工作的实施领域和使用人群相当广泛,发展空间很大。

七、小组工作的价值观[①]

1. 互助互惠的原则

这个原则有两个方面的内涵。其一,组员之间的关系是互助互惠的,小组工作的实务核心就是互助的理念。小组工作者必须明确地认识到,这种互助式的助人关系,是导致个人改变的主要来源,因此,小组工作者的主要作用就是帮助组员建立团结合作的关系,共同实现自己制定的目标。其二,社会工作者与组员之间的关系也是互助互惠的关系。在小组过程中,社会工作者运用自己的专业知识,协助小组建立良好的互动关系,使得组员获得成长和改变。同时,组员们丰富的生活经历,对社会工作者而言,也是一个学习和成长的过程。

---

① 刘梦:《小组工作》,高等教育出版社,2003 年,第 21 页。

2. 尊重组员的权力和能力

小组工作过程中,要特别强调和重视组员的能力,相信组员有改变的能力和潜能,这是小组工作的核心和基本信念;同时,要尊重组员有选择参与的权力和自由。

3. 民主参与决策

小组不仅可以发掘组员的潜能,促进组员成长,还可以通过民主决策培养组员的民主参与精神。同时,小组中解决冲突的过程,对组员来讲,也是一种重要的学习经验。

4. 赋权的原则

小组工作者促进个人和小组的自治,小组目标强调个体组员的成长、权力的提升和社会变革。

5. 高度的个别化原则

了解每位组员的独特性和特别需求,有针对性地设计干预方案,具体的目标要因人而异。

八、小组工作的理论基础

(一)镜中自我理论

1. 理论内容

(1)人与社会的关系

社会是一个有机体,是一个通过互动而存在和发展的各种过程的复合体。社会是一个统一体,在社会这个庞大的互动组织中,它的任何一部分的变化都不可避免地会影响到这个有机体所有的其他部分。人与社会并不是对立或割裂开的。

(2)镜中自我

在与他人的互动过程中,我们通过感知他人对我们的反映和评价,从而建立起我们的自我意识、自我形象和自我评价。他人犹如一面镜子,我们正是从他人这面镜子里发现了我们的自我。我们根据他人眼里的形象是否符合我们的愿望而产生满意或不满意的心情。同样,通过他人的反映和评价,我们看到自己的风度、行为、性格等是否合适,是否需要修正。我们对他人眼中自己形象的想象,对他人关于这一形象评价的想象以及某种自我感觉,构成了我们的自我认知。

(3) 首属群体

是指那些亲密的、面对面的交往以及有直接互动和合作的小组。这些群体主要包括家庭、邻里以及儿童游戏伙伴。首属群体是对个人的成长发展影响最深远的小组，很多积极的品质和消极的品质都是在首属群体这一最初的小组中获得并强化的。

2. 镜中自我理论对小组工作的启示

(1) 小组是一个微型的社会缩影，是一个通过互动而存在和发展的有机体。

(2) 小组工作所提供的密切的互动和真实的回馈，可以帮助组员在小组中感知他人对自己的反映和评价，建立更正确的自我意识、自我形象和自我评价。

(3) 重视首属群体的作用，特别是家庭对个人成长的影响以及给个人终生的发展打上的烙印，是很多理论都涉及的观点。在小组工作中，尤其是治疗性的小组，通过探讨个人的首属群体对个人的具体影响，尤其是个人首属群体中的人际关系对个人目前的人际关系模式的影响和个人的非适应性行为的来龙去脉，可以帮助成员获得更深入的自我觉察。

(二) 符号互动理论

1. 理论内容

符号互动论者认为：人生活在一个符号和物理的环境中；经由符号，个人有能力去刺激他人，这种方式与自我刺激是有区别的；经由符号沟通，个人从他人身上学习到大量有价值和有意义的东西，包括行为方式等；这些符号、意义、价值等并非单独存在，而是以一种群体的方式，大量复杂地存在着；思考是一个过程，透过这个过程抉择一个行为。

2. 符号互动理论对小组工作的启示

(1) 人类的行为与互动是由"符号"及其意义而引起的，人类不是对外部刺激做出简单的反应，而是对刺激做出能动的反应，并且赋予新的社会意义。

(2) 人是在与他人的互动中实现人性化的，所以人类是互动过程的产物，只有与他人不断互动，人类才具有社会性和创造力。

(3) 互动中的人组成最优群体，只有充分发挥小组的作用，社会才能不断进步。

(4) 人类在互动的过程中积极地塑造着自己的行为，所以互动强调社会过程。

社会工作方法与实务

(5) 人类群体必须承认环境的影响并且自觉适应环境。
(6) 个人在小组中担任着各种不同的角色。

(三) 社会学习理论

1. 理论内容

社会学习理论是在传统的行为主义学习理论的基础上发展起来的,传统的学习理论包括"传统条件反射理论"和"强化条件反射理论",前者认为人类的行为是与刺激相关联的,小组工作者可以根据小组期望的目标行为,对小组成员提供某种能引起其行为变化的外部刺激条件,从而引导小组成员的行为发生改变。强化条件反射理论认为人类的行为是受行动的结果的影响,如果某种行为导致的行为结果被加以肯定,那么,这种行为就会被坚持和强化,反之,如果某种行为导致的行为结果被否定,那么这种行为就会被削弱。小组工作者利用赞赏、表扬和奖励等方式强化和鼓励积极的行为,以引导小组成员行为的变化。

社会学习理论认为人类的行为是在对他人行为观察和评价过程中习得的,而这个习得过程是一个积极的、能动的、对环境的刺激进行有选择的反映并且把所选择的刺激进行组织并转化的过程。例如,当某个成员的行为受到表扬时,那么这个成员和其他人就会为了在将来得到同样的表扬而追随这种行为。反之,如果一个小组成员的行为被忽视或者一个成员的行为受到惩罚,那么这个成员和其他人为了避免否定的结果,在一定程度上就不会仿效这种行为。

2. 社会学习理论对小组工作的启示

根据社会学习理论,小组是一个学习的场域,在这个场域中小组成员通过观察和模仿会学习和习得一些行为,其中有正面的行为和负面的行为,小组工作人员要正确地利用奖励和惩罚,使得小组成员能观察和模仿到正确的行为,从而习得良好的行为。

九、小组工作的实施模式

小组工作模式是从小组工作实践中提炼而来的,这些模式成为引导社会工作者开展实际工作的基础方法,随着小组工作的实践不断成熟,小组工作模式的内容也越来越丰富,本书中我们将介绍在社会小组工作中被较为广泛应用的四个小组工作模式。

(一) 互动模式

1. 含义

互动模式是将小组社会工作的注意力集中于组员与组员之间为满足共同需要所产生的互动过程。在运用这一模式开展小组工作的时候，小组工作者的主要角色是协调者，他们的工作是负责促进组员、小组、机构、家庭、学校等各个系统彼此之间的适应。

2. 小组工作者的责任

其一，协助案主同那些在与其存在问题的系统接触和谈判。

案主可能因各种原因与个别相关机构之间产生矛盾或冲突，当这些矛盾或冲突出现时，有时案主难于以自己的知识和能力去面对或处理这一问题。这时，小组工作者需要向案主提供服务，协助他们与上述机构接触和谈判。

其二，协助该系统接纳案主，并继续按其在社区中扮演的角色提供有效的服务。

小组成员在接受小组提供的服务后，最终会回到原来所生活的社区之中。在小组成员即将离开小组回到社区之前，小组工作者就应该与社区有关系统联系，要求社区向组员提供必要的服务。

3. 符合条件

互动小组模式是一个全面化的小组工作模式，所以，在目前的小组工作中对它的应用十分广泛。符合以下条件者均可以运用这种小组工作模式：

其一，小组是一个集体，而小组成员均作面对面的相互沟通。

其二，小组成员均有个人的需要，他们能够借助彼此之间互惠共存的条件去满足自己的需要。

其三，小组成员有共同的目标，并依靠每位成员的参与达至目标完成。

其四，由某个社会服务机构安排小组工作者协助推进小组工作。

(二) 社会目标模式

1. 含义

社会目标模式认为，人往往是通过集体的力量去达成社会行动，因此强调民主、发展小组本身的功能、领袖培养、共同责任、小组交往、集体表达方式，以及小组行动和组员参与的行动原则。社会目标模式关心民主的进程，关心个人和小组的社会权利，关心成员的自尊、自信以及适应社会生活的能力，强调成员的民主意识和参与社会变迁的责任心。偏重于社会事务，较多地依托社区开展工作，探索社区的发展、促成社会行动。其工作方式接近于社区组织工作。其主要工作是设计程序和策划行动。

2. 应用范围

目前，这个模式的应用主要在社区工作领域，如中国当前的社区建设与社区发展中的文化建设、教育建设、卫生服务、社区自治和社区服务等等，都可以尝试运用这个模式。

（三）预防及康复模式

1. 含义

预防及康复模式认为，小组除了可以提供个人行为改变以及社会适应能力提高的功能以外，它还能够成为纠正个人不良行为的一种动力及媒介。预防及康复模式小组在预防个人越轨行为以及对这一类行为进行预防、康复及治疗中具有积极的作用。

2. 工作目标

一是实现预防的目标。通过小组的程序以及小组工作者的协助预防被社会认为是越轨行为的行为。

二是实现改变的目标。通过小组的程序以及小组工作者的协助，使已经存在越轨行为的个人重新适应社会生活。

3. 功能

一是在预防方面。预防及康复模式小组可以向组员提供社交技巧和自信心的训练以及新角色的适应等；

二是在治疗方面。预防及康复模式小组可以对存在学习及行为问题的儿童、青少年以及街头朋党或吸毒、犯罪者提供矫治服务。

（四）行为修正模式

1. 含义

行为修正模式是通过改变案主的行为来达到治疗目的的一种方法。小组社会工作者经过多年的实践研究证明，通过小组活动使组员的行为得到改变的方法，是一种有效的小组工作方法。特别是针对某些特殊人群，如问题儿童、青少年犯罪者、弱智儿童以及一些因神经官能症而使行为存在问题的人，这种方法更为有效。

2. 目的

旨在通过小组活动，改变组员的偏差行为以及病态行为，概括为两方面：

一是清除个人一些不被接受或不适当的行为。在社会生活中，由于社会不良因素的影响，某些人身上会出现一些与社会规范不相适应的行为和习惯，这些行为和习惯有些能够被行为者所认识，但有些却不能被行为者认识。无论怎样，他们的这些行为、习惯都能够通过行为修正模式小组进行改变或清除。

二是学习新行为，并且通过练习使学习到的行为得到巩固。行为修正模式立足于人类行为的再造。通过这一模式的小组活动，能够使组员从小组中学习到新的行为，并且以新的、良好的行为取代旧有的不良行为，同时，还能够使他们原有的良好行为得到巩固和增强。

3. 应用范围

（1）系统：包括学校、家庭服务中心、社区中心、惩教机构等。

（2）对象：包括儿童（弱智儿童）、家长、青少年犯罪者、成人、老年人等。

（3）问题：包括学习困难、饮食习惯不良、破坏课堂秩序、反叛性行为、恐惧症、抑郁症、焦虑症以及婚姻不和、性行为失调、酗酒、人际关系障碍、沟通困难等。

教学情境一　互动模式小组工作过程
　　　　　　以大学生交往调适小组活动为例

任务一　接受小组任务

教学目标

通过本单元教学，使学生了解如何发现和接受小组工作任务，掌握怎样寻找组员的真实需求并确定小组介入目标。

社会工作方法与实务

案例背景

案主小辉,是来自苏北贫困县的一位男生,家境的贫困使他更加发奋学习,希望通过自己的努力来改变命运,最终,他考进了本省的一所名牌大学。但是大学生活并未让他品尝到成功的喜悦,反而给他带来了一系列的适应问题,最让他苦恼的是人际关系的不协调,使他心里倍感苦闷。最后,他走进学校社工中心寻求帮助。社工中心通过收集资料,走访调查,发现不仅小辉一人存在这种困惑,相当多的大学生都在不同程度上存在人际交往障碍,在和学校相关部门进行沟通并获得支持后,社工中心决定运用小组工作方法来帮助和小辉有着同样处境和困难的大学生。

工作任务

1. 发现和接受小组工作任务
2. 接案,准备筹建小组
3. 收集资料
4. 确定服务对象
5. 明确小组性质
6. 确定小组目标

一、术语理解

1. 小组工作者(领导者)

小组工作者是小组工作的掌舵者和领航员,与其他工作者不同的是,他有专业背景,处于专业的特定的位置,承担专业的角色和职责。在小组工作中,工作者的行为是小组工作的中心,他的工作任务是管理和带动整个小组,协助小组成员发现和运用个人、小组、机构和社区的资源和力量,以促进全体的福利;建立工作者和小组成员之间的专业关系,了解成员的要求和小组的目的;了解社工作者的职责和工作的方式方法;协助个人和小组达成某些目标。

2. 小组成员

小组成员是组成小组的基本单位。小组成员在小组中要扮演一定的角色,发挥一定的功能。小组成员的组成对小组的发展和目标的达成、成员自身问题的解决以及成长与发展至关重要。

二、工作要点提示

（一）寻找组员的真实需求并确定小组介入目标

小组工作前期的准备阶段称为小组的筹备期，又称为计划目标和接案工作或酝酿和计划阶段。此时工作者是初级角色，处于中心位置，扮演着基本角色，处理各种大小事务。

成立小组的想法可能由工作者、机构主管、社区居民或成员提出，提出的原因大部分是由于存在的问题和成员的需求所致。用小组工作的手法帮助案主，是基于对问题（需求）的评估而决定的。在需求评估过程中会出现两种情况：一种情况是机构要求开小组，工作者自己也有小组工作的训练，认为小组工作方法是最有效的助人手法。另外一种情况是以案主的需求为本，通过与案主的"同行"，建立信任关系，评估他们的真实需要，在此基础上制订介入计划。

小组的需求评估实际由资料收集→资料分析→介入干预计划三个步骤组成。收集资料主要是通过访谈、问卷、量表、文献回顾、机构资料查阅等方法，收集各种有关小组和组员的资料，特别要关注组前面谈和机构记录中的重要资料，这些是发现组员真实需求的珍贵的第一手资料。资料分析非常关键，一般量表可以借助计算机软件进行分析，计算出变量之间的关系和概率等，成为介入计划的科学依据。许多访谈资料要通过定性的方法进行归纳分析，以此发现组员的特殊需求。基于资料分析而制定出切实可行的介入策略。

（二）确定目标

工作者找到案主的真实需要，确定目标。此时工作者需要思考许多问题，包括由谁决定小组工作是否要实施？自己是否有足够的时间、精力和技术来承担小组工作？机构和社区的资源如何？组员如何招募和领导等问题，从而为制订计划打下基础。

工作者必须将小组的目标加以概念化，就是思考小组将协助组员达到什么目的。包括：工作者的目标是什么？组员的目标是什么，机构的目标是什么？小组的长期目标、中期目标和短期目标是什么？为达到目标组员要多少人才适中？为了达到目标，小组的聚会要多长时间？采取何种方式达到目标等问题。

（三）小组工作规划程序[①]

小组规划设计对小组工作的开展很重要，它视小组为一个整体，帮助小组的领导者清理小组的理论基础，考虑小组的组成成员，聚会地点的选择，赞助团体的机构，而且这些事情都是要工作者去做的。同时，规划还要指出小组将要采取的方向，为目标的实现提供合理的工作程序。所以，规划设计越明确越好。下面给出小组规划设计中尽可能需要详细考虑的问题，并对这些问题给出明确而又实事求是的回答。

1. 小组的主要工作任务是什么？通过小组能够解决哪些主要问题？可以满足成员的哪些需要？小组所属的类型是教育小组、分享小组、治疗小组、成长小组还是任务小组？

2. 小组的目的是什么？在小组结束时，小组领导者希望达到什么要求？成员又将达到什么目的？

3. 小组的组织结构是什么？整个小组的领导机构框架图与各自的职责与分工是什么？小组将吸收什么样的成员加入？成员人数多少为好？小组在行政组织上的隶属关系以及小组的赞助单位及其经费来源与经济预算。

4. 小组的工作框架是什么？小组聚会的地点；聚会时间的长短；聚会的次数；聚会的频率；小组的大小。

5. 需要进一步与哪些重要的人作接触、征求他们的意见、得到他们的赞同和支持？

6. 隶属行政组织的政策将会对小组工作产生什么样的影响？与其他小组的关系如何？

7. 小组工作的评估

三、方法技巧

1. 直接谈话法

小组工作者直接与小组组员见面，通过交谈了解组员的基本情况以及他们想要加入小组的目的。并使他们明白，工作者对他们进行深入了解的重要性。另外，小组工作者要通过会见使组员对小组日后可能采用的运作模式、工作的性质以及讨论的内容产生初步的认同。

---

① 范克新、肖萍：《团体社会工作》，社会科学文献出版社，2001年，第210页。

2. 间接了解法

小组工作者要从小组组员周边的人群中,如家庭成员、朋友、同学以及转介机构和其他方面,尽可能详尽地了解小组组员的背景资料,以确定其是否具备加入小组的资格。

四、注意事项

(一) 初步确定小组开组的目标

每一个人参加小组都有其目的,由服务机构设计的小组服务通常依循机构的服务宗旨。如青少年服务机构会以满足青少年的需要为主。而这些小组的服务宗旨或目标都会在小组开组以前确立,小组工作者则会根据案主的特殊需要和特点而制定更为具体细致的小组目标。

总的来说,小组目标是小组开组以后逐渐形成的,主要是通过组员之间的相互认同和接受个别组员的目标而形成小组共同的倾向。

(二) 初步确定组员的资格

通常在小组开组前,小组工作者便要确定小组组员的资格和标准。通常,小组工作者会以下述内容作为标准来确定小组组员:

1. 他们能否在小组中真正受益。
2. 他们参与小组活动的动机如何。
3. 他们是否认同小组的初步目标。

在招募小组组员之前,小组工作者要考虑他所招募的组员应是同类型的组员还是多类型的组员。小组工作者在选择小组组员的过程中,要注意组员在个别特质上的整体性和个别性,要使其达到平衡,他们既不能过分分歧,又要有一定的不同和差异。另外,每位小组组员的容忍程度也不能相差太远,否则过度容忍的一方会感到自己在小组中处处受挫而产生被压迫感。同时,要注意尽量少吸纳很容易激动的组员,以避免因他们的存在使小组分裂。

(三) 小组非正式聚会

为了让小组组员对各自参与小组的动机和要求有更加具体的了解和认识,小组工作者可以通过安排未来小组组员参与小组的非正式聚会达到这一目的。在这次小组非正式聚会中,小组工作者可以用小组讨论的形式或通过以往小组工作的影视资料向小组组员介绍小组的运作,小组工作者也可以在适当的时候简单而认真地澄清开组的目的和组员必须遵守的小组规则，以及组员在组内的工作范围、小组领导者的权利和责任、小组工作员在小组内的工作范围等。如果有个别组员在这次小组非正式聚会中发觉这个小组的目标与他原来想要参加小组去实现的目标有较大的差别，他可以取消入组申请，因组员退出小组而出现的空额可以由小组工作者另找他人替补。同样，如果小组工作者发觉个别人在这次小组聚会中所表现出的参与小组的动机，或其他个人因素会使小组或其他组员受到伤害，他便应该放弃这些组员。

（四）协约

小组的协约在小组工作中相当重要。从广义上讲，小组协约是指小组组员与小组工作者共同完成的一个协议，形成这一协约的目的主要在于引导小组组员达致小组目标，指出组员在小组中的权利和责任，以及组员在小组中如何跟进和小组工作者最终引导小组及组员达到他们的目标。

协约具体运作有两个层面。一个层面是组员都要遵守的规则，这是讨论协约必须的和主要的一个方面；另一个层面是小组的分工。当然，小组协约也有其他的功能：即透过协商的过程，使组员与组员以及组员与工作者之间的沟通增加。另外，协商本身也是一个组员平等参与的过程，它可以改变小组工作者与小组组员的不平等关系，增加组员的自信心。组员与小组工作者透过协商还可以使大家知道自己以后在组内的具体行动，可以使组员更加清楚地知道小组真正的运作方式及小组对他们的要求，从而起到减轻组员紧张情绪的作用。

五、实务操作

（一）问题的发现

社工中心在接到小辉的求助后，首先通过网络、学术期刊查找关于大学生人际关系方面的资料。结果发现，从近几年的一些统计资料来看，在影响大学生心理问题健康的诸多因素中，人际问题所占的比重越来越高。他们心情不愉快，与人交往处于紧张状态，有时还产生敌对的态度，从而导致攻击性行为，有损身心健康。从目前接受心理辅导的大学生来看，人际关系问题已成为大学生的头等"心病"。专家指出，这和目前大学班级人数大幅度提高，以及大学生由家庭生活中心过渡到成为大学集体一员的不适应有关。

1. 调查问题

在查阅并掌握了关于大学生人际交往问题的资料后，社工中心开始有目

小组社会工作 项目三

的找小辉的室友、同学进行访谈。了解的信息如下：

由于现在的公寓化管理，住宿条件大大改善，每个寝室一般安排 4-8 人同住，小辉的宿舍住了 8 人，大家都认为寝室关系融洽，没有钩心斗角的事。但是同时也认为，不可避免也有矛盾和不愉快的事情发生。比如说，小亮脾气特大，还喜欢争强好胜，不管说什么一定要把对方辩赢了才罢休。寝室里家庭条件好的同学不想努力学习，因为以后有出路，条件不好的同学努力学习，如果别的同学去学习，而他没去学习，别人回来后他就会挖苦别人，因为他心理不平衡，有时候他自己也会说出来，就是想让别人心里同样不舒服。有的人不讲究卫生，有人生活没有规律，有时候可以忍受，但是有时也会吵架。寝室因为小事闹别扭，只有一两个人不和大家在一起，也说话，但不是那么太好。

谈到小辉，大家感觉他既自傲又自卑，小辉的学业在本专业相当出色的。学生学业优秀，老师也另眼相待，因此，他总是一脸的昂然。但是，由于他来自贫困的乡村，除了学习好之外没有什么其他的长处，因此，很多的活动他无法参与。同学有时会笑他，同时，由于老师对他的偏爱，也引起同学的嫉妒。

除了小辉的寝室，社工还走访了 15 位同学（7 位男生 8 位女生）和 5 个其他寝室（2 个男寝室，3 个女寝室）。

"我们寝室四个人关系相当好了，可好了，同学羡慕说四个人的寝室也会这么热闹。有一个女孩本来是学生会的，见我和另外一个同是青年志愿者协会的女孩经常一起开会，后来也加入了我们协会，四个人步调很一致，有活动都会一起参加。"（访谈 1 号女寝室）

"正常交往，有考研的，现在说话少了。大一在一起，大二也有集体行动，现在很少了，但关系很好。表面上都挺好的，大学很少有说找谁办事的，也不知道深交是什么样的，我深交的还行吧。"（访谈 2 号男寝室）

"总觉得舍友们的思想和做法和我格格不入。与舍友和同学相比，我更愿意在网络中寻找倾诉对象。"（访谈 8 号）

"在大学，没有一个可以谈得来的朋友，心里真的感到好孤独。"（访谈 5 号）

"他们常常有意针对我，因为我明显表示出自己的反感。我们甚至发生冲突。"（访谈 12 号）

"虽然现在的'孤家寡人'并不好受，但我以前就不喜欢和人交往，那会生出很多麻烦。况且，我要在大学里保持优势，实在不容易，我才没有精力去花在那些无谓的事情上。"（访谈 3 号）

"我上了大学就觉得周围冷清了许多，整天憋在寝室里给从前的同学打电

社会工作方法与实务

话。这里不是像我想象的那样,班里的同学都认不全,更别说广交朋友了。"(访谈7号)

"我去实习,才发现社会与象牙塔中的生活大相径庭,现实与理想相去甚远。我觉得自己很被动,对未来少了些曾有的企盼,多了些迷茫和恐惧。"(访谈10号)

访谈之后,社工决定在本校进行一次大学生人际关系调查,并发放了200份调查表。50份由社工自己向访谈对象随机发放,其他的调查表找到机电学院、人文学院和管理学院的辅导员,在这三个学院随机发放。

调查表如下。

大学生人际关系调查表

尊敬的同学,您好。

褪去了中学时代那熟悉的稚嫩,我们,手中提着新生活的行李箱,心中怀着无限的憧憬,步入了大学的校门。自然,在这样一个全新的生活环境下,全新的人际关系便成为了摆在我们面前的首先要对待的问题。于是,我们特别制作了本调查问卷,希望进行较深入的分析与讨论,并试图得到一些有意义的结论与应对方法。所以,希望您能抽出一点时间认真填写,并非常感谢您的合作。

××系社会工作专业

×年×月×日

您是:

○大一　　　○大二　　　○大三　　　○大四

□男　　　□女　　　△文科类　　　△理工类

1. 你觉得在校园生活中人际关系很重要吗?
   A. 很重要　　　　　　　　B. 一般
   C. 很不重要

2. 您在中学时代是否有过住校经历?
   A. 没住过　　　　　　　　B. 初中时便已开始
   C. 高中时开始

3. 经历了中学时代,你觉得大学同学或朋友间的关系与中学时代相比:
   A. 较中学时代更深刻,更理性化　　B. 和中学差不多
   C. 有所倒退,更虚伪或封闭　　　　D. 不清楚

4. 与他人同住一寝后,您是否觉得自己的生活规律被打破?
   A. 是　　　　　　　　　　B. 不是

C. 有点儿 D. 无所谓
5. 大学里舍友大多来自不同的地方,生活习惯有所不同,对于这一点你认为:
   A. 差别太大,不能接受 B. 差别大但是能相互忍让
   C. 差别不大,能相互适应 D. 自己没有关心这个
6. 当您感到寂寞、失落的时候,您首先最想找谁倾诉自己的情感?
   A. 父母、亲人 B. 中学时代的同学、朋友
   C. 大学阶段的同学、朋友 D. 其他
7. 平时交往时,遇到与你兴趣爱好或观点不同的人,你会:
   A. 觉得索然寡味,找个借口离开
   B. 没有多大兴致,但会耐心应付
   C. 很有兴致地与他/她谈各自的爱好或观点
   D. 没有遇到过,说不清楚
8. 相信大家都有网友,那么网友与现实中的朋友相比,你觉得
   A. 现实中的朋友更真实可靠
   B. 网友比现实中的朋友更开放,更谈得来
   C. 各有各的好处
   D. 没有网友,不知道
9. 和陌生人交往,一般是你先打招呼还是对方先打招呼?
   A. 自己 B. 对方
   C. 都有 D. 很少与陌生人交往
10. 上了大学,离家比较远,那么你和家人一般谁主动联系对方?
    A. 自己 B. 家人
    C. 都主动联系过 D. 很少和家人联系
11. 当家人与你产生分歧时,你是否会换位思考,冷静分析问题的原因?
    A. 经常都会 B. 偶尔会
    C. 从不 D. 没有产生过分歧
12. 当老师错怪你时,你的反应是:
    A. 事后找老师解释 B. 当面与老师争辩
    C. 忍气吞声,不置可否 D. 没有发生过这种事情
13. 进入一个新的环境后,你是否经常怀念以前的老朋友?
    A. 经常 B. 偶尔
    C. 从不 D. 不知道

14. 当你建立了稳固的朋友圈子后,你还愿意去结识新的朋友吗?
    A. 愿意　　　　　　　　　　B. 不愿意
    C. 视情况而定　　　　　　　D. 没想过
15. 集体活动时,一般谁领队?
    A. 自己　　　　　　　　　　B. 班干部
    C. 老师　　　　　　　　　　D. 自荐
16. 到自己作决定(如考研、找工作)时,你最愿意听取谁的意见?
    A. 父母、亲人　　　　　　　B. 老师
    C. 同学、朋友　　　　　　　D. 其他人
17. 你觉得你与周围其他人是否平等(人际交往方面)?
    A. 平等,人家能建立好自己的圈子,我也能
    B. 不平等,自己性格内向,很难建立自己的圈子
    C. 分不清,有时觉得平等,有时又觉得不平等
    D. 不在意这些
18. 生活中与同学朋友产生矛盾是难免的,你认为产生矛盾的原因是(可多选,注意顺序):
    A. 经济利益　　　　　　　　B. 感情问题
    C. 生活中小摩擦的积累　　　D. 做事意见相左
    E. 与其他因素(如家族冲突)有关

真诚地感谢您的合作!

2. 分析问题,形成调查报告

通过对大学生人际交往水平进行调查后发现:30%的新生认为"没有朋友",23%的学生感到"孤独、寂寞",对与人主动交往,45%的学生更希望自己成为交流的对象而不是交流的直接发起者。与此同时,由于个体间的正常的交往不够,又易引发猜疑、妒忌等,不利于学生的健康成长。

通过观察和总结,社工认为大学生人际关系不良的类型大致可分为以下几类:

1. 缺少知心朋友。他们通常多能正常交往,人际关系也不错,但感觉缺少能互吐衷肠、肝胆相照、配合默契、同甘共苦的知心朋友,因此他们不免感到孤独和无奈。

2. 与个别人难以交往。他们与多数人交往良好,但对特定个人相处不良,可能是室友、同学或父母等特定他人,由于相处不好,常会影响其情绪,成为

一块"心病"。

3. 与他人交往平淡。这类同学交往面比较宽，但都是浅层次的交往，没有影响力，彼此缺乏必要的沟通和了解，并没有产生友谊，这种人际关系难以满足要求，所以他们多会感到空虚、孤独和失落。

4. 感到交往有困难。他们渴望交朋识友，但由于交往能力有限，方法欠妥以及本身个性缺陷和交往心理障碍等原因，致使交往不尽如人意，感到苦恼，希望改变。

5. 社交恐惧症。这类同学对人际交往过于敏感、害怕，极力回避与人接触，交往中有紧张、恐惧、面红耳赤、心跳加速等出现，常陷入焦虑、自卑，严重影响其正常生活和成长。

6. 抵制交往。前几类都有交往的愿望，而这类同学则比较缺乏这种愿望和动机，他们故意自我封闭、孤芳自赏或存有怪癖。

根据此次访谈和调查收集到的资料，社工认为解决这个问题必须寻求校方的帮助，社工找到了校学生工作管理处，学工处领导极为重视，正式将此工作委托给社工，并承诺在经费上的支持。

（二）服务对象的界定

小组活动的对象初步确定是本所大学里希望提高人际交往能力和改善人际关系的同学。具体条件如下：

1. 远离家乡到大学读书，并且在人际关系上存在一定困难的学生。
2. 在人际交往中不会表达自己，性格内向的学生。

（三）明确小组性质——学习性和发展性小组

我们采用"社会学习理论"作为小组设计的理论基础。在小组过程中，每个组员会在小组中表现出适应性的和非适应性的行为。小组提供给每个组员一个丰富的行为总汇，组员不仅可以在小组中观察到各种行为，而且还可以看见这些行为的后果。可以共同分享经验，寻找榜样。同时，工作人员也可以对组员的某些行为进行简明的指导，作出实际的示范，使组员可以巩固学习得来的行为。

（四）确定小组目标

1. 协助小组成员学习社交技巧。
2. 协助小组成员建立良好的人际关系。

六、总结点评

小组前期筹备阶段,对所要解决的问题和案主群进行情况调查,是非常重要的,它直接决定了社工将要开展的小组性质和活动方式、活动目标等内容。

七、拓展提高

1. 小组社会工作有哪些应用领域?
2. 利用课余时间,对自己所在的大学校园里(或社区)的学生组织(小组)的情况进行调查和观察,然后对其进行分类,并进行目标以及功能分析。
3. 以小组的形式,走进社区或在大学生中间进行一次需求评估调查。调查的方式和内容由学生自己设定。通过评估发现你所调查的服务对象的需求和问题,确定成立何种小组。为下一步的参与式的学习活动作准备。

任务二　组建小组

教学目标

通过本单元教学,使学生掌握小组方案设计的一般原则;学会制定小组活动计划书;明确招募和选择小组成员基本要求;掌握申报并协调资源的程序与协调资源的方法。

案例背景

面对部分大学生存在的人际交往紧张的状况,应学校要求,社会工作者运用小组社会工作方法,根据马斯洛的需求层次论以及人际关系理论,学校社会工作者开始着手组建这一小组活动,为大学生打开这种人际交往不适的局面。

工作任务

1. 根据案例要求,认知小组工作目标
2. 制定小组组建计划

3. 招募和选择小组成员
4. 制定小组方案

一、术语理解

1. 同质性小组：同质小组由问题相似的成员组成，如社交恐怖、学习困难等。

2. 异质性小组：异质性小组则由问题相异的人组成。

3. 开放性小组：所谓开放性小组，是指为维持小组的大小，当有组员离开时，小组工作者可以安排其他组员来取代。

4. 封闭性小组：所谓封闭式小组，是指小组从开始到结束都是相同的组员在一起。其优势在于组员之间的凝聚力、认同性和连续性、信任感均比开放性小组强，缺点在于组员的离开可能导致小组结束。

5. 方案设计[①]：方案设计是活动进行时一种有组织的行动计划，以确保活动有效地进行。换言之，方案设计就是将各种活动作有系统的安排；小组活动方案设计乃是运用小组动力学及小组辅导、小组咨询等专业知识，有系统的将一系列的小组活动加以设计、组织、规划。以便工作者带领成员在小组内活动，达成小组辅导的功能与目标。

二、工作要点提示

（一）小组方案设计的一般原则

由于不同的工作者有不同的领导理念、个性、习惯、经验、技巧与专业能力，所以方案设计时必须全面考虑。徐西森提出在进行方案设计时需要遵循的一般原则如下：

1. 工作者要了解自己的特点、能力、个人偏好及工作风格。
2. 工作者要了解自己与所要带领的团体及其对象的特点、参与活动目的。
3. 评估自己与所要带领团体之间的适应与配合。即工作者必须选择、设计自己熟悉或有把握带领的活动，尤其是设计新活动时，工作者在带领前至少自己要实际操作一遍。
4. 准备设计，包括整个团体方案及每次团体活动的具体计划。
5. 如与其他工作者协同参与，设计方案时要一起商量，做好事先沟通和讨论。

---

① 陈钟林：《团体社会工作》，中国时代经济出版社，2002年，第178页。

6. 方案设计要实际、具体、可行，要掌握团体的目标与性质。

7. 方案内各项活动的设计要有一致性，前后连贯，基本上由易到难，由浅入深，由人际表层互动到自我深层体验，由行为层次、情感层次到认知层次，渐进式引导成员融入团体，推进团体发展。

8. 方案设计要考虑成员的特性，如性别、年龄、能力、职业背景等等因素；一般而言，针对不同特性的团体，设计的重点也有差异。

（二）确定小组规模[①]

小组规模一般应依据小组目标来决定。有效的小组组员人数，以能引起组员之间的足够互动，但同时又不会多到让讨论变得沉闷为限度。小组越大，则沟通越困难、分享频率越低、匿名性越高，但是组员间的紧张度越小、资源越丰富、意见也越多。如果小组越小，则会出现相反的状况，虽然沟通频率与沟通质量都会提高，但却较有压力，参考范围较为有限。

大部分相关研究都指出，小组规模应视任务的性质而定，例如曾宁斯提出4个人的小组适合休闲娱乐，5个人的小组适合讨论，8个人小组才足以完成任务。保罗则认为5个人员是恰当的人数，认为人数若低于5人，则人数太少，无法有足够的意见。当小组内只有3或4人，若其中有一两人不想提供意见，根本就无法发挥小组的功能。如果小组人数多于8人，则沉默者更不会发言，当小组人数更多时，会形成只有固定的几个人（2个、3个或4个人）在发言，其他人则会显得更加沉默。

在确定小组规模时，应遵循以下几个原则：

1. 小组规模应控制在组员围坐时相互之间能够看到对方并能听到对方声音；

2. 小组规模应以大到使组员均能得到刺激，小到足够参与和个人认知为原则；

3. 小组规模应以小到能产生工作效果，大到被工作者拿捏为原则；

4. 当小组必须增大时，应将其结构分化，使每一个次结构仍有足够的参与，且小组组员必须容忍领导者取向；

5. 封闭性小组可以不大重视小组组员的多少，但是开放性小组的大小却一定要重视，以免因组员的流失而解散。

[①] 万江红：《小组工作》，华中科技大学出版社，2006年，第164页。

小组社会工作　项目三

(三) 明确小组聚会的场所要求

小组聚会的场所对小组组员有很大的影响。聚会场所的具体要求主要有：

1. 组员的安全感是最重要的，外面的人应不能够听到里面发生什么，也不能够突然进入这个房间，因此小组聚会不能使用紧临通道的环境。聚会场所最好没有干扰的噪音或视野景观，这样可以增进小组的注意力。

2. 温度应该保持在一个舒适的程度。如果一个聚会场所太冷或太热，会对小组的互助产生负面影响。

3. 房间空间大小要适合。不能够过大或过小，房间过大容易破坏小组的亲密感，导致行为管理上的问题；房间过小也可能产生一些麻烦，例如拥挤状况可能会引起某些组员的惊慌和焦虑。

4. 房间应提供桌椅。桌椅不仅可以提供每一个组员休息、喝饮料或吃小点心的地方，而且也是组员和小组工作者隐蔽在后面的屏障。因此，一个理想的小组聚会场所必须具备自由、舒适、安全、专注、适当的隐秘性及足够的活动空间。从聚会场所的摆设来看，房间内的桌椅或者沙发的摆设应成封闭圆圈，一般会议如果使用桌子，则圆桌比方桌好。小组的座位应该以小组领导者和组员可以看到其他组员的方式来安排。

总之，小组工作者应该注意，如果长时间进行小组聚会，一定要让组员坐得舒适，否则，身体上的不适，在一定程度上会影响组员的投入。

(四) 明确小组组建时间和活动地点以及活动经费

1. 明确小组组建的具体时间安排，以便使组员能够清楚地知道他们应该在什么时间完成任务。

2. 小组的活动地点安排主要应注意两点：首先是选择小组场地。场地和空间的安排要能够促进组员对小组的认同感，感觉舒适；其次是活动采取的座位安排，要有利于提高互动的频率。

3. 预算出小组活动中程序、器材、交通等活动经费的总和，尽快落实资金支持。

(五) 确定小组社会工作人员

根据组员的真实需要，明确小组目标，选择好小组类型，并确定相应的社会工作人员。

(六)小组初期的活动技巧

在小组工作中,小组活动具有特别重要的意义。小组活动对实现小组工作的阶段性目标和最终目标起到了不可或缺的作用。同时由于小组过程又是动态的,因此小组活动的设计就必须要与小组的发展阶段和态势相适应。

在小组初期,小组活动的主要任务是促使组员们相互熟识,初步组织互动,消除紧张情绪,从而打破僵局。要打破僵局,主要是要创造轻松和谐的小组气氛,以利于组员们相识。

常见的小组初期活动有:自我介绍、相互介绍、寻找朋友、集体唱歌、出游以及做游戏等。创建小组与初步维持的活动,主要是要在小组中形成集体感和凝聚力,初步建立组员间的沟通及互动网络。

(七)小组组建计划书内容框架(见表3-2)

表3-2 小组组建计划书框架

主要环节	基本内容
1. 理念的阐述	机构的背景;组成小组的原因;小组的理论/概念框架
2. 目标	总体目标
3. 组员	特征、年龄、教育经费;需要解决的问题
4. 小组的特征	性质;时间(长期/短期);规模、人员组合;集体聚会的频率;集体聚会的时间
5. 明确的目的	各具体目标
6. 初步确定的程序计划和日程	每次聚会的计划草案;程序活动;日期、时间、每次聚会的特点;活动的具体目的;社会工作者的责任;活动准备;需要的器材、设备及每次聚会需要的费用
7. 招募计划	按机构的规则指定小组建立的程序;组员的来源;宣传、招募方法;允许的招募时间;招收方法
8. 需要的资源	器材;地点和设备;人力资源;特别项目;有关人员
9. 预料中的问题和应变计划	小组组员的问题;小组社会工作者或机构的问题;其他来源问题
10. 预算	程序、器材、交通等费用的总和;费用或小组组员会费
11. 评估方法	评估的范围;评估的方法

（八）招募和选择小组组员

招募和选择小组成员要根据小组的类型，主要考虑如下因素：性别、年龄、文化程度、价值观、兴趣特点、智力水平、共同问题、精神与健康状况、越轨行为或犯罪记录、成员间的关系状况、团体成员的结构、团体规模等因素。招募和选择小组成员的主要方法：量表、问卷、测试、面谈、张贴海报、发放宣传品等。

（九）申报、协调资源以及物质准备

1. 申报并协调资源

制定好小组计划后，小组工作者要向服务机构提出举办小组的申请，争取资源支持。有些小组方案也可以向社区或者赞助机构争取资源支持，但在寻求支持过程中，需要了解赞助机构可能会给小组带来哪些影响和限制。

2. 物质准备

小组准备期的物质准备工作主要包括：选择小组场地（一般活动场所应相对封闭，不受外界干扰，环境幽雅舒服，不可太大或太小，有足够的互动空间即可）；聚会采取的座位安排；相关设施的准备以及发出活动通知；落实资金支持；对小组过程中可能出现的意外情况要有所估计，并做出充分的应急准备。

三、方法技巧

小组社会工作所实施的所有程序，都是围绕着实现小组工作的目标而进行的，而要想顺利、圆满地实现小组目标，在小组中建立小组工作者与组员以及小组组员与组员之间健康、亲密的人际关系，是所有小组工作中最为重要的工作之一。为此，小组工作者必须娴熟地在小组中建立自己与小组组员、组员与组员之间健康、亲密的人际关系。而达到这一目的的重要条件，就是小组工作者掌握和运用建立关系的技巧，从而使小组工作目标顺利达成。

（一）小组工作者建立关系的技巧[①]

1. 关注和尊重小组组员，并使组员之间相互关注和尊重

小组工作者在小组活动中，要通过目光关注、语言关注、问题关注等技巧，

---

① 丁少华：《小组工作》，社会科学文献出版社，2003年，第261-262页。

表示出自己对小组组员的重视；要运用理解、接纳、认同、肯定、鼓励、激发等技巧表示出对小组组员的尊重。

在小组中，小组工作者不但自己要这样做，他还要以示范的技巧将这些方法传递给小组组员，并在协助组员学习、掌握、运用这些技巧的过程中，使他们相互之间形成健康、亲密的人际关系。当然，在小组组员之间形成这一关系是需要一定时间的，所以，小组工作者一定要有耐心和信心，同时不能操之过急。

2. 建立新的知识结构并将知识传递给小组组员

小组工作者在小组中对小组组员知识的传授和给予是需要一定技巧的。小组工作者要想将知识传递给小组组员，首先自己应该建立新的知识结构，这样，才能以这些知识为载体，使组员形成对小组工作者的尊重感。小组组员这种情感的形成，对小组工作者建立与他们之间良好的人际关系具有积极的作用。

在向小组组员进行知识传授和给予的过程中，小组工作者可以运用潜移默化、陈述、表白等技巧。这样，才能使针对组员的知识给予得以实现。同时，也能够在这一过程中，通过小组组员之间的相互学习，使他们将良好的人际关系逐渐建立起来。

3. 运用民主的领导方式

小组工作者在小组活动中运用民主的领导方式，其实就是一些与小组组员建立良好人际关系的技巧。如果小组组员能够在小组工作者的协助下，在小组活动中得到发挥他们特长和潜能的机会，他们就会因被重视和重用而产生快感，从而就会尽力去实施小组工作，这时，组员与组员就会团结起来，朝着共同的小组目标迈进。

4. 与小组组员同甘共苦

小组工作者在小组活动中要与小组组员"有福同享，有难同当"，特别是在小组遇到困难和挫折的时候，小组工作者一定要放弃其在小组中的特权而与小组组员一起同甘共苦，并且不能有任何怨言。相反，小组工作者如果高高在上，不能与小组组员患难与共，小组工作者的榜样作用不但不能发挥，组员之间团结一致共同战胜困难的可能也不复存在。

四、注意事项

（一）明确小组计划书的重要性

要保证小组工作的顺利进行，小组计划非常重要。一些小组之所以会在进行中出现这样那样的问题甚至陷于困境以至于失败，通常是与计划工作准备不足有关。因此，在小组组成之前写出一份详细的小组计划是非常必要的。首先，小组计划一般要获得机构的支持和批准，还需要获得资金、人员、场地和政策的支持。一份可行的小组计划书，能够清晰地展示小组的目标、步骤，从而获得相应的批准与支持。其次，小组计划书还能使小组工作者对小组目的有一个清晰的看法，明确小组时间、费用、相关政策等问题，能帮助小组工作者为小组实施做好充分准备。最后，详细的小组计划还能为小组工作的效果评估提供基础。

（二）设计小组活动需要考虑的因素

设计小组活动不能随意而为，而是应以活动为媒介实现特定的小组目标，因此在设计小组活动时应主要考虑以下几方面因素。

1. 小组的最终目标

社会工作者开展小组工作应有一个比较清楚的目的，在设计小组每一阶段的活动时，都应保持阶段性目标与小组的最终目标相一致。

2. 组员的特征及能力

设计小组活动时，应综合考虑小组组员的生理、心理、情绪、教育程度、性格等方面的特征及其特定的社会文化背景，以及在这样的社会脉络下所形成的个人和集体的能力。

3. 物质环境及资源提供的情况

设计小组活动时应考虑到现实的空间环境、资源供给状况与活动的要求是否相适应。例如：活动场地的保障、资金是否落实和交通是否方便等。

需要特别强调的是：社会工作者必须认识到小组活动只是一种辅助手段，它是为实现小组目标、完成小组工作任务而服务的。因此在开展小组活动时要注意分寸，适度控制。只有能够实现小组目标的活动才会对小组工作有所帮助。

（三）方案设计的步骤

一般而言，方案设计的步骤涉及个人观念及习惯，因此并没有一定的程序。只有小组形成前的准备是方案设计的必要一环，成员背景及相关资料的汇集尤其重要。一般的方案设计包括下列步骤：

1. 确定对象：哪些人是此次团体活动的主要对象？

社会工作方法与实务

2．活动目标：针对活动对象，了解与评估他们的需要，而后再决定所要设计的团体要达到什么目标。

3．进行方式及活动的设计：设计和创造团体经验以引发成员参与及分享。

4．活动条件：团体所需场地、设备及材料、若需要搭配其他工作者，决定找谁，以及如何搭配等问题。

5．方案试行：将设计好的活动在同事之间或先行组成一试验性小团体试用一次，与同事、督导讨论试用的结果，再加以修正。

6．准备每一活动进行的大纲以及必须的材料。

7．其他准备：工作者的带领、成员的反应、活动的引发及累积的效果均会自然而然的影响团体的发展过程。所以同样的设计对不同的团体实施时，可能会有不同的结果出现。工作者需要难备一些备用的活动，视团体发展的状况来灵活地调整原先的设计。

8．评估：小组结束时，工作者可以用问卷或其他方法来得到专家对小组的反馈，以评估团体是否达到了目的。

9．总结收尾：团体的回馈、自己的检讨. 以及所有记录的资料均加以保存，以供下次改进时参考。

五、实务操作

（一）明确小组目标

我们设计和即将实施的这个小组，就是让组员在小组活动过程中认识自我和他人，了解和学习人际交往的原则、理念和方法，体验人际交往的感受，与他人友好互动，从而解决自身在人际交往中存在的困难和问题，增强自信心和对集体的认同感和归宿感。

（二）明确小组设计的理论基础

我们采用马斯洛的需求层次论和社会学习理论作为我们的理论基础。

1．马斯洛的需求层次论

根据马斯洛的需求层次论，如果个人的生理和安全需求得到满足后，就会出现感情、友谊和归属的需要，如渴望父母、朋友、同学等对其表现爱护、关怀、信任、友谊、温暖以及爱情，希望自己被别人承认，并成为集体中的一员。交往动机是个人交往行为的内部动力，是引起交往的直接原因，而交往需要又是交往活动的基本动力，是动机产生的基础。

2. 社会学习理论

社会学习理论认为人类的行为是在对他人行为观察和评价过程中学习到的，而这个习得过程是一个积极的、能动的、对环境的刺激进行有选择的反映并且把所选择的刺激进行组织并转化的过程。在小组工作中，工作者要抓住每一个机会，对组员的积极行为和态度给予正面的称赞和评价。同时，工作者也要让组员学会换位思考，知道想要怎样被对待，就要怎样对待别人。将倾听、专注等更多的沟通技巧运用在日常生活中。

(三) 小组模型：互动模型

互动模型主要强调在小组的协助过程中，有类似问题的组员聚在一起，相互协助发展有利于问题解决。互动模型认为，个人和社会存在一种有机的、系统的和复合性的关系，而小组和每一个组员间也存在着一种互相影响的关系。小组中组员的互动结果使工作人员在小组中的工作有如下内容：

1. 在小组活动中，工作人员寻求并发现满足需要及社会期待的共同基础。

2. 组员在小组中了解自己的需要，也了解他人需要并发现满足需要所面临的困难。

3. 小组过程提供给组员解决问题所需要的信息、想法、事实、价值观、理念及概念等。

4. 小组提供给组员看待、分析、解决问题的新观念、新方法。

5. 工作人员与组员共同探讨解决问题的途径，并了解解决问题所需要的资源、环境、背景及限制因素。

(四) 招募和选择小组成员

1. 具体活动设想如下

第一，各小组工作者与学校各院系班级的班主任协商在各班进行前期活动宣传，各班班长负责统计报名人数和登记姓名；

第二，在院宣传栏内张贴招募海报；

第三，若人数过多则对报名者进行了解后筛选部分报名者入组，若报名人数不足，工作人员可根据前期调查结果亲自邀请符合条件的同学参加。

2. 小组成员招募公告的内容应包括

小组的名称、类型、宗旨、主要内容、聚会的时间和地点、要求参加的对象和办法、招收人数、成立小组的机构、有关小组的声明、费用的收取和联络方式等。下面是个典型的例子。

社会工作方法与实务

×××大学社会工作系　×××社会工作机构

遇见你是我的缘——大学生交际调适小组活动

开组日期：2009年2月28日至2009年3月28（每周六）

时间：14：00—15：30

对象：希望提高人际交往能力和改善人际关系的同学

名额：8-10人

节数：5节

活动内容：自我认识、建立自信心、增强人际沟通技巧等。

报名时间：2月20日—2月26日

地点：教一楼320室

报名电话：××××××（19：00—21：00）

报名表					
姓名		性别		联系电话	
地址			就读院系		

注：此活动免费

(五) 小组活动设计

活动序号	时间	活动名称	活动目标	活动步骤	活动地点
1	2009年2月28日	牵手你和我	① 小组形成和组员相互认识 ② 建立小组规范	开场白 破冰行动 契约树 音乐合作椅 集体智慧 总结及回应	第二会议室
2	2009年3月7日	认识你，认识我	① 接纳小组规范并提高自己的自律性 ② 增强组员的自我了解和信心	价值拍卖 串名字 天才猎头 总结及回应	第二会议室
3	2009年3月14日	你快乐所以我快乐	① 学会换位思考 ② 提升组员解决问题的能力	自我称赞 老妇人与小姑娘 数字传递 性格测试 反思和成长 总结	第二会议室

续表

活动序号	时间	活动名称	活动目标	活动步骤	活动地点
4	2009年3月21日	沟通无极限	① 学习各种交往技巧 ② 强化和巩固组员已经获得的行为和态度的改变	雨点变奏曲 "瞎子"穿拖鞋 接龙 快乐大转盘 商店打烊时 重温与总结	校中心花园
5	2009年3月28日	遇见你是我的缘	巩固情感和友谊，结束小组	动物的尾巴 荒岛余生 小组历程回顾 小组问卷调查 拍照留念 道别	第二会议室

（六）所需资源

人力：3人，其中组长、协助员和记录员各一名。

物资：1．游戏材料（100元/组）

2．纸张及打印费（10元/人）

3．卡片/礼物（15元/人）

4．总计：300元

（七）工作日程

日　　期	任　　务
2月18日	1．约见指导老师进行活动计划的指导和修改 2．各工作员约见各班班主任，协商具体实施方案 3．在各班进行有关活动的前期宣传
2月19日	约见参加活动院系相关老师，提交活动计划并听取其意见和建议
2月20日　开组前	1．开始招募并接受报名 2．筛选确定并约见参加者，进行组前聚会和筹备小组工作
2月28日至3月28日	小组实施
3月21日至4月4日	反思和跟进工作

社会工作方法与实务

（八）应变计划

预 计 困 难	应 付 对 策
招募不足参加者	亲自邀请符合条件的同学入组
报名者过多	筛选部分更合适的同学入组
中途发现有组员不适合	考虑进行个案辅导或转案至心理辅导中心

（九）评估办法

1. 在开组前进行人际关系的诊断，小组最后一节让组员对自己组前组后做综合评价，以比较其是否有所改变；
2. 每节的最后让组员分享体会和感受；
3. 根据工作者在小组进行过程中的观察及分析；
4. 对出席率及参与、投入程度等作评估；
5. 通过与组员的交谈来知道他们对小组的感受和意见。

（十）提供相关信息，以协助成员完成加入

许多成员在接到通知被邀请参加小组前，对小组辅导的概念可能完全不清楚。等到小组一开始才发现与想象中的不同，不知如何应对，甚至造成极大的身心压力与伤害。因此工作者在小组开始前有必要提供小组的相关信息，如：活动前个人应做的准备、有关参考资料、小组计划书等等。必要时，可针对小组的性质和功能，给准备参加小组的成员写一封信，内容参考如下：

亲爱的朋友[①]：

首先恭喜你获邀参加"×××团体"，我们即将与你共度美好的周（日）时光。

相信你在"成员面谈"时，已对本团体的性质、功能与目标有所了解；若仍有疑惑，另附上有关资料供你参考。

任何成功的团体体验，可以让人感受到人际的温馨与成长的喜悦，前提是需要你的支持与参与。

此刻的你不妨先问自己：

我为何参加这个团体？我想要的是什么？对这个团体我有何期望？我将以何种态度参与到团体的活动之中？……

---

① 徐西森：《团体动力与团体浦导》，台湾心理出版社，1997年，第266-267页。

一个有效且专业的成长团体,需要大家与领导人员共同努力才能达成目标。换句话说,你必须摆脱主观的成见,以坦诚开放的精神积极投入。投入愈多,收获也愈多。就像撞钟一样,撞声愈大,回声也愈大。在这个温馨的团体中,愿意开放自我、分享经验的人,也容易从别人的回馈中得到成长。

未来的团体过程如同你我的成长历程一样,或许会有些挑战、或许会有些不如意,不妨给自己一点坚持,一点勇气体会享受那"突破与超越自我"的喜悦。所有的朋友将和你、我一起在团体内互动、交流与学习。我们会真诚的、尊重的、互助的、信任的相处。别忽视了你对团体的影响力哦!期待你的参与,让我们踏上团体的旅程——一个知性与感性的旅程。

工作者×××敬邀
×年×月×日

六、总结点评

1. 社工在设计小组活动时要充分考虑案主的问题和需求,掌握案主问题的原因,有针对性的设计活动方案和内容。
2. 小组活动计划越全面细致越好,有利于社工有准备地开展小组活动。

七、拓展提高

1. 如何把握小组初期的特征和工作?
2. 分组讨论小组各阶段活动设计的重点是什么?
3. 根据一个真实的案例评估需求、确定目标,制定一份小组介入计划书。

任务三 开启小组活动

通过本单元教学,使学生掌握制定小组活动计划书技巧;明确小组工作中领导者应具备的品格和素质,提升小组领导、鼓励、组织、统筹、催化、活化团体的角色;掌握带领小组成员进入沟通与交流情境之中的方法与技巧;运用沟通和互动技巧增进组员相互间的熟悉和认同感;掌握小组决策的程序、原则、方法与技巧。

社会工作方法与实务

案例背景

在"大学生社会交往活动小组"组成后，小组工作者开始根据提前做好的计划书开展小组活动，初期阶段的活动主题是小组的形成和组员间的相互认识，为了实现这个主题，小组工作者安排了两次小组活动：第一节：牵手你和我；第二节：认识你，认识我。

工作任务

1. 根据案例的要求确定活动内容，制定小组活动计划；
2. 促进成员的沟通与参与，建立成员之间的信任关系和支持系统；
3. 促进小组规范的内化，提高小组的凝聚力；
4. 推动小组阶段目标的达成。

一、术语理解

1. 小组规范：小组规范是指小组的共同信念，是小组成员行为的规定形式，是小组用来管理成员行为的准则，让小组成员明确在各种不同的情境中，什么行为可以做，什么行为不能做。

2. 小组沟通：沟通是指个体通过一定的沟通渠道将信息传递给其他人的过程，它是一切互动行为的基础。小组沟通主要指小组工作者与成员之间、成员与成员之间的沟通以及小组与机构、小组与小组之间、小组与社区之间的沟通。

3. 小组决策：决策是小组活动过程中为了实现小组的目标，对两个或两个以上的备选方案进行选择的过程。它是小组成员在行动前作出的决定。

4. 认同感：是指小组成员对小组关注的事件、小组原则、目标以及彼此间存在的利害关系，具有共同的认识与评价。有时尽管群体认识不一定符合事物的本来面貌，但每个成员都能信以为真。认同感尤其在个人对外界事物信息不灵，情况不清，情绪不安时会强烈地影响个人的认识。

5. 真诚：真实诚恳，坦诚相待，以从心底感动他人而最终获得他人的信任。表现为真实不虚、率真自然、心怀坦荡、正直无私。真诚包括诚实与开放的胸怀,就是自然地把真实感受表达给对方。真诚可以增强成员之间的相互信赖,消除彼此之间的猜疑。小组工作者在小组的过程中首先要适度的表达和揭露自己,适度的标准是以能启发成员的开放为度。

6. 接纳:接纳就是接受,小组工作者必须超越偏见的态度以及歧视的行为,接受他人有不同的外表、背景、态度、行为和文化等,必须能够容忍相似性或相异性的价值,并且以他人的方式接纳它们。

7. 两极情感困境:一方面,组员在小组刚刚组成时一般会试图尝试与素不相识的他人建立初步的关系;但另一方面,又会对新的环境怀抱着观察与探求的心理、对他人有既想接近又想回避的戒备心理。犹豫不决、封闭、恐惧等都是小组初期组员常见的心理与行为表现,这与他们平常的情绪状态会有所不同。比如在初级阶段与他人说话时会表现得比较礼貌、低声客气、行为多犹豫不决、彼此间相互接触也是有限的。

二、工作要点提示

(一)明确主题:小组形成和组员相互认识;建立小组规范;增强组员的自我了解和信心

1. 热身运动:鼓励组员互相交谈,安排一些轻松的活动。
2. 预览阶段:引起组员对活动的兴趣,并让他们了解该节内容和对他们的帮助。安排与主题相关的测验活动。
3. 工作阶段:让组员讨论问题,学习所需的知识、技巧、策划或活动方案。安排学习活动,如角色扮演等。
4. 消化阶段:让组员思考该节内容对其生活的帮助以及如何运用等。安排书写活动等。
5. 总结阶段:总结该节的重点内容,指派一些"任务",收集组员对该节活动的意见。

(二)活动方式:圆桌式小组探讨游戏活动

(三)小组结构要求

社工要求:工作人员2名,其中主持1名,记录1名;
小组成员要求:积极参与,主动按要求发言,禁止发表澄清或反对意见。

（四）小组领导方式[1]

1. 专权式

指小组领导者以"权威"和"专家"自居，将推动小组的主要责任放在自己身上；整个小组的动力一般都围绕小组领导者产生，如小组的决策、任务的分工、激励和评估等；小组成员基本没有参与权和发言权，领导者直接控制和引导小组活动。

专权式的小组领导方式要求领导者具有非常高的领导知识、领导能力和领导技巧。这种风格的领导在小组初期似乎能够降低小组的焦虑，但一贯如此，常常会损害小组成员的互动和限制组员的参与和共享。专权式的领导方式适用于治疗性的小组。也比较适合儿童小组。

2. 民主参与式

民主参与式领导方式指小组领导者尽量推动小组的责任，鼓励组员参与小组决策和各尽所能地去合作完成小组的任务。这种风格的领导将自己视为小组发展和组员成长过程中的促进者，他（她）会更多地使用澄清、综合、反映和过程分析等技巧，帮助小组沿着共同制定的目标前进。由于这种风格与社会工作的基本工作价值接近，因此，也是小组工作最广泛采用的领导方式。

民主参与式领导方式要求领导者具有较高的参与意识和民主意识，并且要求小组成员有较高的文化素质，有较强的民主参与意识和参与的能力，小组内有民主参与的空间和机会。民主参与式的领导方式适合于成长小组、发展小组和老年人活动小组等。

3. 放任式领导方式

放任式领导方式指小组给予每一位组员最大限度的空间和自由去决策小组的目标和方向，相对独立地去完成各种任务和处理问题，小组领导者是其中的一员，其参与、权力与责任和其他组员没有区别。

放任式的领导方式要求小组成员的文化素质比较高，能力强；要求小组领导善于授权。此种方式最大限度地赋予组员权力，发挥小组成员的主动性和创造性，有利于高效地完成小组的工作任务。此种领导方式适合于成年人和老年人小组。

---

[1] 张洪英：《小组工作：理论与实践》，山东人民出版社，2005年，第114-115页。

（五）小组沟通结构特征

小组的沟通结构通常指小组成员互动后所产生的关系网络模式。小组形成阶段，小组的沟通结构特征由初期的单一沟通结构向次小组或片段式沟通网络发展（如图 3-1 所示）。

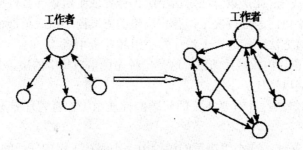

图 3-1 小组沟通结构发展

（六）理性的小组决策程序

1．识别问题：即诊断和确定问题。工作者在决策前，要首先了解小组内外环境的情况，预测小组的优劣势，正确地发现问题和确定目标。

2．拟订各种可行方案：根据预测和判断以及信息的收集和处理，寻找各种解决问题的途径。

3．分析与选择最佳方案：这是有效决策的最重要的步骤和环节，是一个经过资源、成本、效率等的对比分较，选择最优方案的过程。

4．实施决策方案：实施是将决策传递给小组成员并得到他们行动的过程。

评估决策的执行：评估是小组工作结束时，对所做工作的评价，目的是为了总结经验，以利于今后的小组工作。评估要根据计划和用一定的科学的评估工具。

（七）小组沟通的类型

从性质上区分，小组沟通分为正式沟通和非正式的沟通。正式沟通是指在正式社交情境中的沟通；非正式沟通是指在非正式社会情境中发生的信息交流。

按照小组沟通的方向，小组沟通分为纵向沟通和横向沟通。

按照沟通所使用的媒介，小组沟通分为语言沟通和非语言沟通。语言沟通是借助于书面语言和口头语言所进行的信息沟通。非语言沟通是指运用表情、体态和行为所进行的信息沟通。

社会工作方法与实务

按照沟通内容,小组沟通分为情感层面、认知层面和行为层面的沟通。

三、方法技巧

(一)小组决策的方法

1. 权威独裁法:此决策方法是由小组工作者或小组领导者根据需要和具体处境,自己对小组问题进行决策,并将决策的方案向小组成员推销,让小组成员执行。此决策方法比较适合于治疗性小组和儿童小组。

2. 小组讨论后内权威决策法:这是一种先民主后集中的决策方法,比较适合于成长和发展以及任务小组。

3. 专家决策法:针对要决策的问题的性质由工作者聘任专家进行科学的决策。

4. 头脑风暴法:在小组决策的讨论中,小组社工不加任何的限制和批评,让参与讨论的小织成员头脑中的各种想法尽量地、彻底地、自由地表达出来,并且在这个过程中让参与者相互碰撞,产生火花,从而形成各种各样的决策方案。

5. 记名式小组决策法:记名式小组决策在决策过程中限制小组讨论,故又称名义小组法。小组成员在决策的过程中必须出席,但他们是独立思考与操作。具体过程如下:

第一步:小组成员集合后被告知解决一个问题,在进行讨论之前,每位小组成员必须先写下一个对问题的看法。

第二步:经过一段沉默思考之后,每个成员将自己的想法提交小组。然后一个接一个地向大家说明自己的想法,直到每一个人的想法都标注完并记录下为止(通常在一张活动挂图或黑板上)。在所有的想法都记录下来之前不进行讨论。

第三步:小组开始讨论,并做出评价。

最后:每位小组成员独立地把各自的想法排出次序,决策是在排列等级里最高的那一个。

这种方法的主要优点在于,允许小组成员彼此见面和讨论但又不限制或抑制个人的独立思考和决定。

6. 少数人决策:是由小组的骨干和相关人员参与的决策方法。

小组工作决策的方法各有利弊,科学的决策要根据小组的性质和不同的处境选取。

（二）全神贯注倾听

首先，社会工作者要通过倾听发言，接收发言者所提供的语言和非语言信息；其次，社会工作者也要通过自己的语言如支持的应声"嗯！""继续"和非语言信息如自然注视、点头等，让发言者了解社会工作者正在倾听并关注着他的发言。

（三）积极给予回应

社会工作者在倾听的同时也要作出回应，积极表达自己的感受，可以通过复述组员讲述的内容和揭示其背后的潜台词来达到目的。

（四）适当帮助梳理

社会工作者要用简洁的插话、肢体语言或其他方式帮助组员梳理其发言，使其讲述的内容和感受听起来更具条理性和逻辑性。

（五）及时进行小结

社会工作者需要对组员发言中可能是散乱表达的信息进行小结，归纳为"第一，第二，第三……"，并简明扼要地复述组员发言中的主要观点和重要信息。

（六）表示鼓励支持

社会工作者要努力打造一个轻松和开放的小组氛围，并随时用自己温和的话语和快乐的表情来表达对发言的组员的支持和鼓励。

（七）促进互动交流

社会工作者要正确把握和理解组员发言中所表达的信息，并敏锐地发现组员通过发言表露出来的感受，然后再以小组成员能够接受的语言和行为方式将自己的理解和发现传达给大家。

四、注意事项

在小组工作中注意工作原则的使用：

1. 无条件接纳原则：是指成员与成员之间、工作者与成员之间的相互接纳，这种接纳是无条件的，包括接纳他人的优点和不足。成员与成员之间、工作者与成员之间只有相互的接纳，且不以种族、性别、宗教、文化和社会地位的异

社会工作方法与实务

同而存有歧视和偏见,才能建立互助的支持网络,实现融合,并利用彼此的资源,解决问题,达致目标,走向共同的发展与成长。

2. 个别化原则:一是组内成员间的独特性,二是小组间的独特性。成员间的独特性要求小组工作者在小组工作的过程中要及时地了解和清楚地认识每个小组成员不同于他人的独特的差异性。其中包括不同的问题、不同的需求、不同的性格特征和兴趣、不同的文化和家庭脉络以及不同的个人价值取向等等,以便在普遍性的小组介入过程中,同步实施针对小组成员独特性的特殊的介入,如个案辅导的同步运用。小组间的独特性要求小组工作者明确每个小组有每个小组不同的特质、目标、任务和目标对象等等。所以要具体问题具体分析,处境化地对待每一个小组,不可不经分析地随意套用以前的小组经验中介入的方法和技巧等。

3. 保密原则:工作者要对成员的个人资料进行严格的保密,包括录音、录像、书面及电子文本等。如果要公开使用,需征得当事人的同意;保密原则同时要求成员对组内发生的一些情况特别是涉及一些成员个人内心分享的故事等资料,如果当事人要求对组外保密,则成员要承诺做到组外保密,这是对他人人格和尊严以及发生在他人身上的事实的尊重。小组工作中要注意保密的相对性,注意生命权与隐私权之间的关系。

4. 知情原则:小组工作中的知情原则是指小组成员有权了解小组的目的、内容、程序、方法以及对小组成员的评估等具体内容。小组工作者有责任和义务提供相关的资料;同样,小组工作者有权了解小组成员的相关情况,小组成员也有义务配合并提供相关的资料。

五、实务操作

(一)开启小组活动的筹备工作

1. 确定活动内容

明确小组活动的主要内容,要让组员清楚整个活动的主要流程,以及要完成哪些目标。

2. 确定活动时间和地点

确认小组各项活动的具体时间安排,以便使组员能够清楚地知道他们应该在什么时间,哪些地点进行活动。考虑到学生同时学业繁重,活动定在业余时间,也就是每周六的下午。具体地点在学校第一教学楼三楼会议室。

3. 制定小组活动计划

充分考虑各方面要求,拟定一份详细的活动计划书,形成可实施方案,以保证小组活动顺利进行。

第一次活动:牵手你和我

时间	地点	目标	内容	所需物质
5分钟	会议室	1. 工作者和组员相互认识。 2. 组员对小组初步认识。	1. 工作者自我介绍。 2. 工作者介绍小组的内容和目的。	
5分钟	会议室	澄清组员疑问	回答组员的问题	
30分钟	会议室	组员相互认识,并且认识到自己已经是这个小组的一员	超级访问。 两个人一组,互相进行采访,时间为3分钟,然后角色交换。采访的内容自定,但必须包括姓名、职业和爱好三项。采访结束后,请大家围坐在一起,相互介绍自己的采访伙伴,每个人时间限定为1分钟。	白纸,笔
15分钟	会议室	制定小组规范	工作者与组员互相协商,制定小组契约	白纸若干,彩笔若干、彩纸四张
10分钟	会议室	感受小组凝聚力和团队合作完成任务的过程	合作音乐椅 将组员分成人数相等的两个组,每队成员分别站在围成一圈的A4纸周围。音乐响起来,成员围着圈逆时针走动,成员跟着一起唱歌——《真心英雄》。音乐一停,工作者将随意抽掉一张或更多纸,学员尽快站在附近的纸上。每次音乐一停,学员需合作到所有人都站在纸上。学员全部站好音乐响起来,学员又继续绕圈走动,一首歌曲结束游戏结束。	纸张,录音机
20分钟	会议室	展现个人能力和小组的整体合力,提高组员合作精神	集体智慧 告诉大家,你想请大家一起编一个故事,每人一次说一个词。提示:每个人都必须尽可能地选择那些有趣、新颖的词。	
5分钟	会议室	总结,让组员间加深印象,意识到记住别人的重要性	要求组员回去后记录今天所认识的朋友和他们的一些特征	

第二次活动：认识你，认识我

时间	地点	目标	内容	所需材料
15 分钟	会议室	认清价值观	价值拍卖 每个学生手中有 5000 元（道具钱），它代表了一个人一生的时间和精力。每个人可以根据自己对人生的理解随意竟买下表中的东西。每样东西都有底价，每次出价都以 500 元为单位，价高者得到东西，有出价 5000 元的，立即成交。	足够的道具钱、不同颜色的硬纸板，拍卖槌
10 分钟	会议室	加深组员之间的了解和印象	串名字 让所有的组员围成一圈，任意提名一位学员自我介绍单位、姓名，第二名学员轮流介绍，但是要说：我是***后面的***，第三名学员说：我是***后面的***的后面的***，依次下去。最后介绍的一名学员要将前面所有学员的名字、单位复述一遍。	
60 分钟	会议室	加深组员的自我了解和信心	天才猎头 将组员分成人数相同的两组，一组为某个公司的雇员，一组为猎头，每组人围坐一圈，呈两个同心圆状，同时要保证外圈和内圈的成员要一一对应。发给每一个"猎头"一张"天才猎头工作奖"，给其 2 分钟时间看上面的说明。内圈的学员是某家广告公司的创意人员，他们的目的是要推销某个产品，比如牙刷，他们需要各抒己见参与提出：产品，时髦的名字，广告语，潜在顾客群等问题。猎头们要仔细聆听着一切，尤其是与其相对的工作人员的表现。所有人重新围成一个大圈，让猎头和他的顾客肩并肩坐着。给每一个猎头 3 分钟时间去介绍他的顾客，描述他的顾客的过人之处。	天才猎头工作表
5 分钟		总结，鼓励认识新朋友	认识结交两个新朋友	

（二）增进小组成员之间、小组成员与员工之间的认同感

1. 分析组员特点

本次活动社工在接案时首先做了基本的调查，了解了他们的需要、想法以及他们认为可以利用的资源。报名结束后，共收到30份申请书，根据辅导员的推荐，申请者的强烈要求，以及社工自己的调查和观察，从中选出了10位同学，其中5位男生，5位女生。在开组之前分别与10位同学进行了面谈，并且进行了记录。

小组成员情况一览表

姓名		年龄		职业	
家庭住址					
工作单位					
联系方式					
家庭成员					
案主的基本问题陈述					
案主对小组服务的预期目标					

备注：
案主申请服务日期：
接案日期：

2. 承担好领导、鼓励、组织、统筹的角色

（1）领导的角色

社会工作者要计划与发展并引导小组的活动，对所有人具体程序和细节作出安排。

（2）鼓励的角色

社会工作者要鼓励组员接纳小组的内部和外部条件，尽量放松地表达自己对小组和其他组员的各种期望，以便尽快地适应小组环境。

（3）组织者的角色

社会工作者要组织一些能够有助于组员之间相互了解的活动，打破小组初期组内的僵局，帮助和促进小组成员尽快彼此熟悉，成为熟人。

（4）统筹的角色

社会工作者要有目的地设计并引导小组按照特定的路径与方向发展。

(三) 运用开启技巧，带领小组成员进入沟通与交流的情境之中

在小组进行之初或小组动力停滞时，可以运用口语、非口语行为及活动，带领小组进入相互沟通的交流情境之中。开启的目的在于引导成员的参与感，避免出现停滞、迟缓等情况，适时促进小组朝积极的方向发展。

(四) 扮演催化小组的角色

充当小组活动的创始者、经营者、信息与意见的寻求者、提供者、小组的协调者、导向者、小组活动的评估者、记录者。

小组进行时，工作者应适时地调动小组关系，以便在开放、温馨、自然、积极的小组气氛中促进工作者和成员、成员和成员、人和事、问题和方法之间的讨论与互动。

1. 创始者。配合团体活动的计划，工作者在以任务为导向的团体中，应首先启发团体展开话题讨论与互动，催化团体气氛，使成员敞开心扉。

2. 经营者。小组进行中任何一次事件，一种小组气氛，成员的一句话、一个动作、一个眼神，都可以构成对小组发展的积极或消极影响。因此，工作者必须是一位细心、虚心的经营者，能洞察一切人和事物，注意细节并有效地运作小组。

3. 信息与意见的寻求者。工作者作为小组的核心，也是小组问题的提出和引荐者，所以应该不断激励成员和观察成员的问题，并寻求小组的意见。同时也要定时地提出建设性问题，引发成员反省、讨论、相互启发。

4. 协调者。小组成员因各自的背景不同，特点不同，习惯不同，观点不一致，在互动中难免会产生冲突与对立，此时工作者有责任去协助成员消除误解、打破小组的僵局。

5. 导向者。小组活动初期气氛尚未形成，中期因凝聚力与开放度的局限，小组讨论常常会出现跑题现象，在这个时候，工作者必须及时介入，引导话题与小组方向。

6. 评估者、记录者。小组实施前的主题选择、方案设计与计划制定、成员

小组社会工作 项目三

选择、小组过程的分析与反思、小组活动方案执行后的总体评估,每个环节都要仔细考虑、认真分析,以求不断改进工作,获得最好的小组活动效果。

(五)扮演活化团体的角色

充当小组活动的鼓舞者、调和者、妥协者、观察者与评论者。

工作者在小组运作中扮演维持保健与活化鼓励的角色,如同人体需要各种营养成分才能维持生命的运转,工作者的角色也必须是多元且有弹性的。

1. 鼓舞者。工作者应随时给成员以鼓励和赞美,对正面行为给予肯定,当成员出现抗拒、冷漠、封闭等负向行为时给予鼓励,增强成员自信与参与的意愿。

2. 调和者。当小组内成员与成员、成员与工作者之间,因人和事件的原因产生人际冲突或意见分歧时,工作者要及时介入进行调和,促进人际情感发展和小组和谐。

3. 妥协者。工作者有时可能会在观念、行为等方面出现失误,当小组对领导的意见达成共识时,工作者应静心反思、虚心接受,如有不当应适时妥协、接受"共议"而不防卫,只有这样才能进一步获得成员的支持,使小组凝聚力不断增强。

4. 观察者与评论者。工作者应对小组内气氛、过程、领导行为与成员反应等进行观察、记录和分析,力求全面掌握小组的各种发展及制约因素,使每位成员、每个小组过程被关注到,以便于改进工作。

(六)避免充当反小组角色

社工人员要避免成为小组活动的攻击者、阻挠者、嬉戏者、独裁者、自以为是的说教者。

在小组活动中,有时因工作者性格、专长、价值观等个人特征或带领团体知识经验不足,尤其是产生阻碍团体发展的角色行为,会造成小组的动力涣散,甚至会引发成员的排斥。抗拒或退缩、冷漠行为频频出现。这些工作者在工作中需要避免的角色主要有:

1. 攻击者。工作者由于个人防卫或其他因素,对成员或团体进行非理性的批评。

2. 阻挠者。工作者无法认同成员的想法或小组发展的结果,以致产生阻碍、中断介入等非理性行为。

3. 嬉戏者。工作者按照个人的兴趣、爱好或专长,大量设计娱乐性活动,

社会工作方法与实务

以致将辅导小组带成了娱乐性团体。

4. 独裁者。工作者依据个人主观特征及对小组过程的自信,在小组中高度控制,很少给成员自由发展的空间。

5. 自以为是的说教者。工作者在小组中由于受到成员的认同加上权威,很容易对小组活动提出过多的意见、信息或建议。但这种指导如果忽略成员的感受、需求和反应,忽略小组动力的发展,便易导致工作者自以为是,甚至对成员行为或小组事务依个人判断加以决定,干扰小组的正常运作。

(七)小组活动详细步骤

第一次活动:牵手你和我

(一)目标:

1. 小组形成和组员相互认识
2. 建立小组规范

(二)程序:

1. 开场白(10分钟)

① 工作者自我介绍。

② 工作者介绍小组的内容和目的。

③ 澄清组员疑问,回答组员的问题。

2. 认识游戏—超级访问

(1)目的:增进彼此的了解,快速建立融洽的关系

(2)操作步骤:

① 将所有人进行分组(分组的时候最好找不熟悉的人),每两个人一组。问在座的有没有主持人,告诉大家下面每个人都有一次机会做超级访问的主持人和嘉宾。

② 两人小组中,请个子高一些的人做A,剩下的人员做B。A先对B进行采访,时间为3分钟,然后角色交换。采访的内容自定,但必须包括姓名、职业和爱好三项。

③ 采访结束后,请大家围坐在一起,相互介绍自己的采访伙伴,每个人时间限定为1分钟。

提问与讨论内容

*你记住了多少采访的内容,当最后介绍伙伴的时间只有一分钟时,你是如何对内容进行取舍的?

* 当采访完毕后,你有没有觉得你们彼此之间的距离拉近了?

* 当最后别人以欣赏的方式介绍你的时候,你的感觉如何?

3. 制定小组规范—契约树

(1) 目的:

① 增进小组的凝聚力和个体的归属感

② 鼓励组员讨论有利于小组的共同约定,并承诺遵守小组制定的契约

③ 鼓励小组组员适度表达自己的意见、想法,并尊重他人的意见。

(2) 操作步骤:

① 将组员分成2组。工作者将白纸、彩色笔、4-6片树叶形状的纸片发给各组组员,请每组在纸上画一棵树的树干,并将自己小组的名字写在树干上。

② 让各组进行讨论:在小组游戏、活动中,本组的共同约定是什么?接着画出树干。

③ 在树干上画出一些树枝,然后对每一枝干的内容讨论表决。内容包括:我会准时出席、我愿意积极参加小组活动及分享、我会对涉及他人阴私的分享绝对保密、我愿意尽全力达成小组目标、我愿意和他人分享我的感受、我会主动和他人沟通、我会服从大家的共同决定。

④ 讨论内容表决后,各人在自己所拥有的树叶上写下自己的名字,并贴在每一树干的树枝上。

⑤ 游戏分享讨论题目:第一,你们如何确定表达的方式?这样的约定有什么帮助?第二,在讨论的过程中,小组和个人发生问题,你们如何解决?第三,在下一次活动中,你们要如何维持你们共同的约定?第四,当你想到遵守约定的具体行为及贴上代表自己的树叶时,有什么感受?第五,在活动中,你是否充分表达了自己的意见?如果没有,为什么/

4. 沟通游戏-合作音乐椅

(1) 操作步骤:

① 将学员分成2组,每队成员分别站在围成一圈的A4纸周围。

② 音乐响起来,成员围着圈逆时针走动,成员跟着一起唱歌——《真心英雄》。

③ 音乐一停,工作者随意抽掉一张或更多纸,组员尽快站在附近的纸上。

④ 每次音乐一停,组员需合作到所有人都站在纸上。

⑤ 组员全部站好音乐响起来,组员又继续绕圈走动,一首歌曲结束游戏结束。

⑥ 注意:

* 组员每次音乐停下来必须以最快的速度站在纸上,站好才能放音乐。

社会工作方法与实务

* 组员的脚不能超出纸的范围,组员站在纸上身体不能与地面有接触。

* 哪队最先音乐放完为优胜队。

⑦ 相关讨论

* 游戏过程中如何才能容纳更多的人?

* 良好的协作将会给团队带来的好处是什么?

* 如何才会有良好的团队协作关系?

⑧ 总结

* 对于这个游戏来说,事先的沟通与交流是至关重要的,这样才能保证大家不会去抢同一张纸,才会节省游戏时间,从而尽快地完成任务。

* 游戏中需要团队的协作精神,组员应该将这个团体的命运与自己的命运紧密地联系在一起,培养集体的荣誉感和责任感。

5. 交流技巧游戏——集体智慧

(1) 操作步骤:

① 开场白示例:

"你们当中有多少人能当场编出一个完整的故事?(请大家举手示意)那有多少人能当场编一段故事?(请大家举手示意)好,多少人能当场说一个词?(请大家举手示意)好的!看来我们可以玩儿这个游戏了!"

② 告诉大家,你想请大家一起编一个故事,每人一次说一个词。提示:每个人都必须尽可能地选择那些有趣、新颖的词。

③ 选一个志愿者给大家演示一下。你和志愿者一起虚构一个以"很久以前"开头的故事。你首先开始,你说:"很久",接着让志愿者说下一个词("以前")。你们这样每人轮流说一个词,直到得到一个正常的故事结尾。用"这个故事的寓意是……"作为故事的结尾,你和志愿者轮流说出一个词,提出一个有深刻意义的结尾。

④ 现在我们可以玩中国小孩玩的"接龙"游戏。你说,"很久以前"第二个人也许接着说,"我……"。第三个人:"杀死……"。第四个人:"我的……"。第五个人:"妈妈"。第六个人:"我……"。第七个人:"吃了……"。第八个人:"蛋奶沙司"。继续这个过程,让故事顺其自然地发展。

⑤ 现在重新开始讲一个故事,并先提一个新要求,这次说的词必须满足下面的特点:

a. 通俗易懂。(要敢于说出单调、乏味的词)

b. 尽可能给你前面的人说的词圆场。

⑥ 提问

*你们注意到第一个故事与第二个故事有什么不同了吗？

*如果你们认为第二个故事更好，为什么呢？

*在这个游戏中，有人曾有过这样的想法，"不，不，我不是这个意思，我的意思是？"（请大家举手示意）

*是否有人曾有过这样的经历：看到大家利用集体的智慧创造了一个全新的、完全没有预料到的想法，能够很好地完成任务——甚至会更加出色？（请大家举手示意）感觉如何？

*从本游戏中所获得这些认识对你的团队的运作有什么启示？当有人不同意或不理解你的想法时，你会怎么做？要对集体的智慧有信心——相信大家正朝着一个正确的方向前进，即使你们还没有看到它。在这些方面，你们学到了什么？

*要点：如果每个人都努力使他人感觉良好，为他人圆场，你的团队会发生什么变化？

⑦ 技巧

*"集体智慧"游戏实际上无论几个人都可以玩，可以在任意大小的房间内进行。玩游戏时，大家最好站成一个圈，如果环境像剧院或教室那样，大家围坐在圆桌旁也可以。在这些情况下，你要在学员之间走动，轮到谁说时，你可以提醒他一下。

*要求学员说的时候尽量大声，尽量清晰！如果他们不是面对面，你就有必要把每个词重复一下，以便其他人能够听到。

*游戏应该保持较快的节奏，这样参与者会更容易跟上故事情节。

6. 总结（5分钟）

内容：

① 工作者请大家回忆今天的内容，请组员用一句话表达参与小组的感受。

② 工作者赞赏组员的良好表现，鼓励应有的行为及提醒不恰当的行为。

③ 填写小组组员反馈意见表

亲爱的同学：

感谢你前来参加本次小组活动。下面的问题是关于本次小组情况的描述，您同意这些话吗？请根据你的实际感受，在合适的分数下面"√"。谢谢！

	极不符合	不太符合	一般	比较符合	非常符合
我能在这次小组中向别人表达我的看法。	1	2	3	4	5
我喜欢这次小组活动。	1	2	3	4	5
我觉得在这次小组中大家能够彼此尊重。	1	2	3	4	5
小组安排的场地让我感到舒适。	1	2	3	4	5
参加这次小组使我对自己越来越有信心。	1	2	3	4	5
我觉得这次小组中我乐意与他人分享我的经验。	1	2	3	4	5
在这次小组中我乐意与他人分享我的经验。	1	2	3	4	5
我觉得这次聚会中大家互相信任和坦诚。	1	2	3	4	5
我喜欢小组领导的带领方式。	1	2	3	4	5

在本次小组中我最喜欢的部分是
因为

在本次小组中我认为需要改进的部分是
因为
我对下次小组有以下期望和建议：

姓名：
日期：

第二次活动：认识你，认识我

（一）目标：
1. 接纳小组规范并提高自己的自律性
2. 增强组员的自我了解和信心

（二）程序：
1. 价值观澄清训练游戏——价值拍卖
（1）目的：
① 激发组员思考自己的价值观念，学会抓住机会，不轻易放弃。
② 帮助组员体验澄清自己的人生态度。

（2）操作步骤：
① 事前准备。
将拍卖的东西写在硬纸板上（最好是不同的颜色），以增加拍卖的趣味性及方便拍卖进行。
② 宣布游戏规则
每个组手中有5000元（道具钱），它代表了一个人一生的时间和精力。每个人可以根据自己对人生的理解随意竞买下表中的东西。每样东西都有底价，每次出价都以500元为单位，价高者得到东西，有出价5000元的，立即成交。

爱情	500	金钱	1000	友情	500
欢乐	500	健康	1000	美貌	500
名望	500	爱心	500	聪明	1000
自由	500	权利	1000	冒险精神	1000
每天美食	500	智慧	1000	孝心	1000
良心	1000	礼貌	1000	诚信	1000

③ 举行拍卖会
＊由工作者主持拍卖。
＊按游戏方式进行，直到所有的东西都拍卖完为止。然后请组员认真思考没买回来的东西。
④ 讨论交流
＊你是否后悔你买到的东西？为什么？
＊在拍卖的过程中，你的心情如何？
＊有没有同学什么都没有买？为什么不买？
＊你是否后悔自己刚才争取的东西太少？
＊争取过来的东西是否是你最想要的？
＊钱是否一定会带来快乐？
＊有没有一种东西比金钱更重要、或比金钱带来更大的满足感呢？
＊你是否甘愿为了金钱、名望而放弃一切呢？有没有除了比上面所说的这些更值得追寻的东西呢？
⑤ 注意事项
＊拍卖过程中，要注意纪律不能太乱，否则活动就成为乱哄哄的滑稽表演。
＊有的组员可能会重复使用自己手中的代币券，主持人应该注意提醒这些学生购买所付出的钱不能超过5000元。

2. 小组游戏-串名字

（1）目的：沟通技巧的训练

（2）过程：

① 让所有的小组成员围成一圈。

② 任意提名一位组员自我介绍单位、姓名，第二名组员轮流介绍，但是要说：我是***后面的***，第三名学员说：我是***后面的***的后面的***，依次下去......最后介绍的一名学员要将前面所有学员的名字、单位复述一遍。

③ 相关讨论

*对于后面的学员来说，记住前面人的名字还是那么难吗？

*在你记住别人姓名的时候，是不是也加强了彼此之间的交流？

④ 总结

这个游戏不仅可以帮助大家活跃气氛，打破僵局，加速组员之间的了解。

3. 主题活动：天才猎头

（1）目的：要让组员体会到在沟通中重新建立视角，寻找他人优点，给予真心赞扬的好处。

（2）过程：

① 将学员分成人数相同的两组，一组为某个公司的雇员，一组为猎头，每组人围坐一圈，呈两个同心圆状，同时要保证外圈和内圈的成员要一一对应。

② 发给每一个"猎头"一张"天才猎头工作奖"，给其2分钟时间看上面的说明。

③ 内圈的学员是某家广告公司的创意人员，他们的目的是要推销某个产品，比如牙刷，他们需要各抒己见参与提出：产品，时髦的名字，广告语，潜在顾客群等问题。

④ 猎头们要仔细聆听着一切，尤其是与其相对的工作人员的表现。

⑤ 所有人重新围成一个大圈，让猎头和他的顾客肩并肩坐着。

⑥ 给每一个猎头3分钟时间去介绍他的顾客，描述他的顾客的过人之处。

⑦ 讨论：

*如果你是个猎头，发现一个人的优点并夸奖他是否会令你心情愉快？当你使用褒义的语言去重新描述一个人行为的时候，你是否会遇到困难？

*如果你是顾客，当你听到你的猎头对你的评价时是什么感觉，你认为这些评价是否属实，你是否在自己身上发现了新的东西？

⑧ 总结

*不识庐山真面目，只缘身在此山中，其他人对你的称赞往往会让你大吃一惊。是吗？原来我还有这种优点！不要怀疑别人的眼光，认真地对待别人对你的称赞，你也许会发现一个新的自我。

*人的天性是喜欢表扬,不要吝啬对朋友的赞美。

附件:天才猎头工作表

本游戏中,你是一名天才猎头,你的工作是要将你的顾客的天分和才能进行概括分类,以便将你的客户推荐给那些物色、招聘高级人才的公司。在这个活动中,你应该仔细观察你的客户,注意他做的每件事。事实上就是极力赞扬你的客户所做的事情。例如,如果你的客户什么也没说,你可以说他善于"思考"。相反,如果你的客户在小组讨论中表现主动、积极、活跃,那你可以称他为"天生的领导者"。

下面是赞扬你的客户能力是需要问的几个问题:

你的客户作了什么或说了什么?有助于小组做决定吗?

你的客户是如何与小组其他成员进行交流和沟通的,有什么与众不同的地方吗?

你的客户的最好的想法是什么?

描述一下你的客户给人留下深刻印象的聪明才智。

其他物色人才的猎头为什么嫉妒你有这个客户?

4. 总结

(1)工作者请大家回忆今天的内容,邀请每位组员表达参与小组的感受。

(2)鼓励认识新朋友

(3)工作者赞赏组员的良好表现表示,鼓励应有的行为及提醒不恰当的行为。

(4)预告下次活动内容,并重申契约。

(5)填写小组组员反馈意见表

成员心得记录表

_____年_____月_____日   团体_____

第_____次活动   活动主题_____

1. 我觉得这次活动中,我收获最大的是:

2. 经过这次活动,我体会到……

3. 我觉得自己在团体中……

4. 我感觉我们的团体……

记录者_____

(八)小组活动结束后,工作者对本次活动进行评估,并填写记录

1. 小组观察记录

第( )期 活动小组观察记录

小组名称: 日期:

小组工作人员: 缺席组员:

出席组员:

小组目标:

本节目标:

关键事件分析:

(1)简述关键事件

(2)哪位组员最受影响?有何影响?

(3)工作人员的介入目标和技巧

(4)评价介入成效

(5)工作人员感想及回应

2. 小组工作人员自我评估表

第( )期 小组工作人员自我评估表

小组名称: 日期:

这个评估表是评估你在小组的领导技巧,请在最符合你在本次小组的技巧运用项目栏内画"√"。

项 目	分 项	需要做更多	现在做得很好	需要少做一点
观察	确认紧张			
	注意对谁说话			
	注意谁被遗漏			
	了解对我的意见的反应			
	发现何时小组逃避一个话题			
	确认角色			
	注意非语言行为			

续表

项目	分项	需要做更多	现在做得很好	需要少做一点
沟通	主动参与（数量）			
	简短、简要地说话			
	肯定的行为			
	主动地倾听			
	拘泥于某个主题			
	中断讨论			
	从聚会到聚会的桥梁			
	说话前先思考			
	对组员表达同理			
	使用有组织的架构			
	鼓励用"我的信息"			
自我表达	以言语表达生气			
	表现幽默			
	说感谢的话			
	隐藏感情			
	分享个人的经验			
	面对冲突或生气			
忍受情绪的情景	允许沉默			
	忍受紧张			
	接受亲密或情感			
	接受负面情绪			
	对挑战作出反应			
	接受预期的冒险			
	表现出没有防卫性			
与组员的关系	挑战或面质个人			
	离开对自己的注意力			
	使用隐喻			
	自发性的反应			
	自嘲			
	创造一个安全的气氛			
	有控制地分享			
	以"此时此地"进行反应			

续表

项目	分项	需要做更多	现在做得很好	需要少做一点
一般技巧	耐心地等待			
	邀请回馈			
	示范接纳			
	对过程的评价			
	鼓励组员采取行动			

小组工作人员：

3. 小组工作初期评估

小组工作初期评估表

一、案主人格评估

组员一：

组员二：

……

组员十：

二、案主问题评估

1. 案主认为其问题共同性质：

2. 案主认为其问题原因：（概述）

3. 工作员认为案主问题共同性质：

4 工作员认为案主问题原因：（概述）

三、案主问题原因分析

1. 案主个人方面：（总结概括）

2. 案主生活环境方面：（总结概括）

四、工作员初步工作计划（可以另附纸）

初期评估日期：

六、总结点评

小组刚开始进行时，工作者与成员都会有些压力，甚至懊悔为何要参加团体。工作者除了运用技巧改善这种情绪外，不妨在方案设计与活动选择上多作考虑和安排。

1. 塑造温馨的气氛，开始小组

针对成员在团体初期的心态，工作者在方案内不妨设计一些团体成员的"课前"作业，以加强其进入团体前的心理准备。成员第一次参加团体活动时，工作者不妨播放些配合第一次活动性质的音乐，以轻音乐为主。避免成员一进入陌生的团体时，在冷冷清清、安安静静，你看我、我看你的尴尬情境下参加第一次团体活动。

2. 设计轻松的相识活动

小组初期，成员互不相识，为了形成团体的凝聚力，要设计相识活动。传统的做法是成员自我介绍或纸笔作业介绍自己，这种方法易给成员带来压力，流于形式，甚至会引发成员的抗拒、恐惧等反应。所以团体初期的相识活动最好在轻松、温馨的气氛下进行。

3. 澄清成员的期待与小组发展方向

为了使小组有效运作并了解成员的需要，供小组修订活动方案参考，小组初期应该设计催化性活动来整合成员的参加动机，并使工作者有机会说明团体（课程）活动的方向，包括小组性质、功能、目标等，只有工作者与成员相互交流才能建和增强团体共识。

4. 拟订小组契约，建立运作规范

小组是集合数人至十人的组织，成员存在着个性差异。小组辅导（咨询）与个别辅导（咨询）的最大差异就是前者运作较后者复杂，助人者的负担较重。所以，有效的团体运作取决于成员的彼此认同与对小组契约的共同遵守。小组初期就必须建立小组规范，在活动设计上可以采取较生动而灵活的方式。

5. 设计的活动不要领向深层次的分享

小组开始，成员大都互不认识，彼此的人格特点与交往模式缺乏了解，可能仅有一两位成员较开放，能主动表现自我，但是工作者一定要谨慎，避免成员开放程度不一、自我表露太多太深，导致个别成员感到受伤或泄露个人秘密的后遗症。因此，小组初期的分享活动应该选择表层性的或威胁性较少的主题。

七、拓展提高

1．小组工作者的领导角色是什么？
2．小组领导的功能和任务是什么？
3．影响小组领导工作有效性的因素有哪些？
4．运用所学理论分析身边的经验：将您的班级、家庭看成是一个小组，将您的班主任、家长和单位领导作为一个小组的领导，请以小组的形式分享和感受他们的领导方式。

任务四　发展小组活动

通过本单元教学，使学生学会运用组织小组长讨论的技术，主持小组会议，掌握小组冲突的原因、功能以及解决小组冲突的方法，运用小组发展的工作技巧推动小组发展。

在"大学生社会交往活动小组"初期活动结束后，组员之间的熟悉程度开始增加，相互之间变得更开放，也更关心其他成员。小组活动开始进入中期。在这个阶段，组员们开始认同自己的小组，心里也承认自己是这个小组的一员，也愿意在小组中表达自己的想法；同时，组员之间为确立自己在小组中的角色和位置，与其他人慢慢开始出现了竞争——有些人的语言和行为出现攻击性，有些人表现出沉默不语，还有一些人成了小组中不满情绪的发泄对象；除此以外，还有一些组员会自满于自己在小组中的角色，对社会工作者提出质疑，表现出一种非配合的态度。

小组中期，工作者安排了两次小组活动。第三节：你快乐所以我快乐；第四节：沟通无极限。

小组社会工作 项目三

工作任务

1. 根据案例发展的要求确定调整活动内容,制定小组中期的活动设计。
2. 运用组织小组讨论的技术,主持小组会议。
3. 运用小组发展的工作技巧推动并控制小组进程。
4. 制定并实施打破僵局的活动方案。

一、术语理解

1. 小组讨论:小组讨论是一种特殊的人际沟通形式,是小组工作的一种重要活动,是指小组成员就其共同的、一般性的话题,在自由的气氛之下,经过社会工作者或主持人的协助,而交换意见或交谈。其关键在于共同思考、互相启发,所以小组讨论是一种透过小组的互动,以进行意念、思考、信息、感受等的相互传递方式。这种讨论不是闲谈或聊天,而是以合理的、民主的方式进行,使参与者能够了解、领悟,进而获得对于某个问题共同的、合理的结论。参加者是平等的、合作的,为了共同的目标贡献自己的所能、所知,同时倾听他人的意见和想法,极可能给予积极的回馈。

2. 小组冲突:小组冲突是指小组中组员内部、组员与组员间以及小组整体与其他小组间由于目标、利益需求、期望及价值不一致等情境的刺激而引起认知和情绪变化的一种敌对或斗争的互动行为。在小组冲突的含义中,包含着五个基本要素:第一,必须要有冲突的主体;第二,必须要有冲突的情境;第三,冲突是一种对立行为;第四,冲突是一种认知感受的状态;第五,冲突是一种互动的历程。

3. 积极倾听:积极的倾听包括能够专注于说话者所说的语言的和非语言的信息,也包括通过语言的和非语言的途径让倾诉者了解你的倾听和关注。在小组过程中,这是一件复杂的工作。因为小组领导者要关心和注意小组的每一个成员,而不仅仅是那个正在说话的人。

4. 反映:反映是同感的传达过程,主要是通过复述成员所表达出来的内容和揭示背后的情感来实现。反映是建立在积极倾听的基础上的工作。领导者的反映技巧可以达到双重目的:既能够帮助发言的成员更清楚自己所讲的内容和感受,又让他知道你了解他。

5. 澄清:澄清是指使用某些方法使组员陈述的内容和感受更加清楚和条理化的过程。澄清对小组的发展有重要作用,它可以帮助组员更好地了解他(她)

自己想说的话。通过澄清，也可以保持小组内沟通的清晰性，不让混乱的信息造成组员的疲惫和泄气，从而影响小组的进程和功能。

6．总结：总结是小组过程中会经常采用的一种手段，也是小组领导必备的技巧。总结是将散落在交谈过程中的信息进行归类，以精辟和简洁的语言对那些重要的观点和内容予以陈述。总结可以起到如下作用：强化小组关注的焦点；转换话题；成为通向下一项活动的桥梁；将主要点集中在一起，深化主题。

二、工作要点提示

（一）小组工作内容

1．开始阶段工作：①介绍小组成员。②派发文件和通报。③阐述目标和聚会程序。④整理上次聚会记录。⑤控制报告时间。

2．中间阶段工作：①根据议程进行讨论。②向小组成员收集信息。③提供反馈。④制定小组规范。⑤帮助小组完成大部分任务。

3．结束阶段工作：①控制时间。②保证所有的议程尽可能完成。③总结所讨论和完成的议题。④确认需要进一步行动或讨论的议题。

（二）小组讨论的形式

小组讨论的形式主要有：小组讨论、圆桌会议、座谈会、对话、自由讨论会和演讲讨论会。小组讨论既可以是公开的，也可以是秘密的；可以是正式的，也可以是非正式的。

1．圆桌会议

圆桌会议是没有听众的讨论，比较具有私密性。在圆桌会议中，成员均有均等的机会自由发表意见，表达思想和观念；会议气氛公平、和谐，尤其适用于小型决策小组或是学习小组采用。圆桌会议的进行方式分五个过程：

（1）主席宣布开始，并说明讨论的主题和规则，帮助大家互相认识。

（2）视情况，由主席领导成员进入核心。

（3）主席抛出讨论的主题和子题。

（4）开始讨论、主席适时进行段落结语，承转话题。

（5）讨论完成，主席进行总结。

2．对话

对话是由两位或多位参加者直接互动，自由的讨论他们熟悉的话题，且一般都具有主从关系，一方为主要发言人，另一方回应。新闻采访、社会工作会谈、求职面谈均属此类。发言人一般需要提前准备以免话题中断或不得要领。场地安排比较灵活，尤其是小组工作中的对话通常是公开的，应让参加者能互相面对最好。由于可能没有主席，对话者应让自己像个主持人一样，自我引导话题、转折、澄清等，使大家围绕共同感兴趣的话题主动参与。

3. 自由讨论会

自由讨论会是小组讨论中最独特的一种，也使最常用的一种。自由讨论会主要分为两种方式：

（1）由一位主席与一位专家的代表为嘉宾，专家代表提供报告，主席和专家以进一步讨论的形式让听众了解主题的内容。

（2）由一个有特殊专长的专家代表与一位行外代表共同参加讨论，特别信息需要介绍时，主席与行外代表都可以请教专家代表。正式讨论之后，听众可以针对两代表所发言的内容进行讨论。

一般来说，前一种讨论比较有效，但专家的表达可能会很费时间甚至喧宾夺主；后一种讨论较能与听众沟通，而且由专家立即回答问题，充分运用了专家的智慧。但是运用不妥会变成专家与行外代表的对话，减少成员参与的机会。

4. 座谈会

座谈会为每个小组成员提供机会，公开发表对谈论主题的意见，属于比较正式的讨论方式。由于座谈会是由几个与主题相关的子题构成的，发言者可就各子题阐述观点，所以要求发言人有较充分的准备。在座谈会中，发言者不能自由地互动，发言就如同个人演讲一样。主席不发表观点，只是介绍每一位发言人并将发言人的各主题进行联结。最后作简短的内容陈述，使整个讨论成为一体，突出主题。座谈会的基本过程如下：

（1）主席介绍讨论的主题。

（2）主席介绍每一位发言人与其所讲的子题目。

（3）发言人就子题阐述观点。

（4）主席承转下一位发言人的子题。

（5）主席引导座谈会。如果在座谈会中允许陪席式做法，主席可采用陪席式讨论技巧。

（6）完成讨论，主席进行总结。

5. 演讲讨论会

演讲讨论会由演讲者先发表专题讲话，再由听众以提问题的方式进行讨论。演讲讨论主要有两个目的：其一是提供新资料、激发对题目或问题的动机；其二是让听众有机会参与。

演讲讨论有时由主席来主持,有时由演讲者自行处理;有时由一个演讲者,有时有两位以上的演讲者,视主题大小和时间的长短来决定。听众要到演讲完成之后才能提问,演讲者的回答和对有争议问题的再诠释,是促成一个好的小组讨论的基础。

6. 小组讨论

小组讨论也被称为"代表式讨论",是指由不同意见或代表不同利益的代表们组成讨论发言人。另有一批对本主题关心的支持者在场,代表一般4-6人,主席只引导讨论,承转话题,引回话题及进行总结性发言。代表组成的团体作为专家,可自由发表对某个问题的观点及主张。讨论过程大体包括以下几个阶段:

(1) 主席宣布讨论开始。
(2) 主席介绍代表成员。
(3) 非正式地交谈对题目的看法。
(4) 正式讨论开始,主席要协助澄清、段落总结、承转与重复观点。
(5) 观众提问,代表作答或澄清。
(6) 主席进行总结。

(三) 小组冲突的功能

在一个小组中,由于人们对问题的立场不同,对事实的认知不同,以及观念、爱好和需求不同,冲突是不可避免的。因此,对待冲突的正确态度是激发冲突的正功能,抑制冲突的负功能。依据冲突性质及处理方式的不同,冲突对小组可能产生的正功能及负功能(参见表3-3)。

表 3-3

冲突的正功能(有益于指标达成)	冲突的负功能(有碍于指标达成)
1. 发现原本被忽略的问题	1. 破坏小组和谐气氛
2. 激发组员思考与创造能力	2. 使小组失去稳定性,甚而瓦解
3. 改善决策质量	3. 促使本位主义产生
4. 导致革新与改变	4. 影响级员身心健康
5. 增加小组向心力	5. 降低工作满足感及组织绩效
6. 促进派进彼此充分了解	6. 阻碍沟通,关系恶化

(四)冲突的处理①

1. 识别引起冲突的原因。

识别引起冲突的原因是有效处理冲突的第一步。那么,在小组过程中,什么原因会导致小组冲突呢?

(1)目标上的差异性。在一个小组中,小组的目标实际上包含着四个目标的整合,即服务目标、工作者目标、个人目标与小组目标。这些目标可能是一致的,但常常是有差异的,不一致的目标是导致小组冲突的主要原因。

(2)行为期待的差异性。当相互作用各方的实际行为没有满足对方的期待,或者与对方的期待相违背时,就很容易引发冲突。这是由于期待的差异所导致的冲突。

(3)价值资源分配上的差异性。每一个小组都要分配小组内部的稀有资源(资金、设备、人员、信息、权力等)。资源分配的差异也是引起冲突的一个主要原因。

2. 明确冲突产生的过程

明确冲突所处的阶段是有效处理冲突的第二步。一般来说,冲突的发展过程可以划分为五个阶段

(1)潜伏期

这个时期指的是导致冲突发生的肇因期,即冲突的情境已产生,但尚未为人所知。这种彼此意见不兼容或对立的情境并不一定会导致冲突,但却是冲突发生必须具有的条件之一,

(2)认知期

冲突的第二个过程就是必须要经过个人加以认知后并感受冲突对自己造成的冲击。这一过程中,个体对冲突的归因情况,即如何解释对方的行为,将会决定冲突产生与否。

(3)感觉期

进入这个阶段,情绪继续升高,但任何一方都没有采取具体行动,而是开始推论对方的意图,以确定如何应对,并思考具体的战术、策略和可能的行动方针。

---

① 万江红:《小组工作》,华中科技大学出版社,2006年,第147页。

（4）外显期

当卷入冲突的各方采取实际对外的行为反应时，就进入了冲突的外显期。这些行为很明显地要执行感觉期的意图，然而判断错误或信息不足的结果可能使行动背离感觉期的意图。

（5）后果期

经过双方的努力，最后达成各自希望解决的方式或结果。其结果可能是建设性的，使双方关系修好；也可能是破坏性的，促使双方关系破裂，并再度发生冲突。所以，冲突如果处理不当，一个冲突的后果可能会成为下一个冲突的潜伏。要打断冲突链的联结，就必须借助有效的冲突管理，以减弱冲突。

3. 选择适当的冲突解决方法

第一，撤退。撤退是最常被使用、也是最简单的冲突处理方式。它是指身体上或心理上抽离冲突的情境，以避免冲突加剧，从而暂时维持关系，这是一种被动的行为反应形式。撤退包括身体上的撤退与心理上的撤退两种。身体上的撤退一般很容易识别，心理上的撤退则相对不容易被注意。虽然撤退是常见的方式，但是这一方法不仅没有消除冲突，而且也没有试图去处理冲突，因此有时会带来负面的结果。一般来说，冲突不一定要立即处理才会有正向的结果。但是当撤退的方法变成一个人惯用的处理冲突模式时，就要警惕。

有两种冲突情境可以用撤退的方法来面对：一是运用暂时不理的态度，以便让冲突降温。二是当冲突发生在两个不常接触的人之间时，撤退也是有效的反应行为。因为对冲突的双方来说，冲突不一定需要解决，他们不一定需要达成共识。

第二，放弃（或妥协）。放弃意指改变原有立场，以避免或解决冲突，其目的可能以维持关系为主。有些人因为觉得冲突的情况令人很不舒服，所以就会尽其所能去避免冲突，因而选择放弃自己原来的立场。但是，采取放弃方式来处理冲突不一定是好的。因为，第一，我们理应按照实际需要来做决定。而不能只是为了逃避冲突。如果一个人放弃了，那么原来的想法或是决定好不好，就根本没有机会得到考验。第二，放弃并不一定会使所预期的让彼此的关系维持和谐，它也可能会激怒对方。因为这种放弃的行为意味着迫使对方不能有自己的意见，这有可能会引起更多冲突。

第三，攻击。攻击可分为直接攻击和间接攻击，它是运用或威胁身体、心理或其他行为来达到目的的方式。人们借着攻击强迫别人接受自己的观点，从而在冲突中成为一个"胜利者"。不过，表面上看，这种解决模式会有一方成为"胜利者"，事实上，如果该攻击者较弱，他会暂时隐忍而伺机反击，而如果该攻击者实力相当,他会立即反击,最后形成"双输"的局面。此外,攻击是带着负向情绪性的行为反应,具有伤害性和强迫性,因此可能破坏彼此之间的关系。直接攻击包括身体和语言的暴力。间接攻击是指无法直接针对冲突对象表达意见,而采取其他方式让对方知道有冲突存在,包括故意用力甩门,故意在菜里放过多的盐,以高亢的声音说话等等,这些都可以者作是间接向对方表达不满。

第四,说服。即试图改变别人的态度或行为,以获得协调。如蕾蕾跟室友商量一起去某个地方度假,室友说:"九寨沟自然风最好,我们去九寨沟过'五一'好不好?"蕾蕾则说:"可是我还没有看过大海,我好想去海南呀。"这时候的蕾蕾跟室友要陷入冲突情境。于是蕾蕾说:"我跟你说,九寨沟是很美,但是我们可以下次再去呀。你不是一直也说想看大海吗?到海南看海是最好的了。而且,小华他们已经去过了,也说海南非常好。我们这次先去海南嘛,暑假的时候再去九寨沟。"这就是试图运用说服来解决冲突。若说服是开放而合理的,则不失为一种解决冲突的正向方式,且很可能找到一个双方同意的办法。

第五,问题解决式讨论。问题解决式的讨论是人际关系中处理冲突的最佳方式。在问题解决讨论时必须要仔细考虑冲突的问题是什么,以及可能的解决方案和潜在正负两面的结果。这种方法视冲突为一个解决问题的契机,需要双方一起面对问题。在讨论中,双方是平等的,能有开放的思考,并赋予问题更多可能的解决方案。然而,以问题解决式讨论的方式处理冲突并不容易,因为在讨论过程中牵涉到参与者是否有意愿参与,且能否控制情绪、客观地表达问题、坦诚面对自己的感觉和信念以及对问题的解决采取开放态度。问题解决式讨论需要彼此的信任和合作意愿,以达到最有益于双方的解决方式,而这也是冲突处理中且能获致"双赢"局面的解决方法。问题解决式的讨论过程包括问题界定、找出可行的解决方法、选择且适合方案和执行所做的选择等等,其细节我们另做讨论。在过程中并没有固定的模式或步骤,重要的是当双方知觉到有冲突时,必须能够各退一步,然后系统地去解决问题。

三、方法技巧

(一)小组讨论的技术:头脑风暴法、耳语聚会、标示法

掌握及使用团体讨论技术,可以协助团体互动,增强团体动力。也可以促进团体内成员对角色的了解,使成员获得更好的自我成长。以下介绍的团体讨论技术可以运用到不同的团体工作中,也可以辅助前面的几种团体讨论方式进行。

社会工作方法与实务

1. 头脑风暴法

通常,在团体讨论中,由于人们自信心的缺乏,常常使讨论气氛沉闷,失去应有的创造力。这时,头脑风暴法就可以有效地排除阻碍人际互动的因素,让成员自由发展。

实施头脑风暴法的具体的方法是:当团体发现某个问题需要解决时,便围在一起,选择一位主席,开始建议解决的方法。解决的方法被提出并经过组内成员共同修正和衡量而形成被大家接受的方案。

在头脑风暴法执行过程中应注意遵循几个原则:
(1) 对他人的观点不能有批评和评估的行为。
(2) 所有积极的建议和想法均获得鼓励。
(3) 鼓励大家创造尽可能多的意见和构思。
(4) 寻求综合所有概念和解决问题的方法。

头脑风暴法的一般过程如下:
(1) 决定团体所要解决的问题或范围,做出清晰的陈述。
(2) 指定记录者,记录所有发表的看法。
(3) 设定时间限制。
(4) 设一个主席来执行脑力激荡的规范。
(5) 建立一个非正式的讨论环境。
(6) 自由地发问和讨论限定的主题和范围。
(7) 时间一到,立即停止讨论。

2. 耳语聚会

听众在团体讨论中是极为重要的一环,他们对团体讨论的参与,将对团体的发展有很大的帮助。

耳语聚会是将听众分为若干个小团体,每个人均有机会参与讨论。耳语聚会小组讨论完成之后,由每一小组的组长将结论提交大团体报告,组长在大团体发表的看法应是总结小组意见的结果,而不是个人的看法。主要过程如下:
(1) 将听众分为若干个小团体。
(2) 每个小团体指派(或自己推选)一名组长。
(3) 每一个小团体讨论一个小主题。
(4) 组长代表小组向大团体做小组讨论报告。

3. 标示法

标示法就是将成员或听众认同的问题或概念列单于纸上或黑板上。标示法主要有以下几个功能：

（1）能够引起参与者的兴趣，发现小组成员的共同问题，重点突出地进行讨论。

（2）能够澄清问题，尤其是将一些带有情绪性问题标示出来，利于清除误解。

（3）能够将问题的先后顺序进行分类，减少讨论中因意见不统一带来的停滞不前，保证讨论顺利进行。

（4）利于成员沟通的顺畅和团体凝聚力的形成

标示法的具体操作过程如下：

（1）主席决定何时执行标示。

（2）主席记录所有问题。

（3）如果名单太长或时间太短，主席或团体应首先选择排出重要的问题。

（4）团体接着讨论选定的问题。

标示法的使用存在的限制问题：

（1）团体必须花时间来排列和选择问题

（2）如果工作者反应不够机敏，可能会使团体讨论会重复而冗长。

（3）整个讨论过程中极有可能带有个人主观的诠释。

（三）积极倾听技巧

倾听谈话者，用点头、共携式的回应等方式让谈话者了解你在倾听；用眼睛扫视全体成员，倾听和观察他们的语言和非语言的姿态，特别是面部表情和身体移动；用语言和非语言的方式，将你听到和观察到的内容挖掘出来，适度地表达出来，让全体成员知道。

（四）再陈述技巧

社会工作者运用不同的词汇，将小组成员所讲述的内容再重复一遍，以确认其意义，表明对成员的了解。这种了解通常包括：感觉、思想和经验，通过确认工作者认识的正确性来进一步提供对成员的支持和帮助。

（五）建议技巧

社会工作者通过提供信息、意见、方法和观念的方式来协助小组成员改变认知、态度与行为。适当的建议有助于成员多元性的发展和思考模式的调整，同时提高成员解决问题的时效。

社会工作方法与实务

（六）对峙技巧

对峙是一项难度比较高的技巧，可以促使小组成员反省自己在言行中是否一致，并指出冲突问题的焦点所在。适当运用对峙技巧，可以帮助组员自我成长，使组员更加诚实地面对自我、探索自我，同时也有助于小组内的相互沟通、使成员勇于面对自己本不愿意面对的感觉、经验或行为，帮助当事人找到阻碍自我了解和积极反应的盲点、矛盾和冲突。

在对峙中，社会工作者主要通过有意义的陈述及同情心表达，帮助小组成员面对逃避、矛盾以及自我否定的行为，促进成员主动地增进对自我的了解。在对峙过程中应注意以下几点：

1. 对峙要具体正确；
2. 对峙要强调陈述"此时此刻"；
3. 对峙必须在小组关系建立之后；
4. 对峙时必须已经对成员有足够的了解，要避免工作者的个人成见；
5. 对峙要针对那些成员有能力改变的问题；
6. 对峙时，要本着关怀尊重的态度，表现助人的意愿。

（七）阻止技巧

阻止技巧是指社会工作者运用语言和非语言的行为，防止成员在小组中表现出不适当的语言与非语言行为，通过促进小组有效地互动与沟通，避免成员在小组中被伤害。这要求工作者要有较为敏锐的观察力和协调能力，既要避免攻击行为的发生，又要避免保护一个而伤害另一个的现象。当小组中出现垄断、攻击他人、闲聊、泄密、侵犯隐私等行为时，工作者要加以"阻止"。必要时可利用小组规范来达到"阻止"的效果。

（八）仲裁技巧

在仲裁技巧中，社会工作者要以公平、中立的态度对待小组成员，给予每个人平等的机会。对于小组内发生的意见冲突要技巧性地"求同存异"，不偏袒任何一方。当小组内出现强势成员、强势语言或强势意见时，工作者应站在中立、客观的立场上，运用仲裁的技巧创造有效的沟通情境。这不仅有助于促进小组讨论的气氛和广泛的沟通，还有助于集中不同的看法，促进彼此的相互了解。

小组社会工作　项目三

(九) 联结技巧

联结技巧是指工作者运用敏锐的观察力和反应力，巧妙地将成员所表达的内容与有关的题材、任务、事件与小组目标相关联，将成员尚未察觉到的片段信息组合起来，有助于成员不断澄清自己的认识和经验，使小组的互动更有意义。

(十) 整合技巧

整合技巧是指每次小组结束前，小组讨论告一段落或整个小组结束前，由工作者协助成员整理学习收获的技巧。整合可以使小组过程更加顺畅，有助于协助成员类化、内化及强化学习经验，并将在小组内的收获运用到现实生活之中。整合是需要同时兼顾意见整合与情感融合，同时结合小组内环境与小组外环境的学习迁移，使成员得到一种增强能力、提高信心、协助成员成长、适应和发展。

(十一) 设限技巧

设限技巧是社会工作者为有效运作小组，规范小组和个人行为而实施的。设限的目的在于使小组中每个人的行为有章可循、进退有据。

"设限"与"阻止"不同，设限如同团体契约，是团体内群体行为的积极指标。阻止则倾向于防止成员个人的消极行为。设限在于引导成员建设性的团体行为，创造理想的团体活动情境，有助于成员之间的相互作用。

(十二) 调律技巧

调律技巧是指社会工作者调整小组进行的方向和步调，以拓展小组动力。调律技巧一般主要用在小组进行方向偏离主题、发展速度太快或成员不适应小组气氛时。主要方法可采用口语、非口语、活动或特殊情境安排来进行。调律技巧不仅有助于改善小组气氛，整合成员的学习效率，还可以使小组成员发现小组的新方向，避免小组陷入盲点或使成员陷入"死胡同"。

(十三) 保护技巧

社会工作者为了避免成员遭遇不必要的身心伤害、批评或攻击，需要采取必要的安全反应。社会工作者应该具有敏锐的洞察力，注意随时发现小组中的危机，尤其是对小组有威胁的个人危机进行及时的预警，引导成员避免不必要的心里冒险。尤其要注意的是不能过度保护成员,以免影响小组互动,或减少当事人独立性的成长机会。

(十四)沉默技巧

沉默技巧主要指社会工作者有意节制语言行为,以专注的态度来运作小组。尤其是当成员沉默、思考或过度依赖时,工作者可以用沉默来回应小组,促使成员对上述不当反应自我察觉,达到固定焦点、促使信息整合、调动成员自身资源的目的。

(十五)评估技巧

评估技巧是指社会工作者自己及协助成员衡量小组的进展与方向,评估个人及小组的进程,借以增进小组成员更加深入地了解自我,发展有建设性的行为,促进小组的过程与发展。

四、注意事项

(一)小组工作者在处理冲突时要特别注意的问题[①]

第一,避免助长输赢的情境。人们是否能成功的处理冲突,取决于双方的意愿。如果彼此存有竞争的心态,则会采取攻击性的策略,以求赢得冲突。若彼此能够相互合作,则会采取问题解决的步骤,以达到彼此均满意的结果——双赢。有时候,虽有一方采取合作的态度,却有另一方视冲突为竞争性的,这种情形下要先化解敌意,改变竞争者的竞争心态,使双方成为合作者,冲突才有可能解决。

第二,适时澄清和解释。在冲突的过程中,沟通的情境变得混乱,对于语言和非语言线索的错误解释,会导致困惑、生气、焦虑和受伤的感觉。小组工作者应尽快让冲突双方有一个共同的定义从而能有效地处理冲突。除此之外,小组工作者还可以和冲突者一起重新回顾引起冲突的事件,尤其是语言和非语言行为,可以通过帮助组员将问题分类,把问题分成几个处理的部分,并且澄清彼此同意和不同意的范围来促进冲突的解决,也可以让其他组员分享他们的观察以及看法。

第三,充分运用整个小组的力量。在冲突期间,小组工作者必须注意整个小组的需要。只有这样,小组工作者才能帮助组员更清楚地了解问题,而不是

---

① 万江红:《小组工作》,华中科技大学出版社,2006年,第154页。

只注意发生在双方互动间的冲突。组员如果能够认识到小组中的冲突不只是冲突双方的事，还会直接或间接地影响到小组中的每一个人，冲突就容易解决。整个小组越了解解决冲突的利害关系，可用于解决冲突的资源就会越多。通过把其他组员纳入冲突中，小组领导者可以引出更为中立的意见。

第四，设立解决冲突的标准和基本规则。为了以合理的方式处理冲突，小组通常需要有一个结构和彼此同意的规范，保护组员免受伤害、虐待和尴尬。这是组员可以依具的一些规则，并且规定了小组中可以忍受的行为范围。这些规则最好在一个小组一开始的时候，以一个实际的方式做出界定。有关解决冲突的小组规范包括：生气是可以的；不能相互攻击或者说坏话；即使你生气，仍要留在这个房间。

第五，保持冷静。有时候小组组员会将矛头直接针对小组工作者，在这种情况下，小组工作者必须保持冷静。只有保持冷静，才能较好地分析冲突并有效地处理冲突。

（二）组织小组讨论时应注意的事项

1. 做好开场讲演

社会工作者为给小组提供与讨论主题相关的信息，需要在开场时做一个简短的讲演。讲演需注意以下几点：首先是要能吸引人，振奋人心，简短而有趣；其次是开场白的内容要与小组讨论相关，最好是小组在此时此地正需要的；再次是提供的信息要准确、客观、有新意；最后是要考虑小组组员的性别和文化程度。

2. 设定会议基调

社会工作者要事先筹划和设定一种与会议主题相契合的基调，从而把握组员的情绪，创造有利于实现小组目标的会议氛围。

3. 把握中心话题

社会工作者主要通过发表评论、组织活动等方法，促使小组进行讨论和分享，尽快与小组目标相对接，使小组的互动和扮演围绕中心话题展开。

（三）这一工作阶段的注意事项

1. 播种未来期望

通过小组的体验，社会工作者要帮助组员正确面对自己的问题，从而尝试去改变自己,更重要的是要使组员对未来发展持乐观自信的态度。

2. 善于等待求变

社会工作者有时为了让组员有足够的思考空间和集中精神于小组的焦点,需要有意识地让会议保持短暂的沉默。

3. 灵活运用眼神

社会工作者在会议中要善于运用非语言方式来控制会议,譬如用眼神引导组员敞开心扉、关注他人的发言,也可以用眼神打断组员偏离目标的发言。

4. 订立行动同盟

社会工作者要善于正确发现和识别组内那些可以合作和依赖的、能够帮助自己完成小组任务的组员,与他们订立同盟,成为必要时采取共同行动的盟友。

五、实务操作

（一）分析组员特点

1. 关系亲密

进入小组中期,组员之间的熟悉程度开始增加,相互之间变得更开放,也更关心其他成员。这时的成员们相互之间会出现同胞似的竞争,也会发生从家庭成员到小组成员的移情。

2. 认同小组

组员们开始认同自己的小组,心里也承认自己是这个小组的一员,也愿意在小组中表达自己的想法。

3. 竞争与控制

组员之间慢慢熟悉之后可能会开始出现竞争,来确立自己在小组中的角色和位置。在这个过程中,可能会出现一定的冲突。个别组员如果无法从小组中感受到安全和满足,一般可能会在这个阶段退出。

4. 组员在冲突中的突出表现

在小组为竞争出现冲突时,有些人的语言和行为会出现攻击性,有些人会表现出沉默不语,还有一些人成为小组中不满情绪的发泄对象,成为替罪羊。

小组社会工作 项目三

除此以外，还有一些组员会自满于自己在小组中的角色，对社会工作者提出质疑，表现出一种非配合的态度。

（二）小组中期活动设计

第三节：你快乐所以我快乐

时间	地点	目标	内容	所需材料
10分钟	会议室	释放自己，自我公开	自我称赞 将组员分成2人一组。每个组员需要分别回答对方下面的三个问题：（1）你最喜欢自己身体或相貌的哪个部分？（2）在个人品质方面，你认为自己什么地方最好？（3）在个人才能方面，你最喜欢自己的哪个方面？只需给自己积极、正面的评价，不要谦虚。	
20分钟	会议室	感受不同的人对同一事物的不同理解	老妇人与小姑娘 工作者将挂图展示在大家的面前。问大家：你们看到了什么。统计一下多少人看出了老妇人，多少人看出了小姑娘。请学员相互交流，找到图中的另外一个人。	挂图
15分钟	会议室	沟通技巧的训练	数字传递 将组员分成2组，并选派每组一名组员出来担任监督员。工作者给一位组员看一个数字，把这个数字通过肢体语言让全部的队员都知道，全过程不允许说话，后面一个队员只能够通过肢体语言向前一个队员进行表达，通过这样的传递方式层层传递，直到第一个队员将这个数字写在白纸上。	纸，笔
25分钟	会议室	自我探讨	性格测试 工作者请大家先做一下分发材料上的趣味测验，看看自己会更多地选择哪个。告诉组员，可以四处走动，去和其他的伙伴相互做性格的自我介绍，找寻一下和自己相同性格的人，看看你们是否有很多相同之处。再找一些不同的人，看看你们的差异在哪里。	分发材料
15分钟		反思和成长	请参加的组员说说自己参加小组前后的变化	
5分钟		总结	介绍一些关于人际交往方面的书籍和资料	

第四节：沟通无极限

时间	地点	目标	内容	所需材料
10分钟	会议室	加强组员合作与沟通的能力	雨点变奏曲 让所有组员利用身体的任何部分碰撞发出两种以上的声音，工作者引导大家渐渐形成四种声音发出的方式：小雨、中雨、大雨和暴雨	
10分钟	会议室	加强组员间的信任与默契	"瞎子"穿拖鞋 选出一名组员，在地上画一道横线，同时在线的前方5～6步远的地方放一双拖鞋。组员的任务就是在被蒙上双眼的情况下，将这双拖鞋穿到脚上。告诉其他人，在行进的过程中，他们要给他以指引，但不可以误导他。给组员蒙上眼睛，让他原地旋转三次，然后宣布游戏开始。	蒙眼睛的布，一双拖鞋
30分钟	会议室	消除疲劳，提高积极性，体会团队沟通的重要性	接龙 将组员两两分组，做一个与某个话题（可以任意选择，只要大家感兴趣，比如旅游）有关的演出。	一块黑板
10分钟	会议室	体会表情、动作和语言在人际交流中的重要性	快乐大转盘 通过几个步骤的训练，让学员体会表情、动作和语言在人际交流中的重要性。	
25分钟	会议室	培养沟通与逻辑推导能力	商店打烊时 本游戏通过一个商店打烊之后的模拟打劫场景，以封闭式问题的形式，训练了学员的沟通与逻辑推导能力。	打印好的试卷
5分钟		总结	重温本次活动的内容，给本次活动评分	
5分钟		处理离别情绪	提醒活动已经接近尾声	

（三）具体实施方案

第三次活动　你快乐所以我快乐

（一）目标：

1. 学会换位思考
2. 提升组员解决问题的能力

(三)程序:

1. 小组游戏-自我称赞

(1)目的:

① 对于学员自信和表达能力的培养

② 沟通能力的培训

(2)操作步骤:

① 将组员分成2人一组。

② 每个组员需要分别回答对方下面的三个问题:

* 你最喜欢自己身体或相貌的哪个部分?

* 在个人品质方面,你认为自己什么地方最好?

* 在个人才能方面,你最喜欢自己的哪个方面?

③ 需要注意的是,只需给自己积极、正面的评价,不要谦虚。

④ 相关讨论:

* 当你向别人介绍你的优点的时候,你是否会觉得不好意思?

* 这样一个游戏对你认清自己的优点与长项是否有帮助?

⑤ 总结

* 在一开始,你会发现由于多年来形成的习惯,让我们对于夸奖自己多少都有些不习惯。但事实上,随着你不断地夸奖自己,你会发现自己变得更为自信,更加肯定自己了,这也就是游戏要达成的一大目的。

* 自己对于自己的认识无论其是否公允,总是最为真实的。所以你对于自己的夸奖是帮助别人了解你的一个非常好的途径,真实地展现自己,你会发现你能得到的远远大于你所想到的。

2. 主题游戏:老妇人与小姑娘

(1)目的:感受不同的人对同一事物的不同理解

看待同样一件事物,每个人都有着不同的角度。角度的不同,决定了他们看到的东西也是不同的。其实,人与人之间很多的误解、冲突与矛盾都起源于此。当我们能够真正理解别人,接纳不同的意见,沟通起来就会容易多了。

游戏中的双关图可以看成两个不同的结果,这也形象地说明了人与人更多的是不同,而不是对错。

(2)操作步骤

① 工作者将挂图展示在大家的面前。

② 问大家:你们看到了什么?(除此之外,不要做任何提示,尤其不可以事先告诉人们这是一幅双关图)

③ 可以听到人们的两种答案,老妇人或者小姑娘。主持人可以故作惊讶的说:这怎么可能呢?怎么会一幅画看出了两个人呢?

④ 这时可以统计一下多少人看出了老妇人,多少人看出了小姑娘。问大家能不能看到别人所说的。给大家一些时间,再仔细看看,这时候先不要互相交流(大多数人在不经提示下,通常只能看出一种)。

⑤ 这时候,可以请学员相互交流,找到图中的另外一个人。

⑥ 提问与讨论

*为什么你只看出了一个人?当别人说看到的是另外一个人的时候,你的想法是怎样?

*在生活与工作中,有时候面对同样一件事情,你和别人的看法不同,却不能相互接纳,以至有冲突?

*"老妇人/小姑娘"这幅双关图,给你最大的启示在哪里?

附:幻灯片或挂图

你看到了什么?

3. 小组游戏:数字传递

(1)目的:

① 沟通技巧训练

② 解决问题能力的培养

(2)操作步骤:

① 将组员分成2组,并选派每组一名组员出来担任监督员。

② 所有参赛的组员按纵列排好,队列的最后一人到工作者处,工作者向全体参赛学员和监督员宣布游戏规则。

③ 各队代表到主席台来,工作者:"我将给你们看一个数字,你们必须把这个数字通过肢体语言让你全部的队员都知道,并且让小组的第一个队员将这

个数字写到讲台前的白纸上（写上组名），看哪个队伍速度最快，最准确。"

④ 全过程不允许说话，后面一个队员只能够通过肢体语言向前一个队员进行表达，通过这样的传递方式层层传递，直到第一个队员将这个数字写在白纸上。

⑤ 比赛进行三局（数字分别是 0、900、0.01），每局休息 1 分 15 秒。第一局胜利积 5 分，第二局胜利积 8 分，第三局胜利积 10 分。

⑥ 总结

在人与人之间的沟通中，身体语言往往能起到举足轻重的作用。同样的一句话配合不同的动作说出来就可以表达出不同的意思。比如你说一句话笑着说，人家会感觉很愉快，但如果是哭着说的，气氛肯定不是很融洽。所以我们在与人交流的时候一定要注意自己的身体语言。

4. 自我探讨：性格测试

（1）目的：加深自我了解

（2）操作步骤

① 工作者请大家先做一下分发材料上的趣味测验，看看自己会更多地选择哪个。（这是一个简单的趣味测验，如果准备一些正式的性格测验，效果也很好）。

② 工作者告诉组员：可以四处走动，去和其他的伙伴相互做性格的自我介绍"。找寻一下和自己相同性格的人，看看你们是否有很多相同之处。再找一些不同的人，看看你们的差异在哪里。

③ 提问与讨论：

*在工作中，你有过因为与别人个性不和而产生摩擦的经历吗？

*通过阅读一些有关性格与沟通方面的资料，来改善你与周围人的人际关系，你尝试过吗？

*你了解自己和他人的需求、价值观、能力类型和处事模式吗？

附：分发材料

参加聚会的路上，你所想的

蓝色：在那里能否遇到一个投缘的朋友？

红色：那里的人是些实干家吗？

黄色：这个聚会会比较好玩吗？

绿色：这次聚会是谁组织的？会按一定的程序进行吗？

假设要排演一台话剧，你愿意

蓝色：做幕后工作

红色：做导演

黄色：做主要的演员

绿色：不想参加

在看书的时候，你的主要兴趣是

蓝色：书中所提到的观点

红色：如何将有用的东西付诸行动

黄色：人物的性格是否有吸引力

绿色：故事的主线

人生的黄金信条

蓝色：别人怎样对我，我也怎样对别人。

红色：别人对我采取行动之前，先对他采取行动。

黄色：对别人采取行动。

绿色：对别人采取行动，然后来报告我。

5. 反思和成长

请参加的组员说说自己参加小组前后的变化。

6. 总结

介绍一些关于人际交往方面的书籍和资料。《卡耐基的人性的弱点》、《生活中的关系学》、《世故三昧》、《先做人后做事》、刘墉的书 《我不是教你诈》、《你不可不知的人性》、《演讲与口才》。

第四次活动 沟通无极限

（一）目标：

1. 学习各种交往技巧

2. 强化和巩固组员已经获得的行为和态度的改变

（二）程序：

1. 小组热身游戏：雨点变奏曲

（1）目的：培养大家的创新能力和想象力，以及彼此的默契程度。

人类的肢体语言可以表达丰富的情感，不仅能模仿动作还可以模仿声音，从而传达个人的感觉和想法。这个游戏就是需要学员们彼此配合，通过身体发出声音来完成一段变奏曲。

（2）操作步骤：

① 让所有组员利用身体的任何部分碰撞发出两种以上的声音(会发现学员会发出各种各样的声音出来，场面一片混乱)。

② 让所有学员以自己认为最擅长的方式发出声音（这时，会发现学员的声音会进行汇合，形成几个主流的声音）。

③ 这时培训师引导大家渐渐形成四种声音发出的方式：

* "小雨"——手指互相敲击。
* "中雨"——两手轮拍大腿。
* "大雨"——大力鼓掌。
* "暴雨"——跺脚。

④ 工作者说："现在开始下小雨，小雨变成中雨，中雨变成大雨，大雨变成暴风雨，暴风雨变成大雨，大雨变成中雨，又逐渐变成小雨……最后雨过天晴。"随着不断变化的手势，让组员发出的声音不断变化，场面会非常热烈。

⑤ 最后，"让我们以暴风骤雨的掌声迎接……"（游戏结束）

⑥ 相关讨论

* 让组员如何将我们发出的声音变成有节奏的东西呢？除了上述的奏鸣曲，还有其他好的形式吗？
* 大家的热情是否很高？有没有人想到更好或更贴切的发音方式？

⑦ 总结

大家配合完成一件了不起的事情可以增进大家的友谊，还可以看到每个人平时不为人知的一面，有利于工作者对组员的了解。

2. 小组游戏："瞎子"穿拖鞋

（1）目的：让我们知道，一个人的智慧是有限的，不要羞于向别人请教。只有这样，思维才能不断得到更新。

（2）操作步骤：

① 选出一名志愿者。同时在地上画一道横线，同时在线的前方5~6步远的地方放一双拖鞋。

② 告诉志愿者他的任务就是在被蒙上双眼的情况下，将这双拖鞋穿到脚上。

③ 告诉其他人，在志愿者行进过程中，他们要给他以指引，但不可以误导他。

④ 给志愿者蒙上眼睛，让他原地旋转三次，然后宣布游戏开始。

⑤ 相关讨论

* 作为志愿者，当你的眼睛被蒙上之后，有什么感觉？
* 有了其他同学的帮助后，你是否觉得任务简单了？

⑥ 总结

*这是一个讲究合作的游戏，它的意义不仅存在于身体活动里，如果你想一想就会发现，它也可以体现在人的思维交流上。这个道理大家都明白，但是以这种生动的游戏形式来做比喻更能够深入人心，起到事半功倍的效果。

*被蒙上眼睛的感觉就好像一个人在黑夜里摸索。在求知的旅途中独自前行固然勇气可嘉，却难免走许多冤枉路。与同行和朋友的交流就好比一盏明灯，指引每个人前进，就好像游戏中大家的指导一样。所以，不时地听听别人的意见有利于我们思想的更新和提高。

3. 主题活动：接龙

（1）目的：

① 活跃气氛

② 创造性地解决问题

③ 团队沟通

（2）操作步骤：

① 将组员两两分组，做一个与某个话题（可以任意选择，只要大家感兴趣，比如旅游）有关的演出。

② 指定每组的两个成员中，一人为A，一人为B。被称为A的人是这场游戏的演员，被称为B的人是A们的台词提示者。

③ B组挨着A组的同伴站着，当轮到自己的角色说话时，就会把台词告诉A。而每个A组成员的任务就是接受B同伴提供的任何台词，在此基础上再加以发挥，把戏演下去。A组成员要密切配合B成员的意思，好像这些台词就是他们本人想出来的一样。

④ 为了使组员充分理解工作者的意图，工作者可以先做一下示范。挑选一位学员后，工作者开始说："我非常想和你一起旅游，因为小王你——"

⑤ 工作者然后拍一下小王（B组人）的肩膀。小王需立刻接下去，"我总是与你的喜好一致。"工作者结合小王的话继续说，"总是与我的喜好一致。事实上，我们有过一次愉快的旅游经历，那一次——"

⑥ 再次拍小王的肩膀。他也许会说："我俩结伴去了黄山，"工作者接着说："我俩结伴去了黄山，真是一次美妙的经历。"

⑦ 又一次拍小王的肩膀，小王可能说："什么时候我们还能共同休假呢？"工作者说："什么时候我们还能共同休假呢？那时我们再一起出游吧……"

⑧ 让所有受训者观看示范，然后让他们各组散开练习一下，5分钟后大家集合，集体完成一次演出。

⑨ 相关讨论

*请A组人员考虑：为了适应并转换B组搭档的台词，你必须做些什么？是否感到吃力或其他感觉？怎样才能使这个过程不那么煎熬呢？

*请B组人员考虑：你们的任务是帮助A组人员完成任务，所以为他们提供台词并使这一切进行得容易一些，你们需要做些什么？当A组成员没能顺利利用你的台词时，你有何感觉？

⑩ 总结

无论A组还是B组成员，都不可以迟钝的、恶作剧的做这个游戏，否则不仅会给搭档造成困难而且会破坏训练的效果。大家的目的是将一个故事合理、顺畅的完成下来，而不是给别人出难题或显示自己的才能。这个游戏体现了最公平的合作，即快乐来自于与他人分享创意。

4. 放松活动：快乐大转盘

（1）目的：体会表情、动作和语言在人际交流中的重要性

人与人之间的交流或交往可以通过很多形式来达成，可以通过表情、动作和语言等等。人际交往可以说是上述方式的集合，缺少某一项很可能使交流受阻。这个游戏就是通过几个步骤的训练，让学员体会表情、动作和语言在人际交流中的重要性。

（2）操作步骤：

① 每人脸朝天花板，面无表情地随意走动，遇人转开。
② 每人脸朝自己脚尖，面无表情地随意走动，遇人转开。
③ 每人脸看他人脸，面无表情地随意走动，遇人转开。
④ 每人脸看他人脸，面带微笑，随意走动，遇人点头。
⑤ 每人脸看他人脸，面带微笑，随意走动，遇人握手。
⑥ 每人脸看他人脸，面带微笑，随意走动，遇人握手，心中说："我喜欢你"。
⑦ 每人脸看他人脸，面带微笑，随意走动，遇人握手，口中说："我喜欢你"。

⑧ 相关讨论

*当大家都面无表情的走动时，你是否感觉不自在？希望别人能冲你笑一笑

*当别人主动向你打招呼或握手时，你是否很感动？

*从这个游戏中你体会到什么道理？对你有帮助吗？

社会工作方法与实务

⑨ 总结

*人与人之间的交往是一个很复杂的过程,两个人从陌生到相识,需要运用很多方法来建立彼此的关系。这些方法包括语言、动作和表情等。如何运用这些方法也是一门学问,那些在平时生活中就不苟言笑的人常常被人认为是难于接近和不好相处的,这种认识无形中增加了他与别人交往的难度。人都是感情动物,需要情感的表露来让别人知道自己的心思,特别是在工作场合,如何运用沟通技巧来融洽朋友关系是一门很大的学问。

*对于每个人来说,沟通技巧不是天生的,即使有些人在这方面有天赋,也离不开后天的训练。据说,不止人类,各种灵长类动物在幼年时都需要学习如何掌握自己的表情,在这方面欠缺的动物受到攻击的几率要大很多。可见交流技巧在交往中的重要。这个游戏虽然简单,却让组员一步步体会交流形式的丰富和必要。课后应该以此为启发,思考该怎样改进工作态度。

5. 主题活动:商店打烊时

(1) 目的:沟通与逻辑推导能力的训练

本游戏通过一个商店打烊之后的模拟打劫场景,以封闭式问题的形式,训练了组员的沟通与逻辑推导能力。

(2) 操作步骤:

① 工作者给大家讲述下面这样一个故事:某商人刚关上店里的灯,一男子来到店堂并索要钱款,店主打开收银机,收银机内的东西被倒了出来而那个男子逃走了,一位警察很快接到报案。

② 然后让组员回答下面的问题,可以用印好的试卷形式进行(问题见附件中的习题一)。

③ 当组员都做好习题一之后,再将习题二发给组员,让组员对刚刚说过的情节进行判断,集体提醒组员不要受习题一答案的影响。

④ 工作者将最后的答案公布出来。

⑤ 相关讨论

*习题一中的答案对于你回答习题二有什么影响?

*应该运用什么样的分析方法才能得到最后正确的答案?

⑥ 总结

*人的思维往往会认定一件事情之后不再放手,就像本游戏中,明明一开始的判断只是学员在没有人的提示的情况下作出的主观判断。但当他们再次接触这一事件的时候,他们依然会想方设法地将事情的经过拉到他们预先设想的场景上去,而不会去想有没有其他的可能。所以说,思维的局限性绝对会影响人的正常思维以及想象力的发挥。

（3）在进行这个游戏过程中，一定要注意模拟店主与男子之间的沟通与交谈过程。只有合理的推演出他们之间发生的故事，才能够回答对最后的问题，所以本游戏对于沟通和妥协技巧也是一个很好的训练。

习题一： 商店打烊时

请不要耽搁时间　　　　　　　　　　　　　正确　错误　不知道
1. 店主将店堂内的灯关掉后，一男子到达　　T　　F　　?
2. 抢劫者是一男子　　　　　　　　　　　　T　　F　　?
3. 来的那个男子没有索要钱款　　　　　　　T　　F　　?
4. 打开收银机的那个男子是店主　　　　　　T　　F　　?
5. 店主倒出收银机中的东西后逃离　　　　　T　　F　　?
6. 故事中提到了收银机，但没说里面具体
有多少钱　　　　　　　　　　　　　　　　T　　F　　?
7. 抢劫者向店主索要钱款　　　　　　　　　T　　F　　?
8. 索要钱款的男子倒出收银机中的东西后，
急忙离开　　　　　　　　　　　　　　　　T　　F　　?
9. 抢劫者打开了收银机　　　　　　　　　　T　　F　　?
10. 店堂灯关掉后，一个男子来了　　　　　 T　　F　　?
11. 抢劫者没有把钱随身带走　　　　　　　 T　　F　　?
12. 故事涉及三个人物：店主，一个索要
钱款的男子，以及一个警察　　　　　　　　T　　F　　?

习题二： 商店打烊时

仔细阅读下列有关故事的提问，并在"对"、"不对"或"不知道"中作出选择，划圈。

请不要耽搁时间　　　　　　　　　　　　　正确　错误　不知道
1. 店主将店堂内的灯关掉后，一男子到达　　T　　F　　?
2. 抢劫者是一男子　　　　　　　　　　　　T　　F　　?
3. 来的那个男子没有索要钱款　　　　　　　T　　F　　?
4. 打开收银机的那个男子是店主　　　　　　T　　F　　?
5. 店主倒出收银机中的东西后逃离　　　　　T　　F　　?
6. 故事中提到了收银机，但没说里面具体有多少钱　T　F　?
7. 抢劫者向店主索要钱款　　　　　　　　　T　　F　　?

8. 索要钱款的男子倒出收银机中的东西后,急忙离开	T	F	?
9. 抢劫者打开了收银机	T	F	?
10. 店堂灯关掉后,一个男子来了	T	F	?
11. 抢劫者没有把钱随身带走	T	F	?
12. 故事涉及三个人物:店主,一个索要钱款的男子,以及一个警察	T	F	?

习题一: 商店打烊时(答案)

请不要耽搁时间	答案
1. 店主将店堂内的灯关掉后,一男子到达	? 商人不等于店主
2. 抢劫者是一男子	? 不确定,索要钱款不一定是抢劫
3. 来的那个男子没有索要钱款	F
4. 打开收银机的那个男子是店主	? 店主不一定是男的
5. 店主倒出收银机中的东西后逃离	?
6. 故事中提到了收银机,但没说里面具体有多少钱	T
7. 抢劫者向店主索要钱款	?
8. 索要钱款的男子倒出收银机中的东西后,急忙离开	?
9. 抢劫者打开了收银机	F
10. 店堂灯关掉后,一个男子来了	T
11. 抢劫者没有把钱随身带走	?
12. 故事涉及三个人物:店主,一个索要钱款的男子,以及一个警察	?

6. 总结

重温本次活动的内容,给本次活动评分。

7. 处理离别情绪

提醒活动已经接近尾声。

(四)小组活动结束后,工作者对本次活动进行评估,并填写记录

1. 小组观察记录
2. 小组工作人员自我评估表
3. 小组工作中期总结

小组社会工作 项目三

小组工作中期总结

一、案主问题的中期分析

1. 案主问题性质

2. 案主问题主要原因

二、工作开展情况中期总结

1. 小组专业关系维持情况

2. 相关资源利用情况

3. 小组工作运作情况

4. 案主对小组服务的满意情况

三、工作员工作计划调整思路（可以另附纸）

四、工作员工作感想总结（可以另附纸）

中期评估日期：

六、总结点评

1. 小组经过冲突阶段的"磨合与适应"之后，就进入了成熟发展阶段，这是小组目标达成和成员发展成长的阶段。这个阶段小组成员之间、工作者与成员之间，小组与机构之间的沟通达到了全方位的积极的正向的有效沟通，关系更加和谐，彼此之间的支持力更加强大，成员在小组中感受到最大的温暖、信任、真诚与接纳。因此，这个阶段沟通的内容会更加丰富和深入，有时能够达到心灵深处的对话。

2. 工作者除了以更开放、包容、耐心、尊重、温暖等特质和成员互动，运用团体初期的技术及摘要、抉择、联结、设限、保护等技巧之外，也可在设计方案时，选择适合的活动来促进小组发展。

3. 在整个小组的带领过程中,要避免认识上的两个误区:一是游戏论。即认为带领小组的过程就是带着组员做游戏,只要气氛热烈就是一个成功的小组。这种认识是极其片面和简单化的。的确,好的小组离不开游戏的使用,但游戏在这里只是一个载体,它承载着我们要传达给组员的某种理念,为后边将要进行的深入探索做一种铺垫。小组的核心与灵魂是组员间坦诚的沟通与分享过程。二是工作者中心论。即认为小组的带领者是当之无愧的核心人物,工作者的权威地位不容挑战。这样的小组无异于教室搬家,毫无价值可言。在成长小组中每一个人的地位都应是平等的,小组带领者的角色是一个协调者和引导者,不能将带领者个人的观点强加给组员。

七、拓展提高

1. 认识小组过程中存在的各种关系和因素。
2. 以小组为单位讨论小组工作目前在我国应用的现状以及未来的发展趋势。每组同学须提交小组讨论提纲,并派代表向全体同学表达小组讨论中的主要观点。
3. 以小组为单位讨论小组中成员互动原则与自决原则对工作者的行为有什么影响。

任务五 结束小组工作

教学目标

通过本单元教学,使学生掌握小组后期社会工作者的角色要求与组员的特点,带领小组结束工作。掌握小组工作评估方式,能够撰写小组工作评估报告。

案例背景

"大学生社会交往活动小组"经过一个多月的活动后,参加这个小组的大学生们普遍感觉到原来人际交往的困境状况减轻了许多,在这里认识了好多朋友,也学会了尊重他人,理解他人,对他们以后的学习、工作、生活中的人际交往帮助很大,这样,小组工作目标已经实现。此时小组活动即将结束,小组工作者安排了小组结业主题活动"遇见你是我的缘"。

1．小组结束期的活动设计
2．结束小组工作应具备的条件与注意的问题?
3．小组工作总结与档案汇集与保存
4．撰写小组工作评估报告。

一、术语理解

1．小组评估:小组工作评估是一种工作的方法和研究的过程。具体来说是指有系统地搜集有关小组工作中所运用的资源、服务过程与结果的资料,并对其进行分析的过程。目的是为了分析和确定社会工作者介入或整个小组发展的成效、效率和价值,并为未来的小组工作提供参考。

2．离别情绪:小组结束时,组员可能同时有正面和负面两种情绪感受,否认小组应该结束。

3．情绪转移:小组结束时,组员们将要面临分离,于是他们开始在其他地方寻找新资源以满足他们自己的需要。

4．两极行为:小组结束时,组员中可能会有人由于对小组的结束无可奈何,由焦虑到出现逃避行为,逃避现实。

二、工作要点提示

(一)分析组员的特点

1．小组后期阶段,小组成员之间彼此开始熟识和聚会,这时他们一般能接纳其他成员的个性、实力、态度和需要;彼此之间能够相互支持,自由地进行沟通。

2．这时候的小组组员对小组一般有较高的认同感,开始经常用"我们"而不是"我"来表达对小组的认同。这时的组员们也掌握了比较好的技巧来履行小组中的角色职责并在小组中担当了一定的任务。

3．家庭式的情感减弱,次小组出现。

4. 成员之间权利的竞争和情感波动趋于缩小，组员们会以不同方式塑造小组权利结构。

(二) 社会工作者的角色和要求

1. 小组工作者在此阶段的角色

（1）资源提供者。社会工作者要配合组员的需要，做好信息和资源的提供。

（2）能力促进者。社会工作者要鼓励组员之间互相尊重与关怀，协助他们更好地认识自己，形成互相帮助的良好局面。

（3）引导和支持者。在小组可以自己运作和作出抉择的过程中，社会工作者是与他们同行的支持者和鼓励者。同时，社会工作者会对组员中的个别行为和特殊变化给予关注。

2. 小组工作者在此阶段的工作要求

（1）认识这个阶段小组成员的特点是相互认同、有聚合性，竞争与冲突开始减少。

（2）帮助组员深刻认识自我，鼓励相互间的尊重、关怀与帮助。

（3）关注小组动力的变化和特点。

（4）在小组完成任务的过程中，做好资源提供者、能力促进者，以及引导者和支持者。

(三) 结束小组工作

在小组结束期，社会工作者要帮助组员处理好离开小组的各种感受，组织各种活动。面对组员表现出的离别情绪，社会工作者应以适当的接纳与支持，引导他们做好情绪表达和学习处理离别。

在小组结束期，社会工作者要以领导者的角色和专业职责，协助小组成员完成理想的结束过程。

(四) 小组结束期的活动设计

到了小组结束期，涉及活动的重点主要应放在两个方面

1. 巩固学习成果的活动设计

巩固学习成果阶段主要是帮助组员对自己的小组经历作出评估，并强化已经取得的学习效果。常用的方式主要有：通过角色扮演回顾小组历程中的重要

事件并分享自己的收获；组员间彼此介绍对方在小组过程中的变化与成长，并进行讨论等。

2. 着手结束小组工作的活动设计

结束小组工作阶段的目的主要是为了帮助小组工作顺利地告一段落，减轻或消除组员们由于小组即将结束而可能产生的不安或抗拒的情绪和行为。通常主要的方式由：帮助组员回忆小组经历，引导组员分别表达对彼此的感受，举行分别前的聚会等。

三、方法技巧

准备结束小组的技巧：小组工作者如果要在一定的时限内结束小组，就必须在最后一次聚会之前的一次或两次聚会时就开始逐步解决离别的焦虑、失落或相关问题等；准备"仪式化的结束"；工作者应该鼓励小组成员表达个人对结束小组的感受，以及在小组结束之前肯定个人的表现。

1. 工作者一般利用下列的问题刺激成员处理自己的事：假如这是最后一次在小组里探究自己的需要，你将如何利用这个时间和机会？如果这是最后一次的讨论会，对于你曾经做过的事，你有什么感受？你会期望自己有所不同吗？

2. 工作者在申明结束的日期后，即将自己的角色转移到小组中心的位置。

3. 引导感受的表达，分享经验感受：工作者在结束阶段要刺激成员分享大家有一起渡过的生命历程，重新体验和感受大家由陌生到相识、相交，再到依依不舍的情感变化的过程，回顾小组过程中所经历的愉快经历和感受。这种回忆特别情景的方法，可以将成员带回到小组中曾经发生过的亲密与温暖、矛盾与冲突、幽默与喜悦以及痛苦、紧张与焦虑的生活事件。成员所描述的经验越多，就越能清晰的回忆小组过去所发生的事情，也更能增加他们整合与运用所学的机会。

4. 让成果和回馈变得更明确：在所有的小组聚会中，成员应该避免概括性和整体性的陈述，代之以明确性和描述性的陈述。在小组的结束阶段，如果要清楚成员学到什么，有哪些方面的成长，应该如何在未来的生活中运用，那么就要要求成员具体详细的陈述。

5. 结束阶段的回馈：结束期的回馈需要说得清楚、明确，有价值和富有建设性。在回馈的时候要注意不要将对方归类和标签，不要带有攻击性和嘲弄他人的意思，但也不要过分的甜言蜜语，社工回馈的目的是给予成员一些他们能够带走的，并在实际的工作和生活中能加以应用的东西，作为受馈者，只要认真、慎重得用心去听就可以了。作为工作者要控制好这个处境。

6. 计划未来：即工作者与小组成员共同计划小组成员离组后的安排。目的是让小组成员的组内生活与组外现实的日常生活之间有一个理想的衔接，同时也是为了小组成员在未来有一个持续的发展与成长。小组成员未来计划的制定必须考虑组员的意愿、能力与需要以及其自身所处的环境；同时小组成员未来的计划要现实、具发展性、成长性以及有合理的期望值，并能付诸行动。

7. 以欢送会等形式结束小组：无论什么性质的小组，也无论小组时间的长短，小组最后一次的聚会，都应该重视和认真的组织，有始有终。为了缓解小组成员离别时的负面情绪，工作者可以发动小组成员来组织小组送别活动，活动的程序、内容可以大家一切商定。

8. 祝福与道别：面对即将的分离，成员之间可以互送小礼物，礼物不一定就是物质的，也可以是精神上的，如临别赠言和寄话，或者说些祝福和珍重的话，等等。

四、注意事项

1. 社会工作者在小组结束时，除了必须以身作作则，保持开放自我、尊重支持、积极负责的态度，运用一些团体工作的技巧外，还应注意要让成员有机会回顾思考整个团体过程中自己的经验，彼此给予和接受回馈，进行自我评估和团体评估，互相给予祝福和勉励等。

2. 社会工作者应该让成员在团体离结束还有一段时间时，利用"即将结束"的事情，刺激成员快速处理自己的问题。同时，设计一些激励自我与承诺实践行动的活动，将团体活动中的经验学习迁移到现实环境中。

3. 团体结束后的一段时间，社会工作者可在方案设计中加入追踪辅导或探访聚会等活动，借此来评估团体成效，同时也可督促成员继续成长。

五、实务操作

（一）分析组员特点

（二）小组结束活动设计

小组社会工作　项目三

遇见你是我的缘

时间	地点	目　标	内　　容	所需材料
10分钟	会议室	开怀一笑,保持良好状态	动物的尾巴 将组员分成两组,要求每组选出一个执行者,执行者带上眼罩,然后通过一段距离,最后将尾巴粘到相应的位置上。每组剩下的学员要通过变换相应动物叫声的方式,通知执行者行走路线以及粘尾巴的位置。	动物挂图、眼罩
30分钟	会议室	提高组员的语言表达能力	荒岛余生 私人飞机坠落在荒岛上,只有6人存活。这时逃生工具只有一个只能容纳一人的橡皮气球吊篮,没有水和食物。你必须竭尽全力说服其他人让你登上橡皮气球	
5分钟		总结	小组历程回顾	
30分钟		测评小组成效	做小组问卷调查	
15分钟				
10分钟				

(三) 具体实施方案

第五次活动:遇见你是我的缘

(一) 目标:巩固情感和友谊,结束小组
(二) 程序:
1. 热身活动:动物的尾巴
(1) 目的:加强小组成员间的默契。
(2) 操作步骤:
① 工作者将动物挂图挂到前面的墙上(可准备牛、羊、狗三种挂图),然后告诉大家,下面要玩一个粘尾巴的游戏。这里有三种动物的尾巴,大家的任务就是要将它们粘到正确的地方。
② 将小组分成三组,要求每组选出一个执行者,执行者带上眼罩,然后通过一段距离,最后将尾巴粘到相应的位置上。每组剩下的组员要通过变换相应动物叫声的方式,通知执行者行走路线以及粘尾巴的位置。
③ 给大家一些时间,让他们商量配合的具体细节,时间为5分钟。

社会工作方法与实务

④ 开始游戏，最快完成、并准确完成的组获胜。

⑤ 小窍门

*主持人在开始的时候应引导大家，并适当示范各种动物的叫声以及变化（音量大小），这样可以降低学员开始时的心理困难。当三个组共同发出动物的叫声，场面会非常的好玩。

*如果要每个人都参与，可以规定小组内指挥人员，每人只可以发出一次声音，然后其他人按顺序依次继续指挥，这样进行循环。

⑥ 提问与讨论

*在游戏中，你们是如何与执行者指定沟通方法的？

*当你以发出声音的方式指挥同伴的时候，你是否感到有些心理困难？当发出声音后，感觉怎样？

*从团队建设的角度，这个游戏对你的启发在哪里？

2. 主题活动：荒岛余生

（1）目的：提高组员的语言表达能力

游戏主题：私人飞机坠落在荒岛上，只有6人存活。这时逃生工具只有一个只能容纳一人的橡皮气球吊篮，没有水和食物。你必须竭尽全力说服其他人让你登上橡皮气球。

（2）操作步骤：

① 开场白示例："最富特征的意外灾难，莫过于飞行灾难的突然发生，个人会感到无能为力，也不可能做什么特别准备。飞机失事以后能存活的希望是很小的，这不仅是因为飞机失去控制以后极容易爆炸，而且即使你死里逃生，还会有意想不到的危难在等着你。现在我们就一起体验一下逃离死亡的感觉。"

② 随意挑选六个学员，对他们进行角色分配：

*孕妇：怀胎8月，即将孕育出小生命。

*发明家：正在研究新能源（可再生、无污染）汽车，这种汽车可使人类摆脱能源污染，保护生态环境。

*医学家：经年研究艾滋病的治疗方案，已取得突破性进展。

*宇航员：即将远征火星，寻找适合人类居住的新星球。

*生态学家：负责热带雨林抢救工作组。

*流浪汉：没有固定职业。

③ 给他们有限的时间（约3分钟）来写下自己大致的理由，以此来理清自己的"辩护思路"。

④ 具体操作：

＊针对由谁乘坐气球先行离岛的问题，各自陈诉理由。

＊复述并评价前一人的理由再进一步陈诉自己的理由。

＊交叉询问任何一个你认为处于弱势的角色，力图说服他人接受你的理由。

＊最后，由全体成员根据复述别人逃生理由完整与陈述自身理由充分的原则，投票决定可先行离岛的人。

⑤ 游戏说明的道理（可以请学员一起谈看法）：

＊认真聆听别人的话，记住别人的想法，这样别人才会相信你，才会让你去求救。由此可见，聆听表达同样重要。

＊根据学员的表现评价：好的表达／坏的表达。

⑥ 效果评估讨论：

＊怎样才能用语言文字阐明自己的观点、意见或抒发思想、情感？

＊这一练习是否有助于你提高自己的表达能力？

＊什么样的语言最吸引你，会给你留下最深刻的印象？

＊你会因为别人接受了你的观点而开心吗？

＊现在你认为你对这一群体的参与程度如何？

3. 总结

小组历程回顾

4. 测评小组成效

做小组问卷调查

① 大学生人际关系调适小组辅导后期评估表

亲爱的同学：

非常感谢你完成了大学生人际关系调适小组培训！在正式结束前，请再回答以下问题，使我们了解你在小组中是否有收获，这也有益于我们今后活动的开展。谢谢！

	极不满意	不太满意	一般	比较满意	非常满意
你对整个小组的印象	1	2	3	4	5
你对小组组织者的印象	1	2	3	4	5
小组氛围					
对于在小组中的信任度	1	2	3	4	5
对于其他组员彼此间的尊重程度	1	2	3	4	5

| 对于在这个小组进行分享的程度 | 1 | 2 | 3 | 4 | 5 |

个人成长

能够进一步了解自我兴趣	1	2	3	4	5
能够进一步了解自我特质（特点）	1	2	3	4	5
能够初步规划未来职业	1	2	3	4	5
能够尝试规划人生	1	2	3	4	5

对我们小组，你喜欢的是什么？

你觉得我们小组还有什么地方需要改善？

我还想对小组组织者说……

姓名：
日期：

② 对活动中的主题游戏进行评估

序号	地点	目标	内容		所需材料
1	超级访问		10	性格测试	
2	合作音乐椅		11	雨点变奏曲	
3	集体智慧		12	瞎子穿拖鞋	
4	价值拍卖		13	接龙	
5	串名字		14	快乐大转盘	
6	天才猎头		15	商店打烊时	
7	自我称赞		16	动物的尾巴	
8	老妇人与小姑娘		17	荒岛余生	
9	数字传递				

（1）各项活动的总体感觉：
评分标准：1—很好，2——较好，3——一般，4—较差，5——很差
（2）你最喜欢哪一个（或几个）活动？（填序号，请按顺序排列）

（3）你认为哪一个活动最有意义？

小组社会工作　项目三

（4）当你参加第一次活动后，是否希望下次活动快点到来？

_____

（5）请简单评价一下主持人的表现：

_____

（6）参加此活动后，你最想和你的同学（或朋友）以后多做些什么？

_____

（7）五次活动中，你的最大收获是什么？

_____

5. 宣布小组活动就此结束，工作者感谢大家的支持，向大家告别。

（四）小组活动结束后，工作者对本次活动进行评估，并填写记录

（五）小组活动全部结束后，工作者对整个活动进行总结，评估，并且写出结案报告

小组工作结案评估

一、小组工作开展情况总结

1. 小组专业关系维持情况

2. 相关资源利用情况

3. 小组工作运作情况

4. 案主对小组服务的满意情况

二、小组工作目标完成情况总结
1. 案主原问题表现
组员一：
组员二：
……
组员十：

2. 案主问题解决情况

组员一：

组员二：

……

组员十：

3. 小组工作进程安排合理程度总结

4. 小组工作运作方式科学程度总结

三、工作员工作总结（可以另附纸）

四、工作员工作感想总结（可以另附纸）

             结案评估日期：　　年　月　日

六、总结点评

  1. 小组结束阶段的活动设计主要是针对小组内未完成的事务、巩固小组的经验、协助成员成为一个独立的个体并协助他们面对未来。因此，小组结束阶段的活动安排应该考虑以下几点：一是针对未来的需要；二是表现个人的独特性；三是提供机会让个人完成工作；四是表达感受；五是分化行为多于一致行为；六是配合小组发展情境。基于上述原则，在小组结束时可以采取的活动类型有小组评估、经验回顾、相互道别等。

  2，关于评估，社工采用了观察法和访谈法、问卷法进行评估。在观察法中，社工主要通过组员的迟到早退、出席率、组员对小组活动的参与等投入情况作为指标，考察小组成员参加活动前后的改变和小组成效。在访谈法中，社工根据设计好的访谈大纲去一个个访问小组成员，然后把资料和开组前对组员的访谈作一个完整的比较，从中分析小组组员的变化及程度。

七、拓展提高

  1. 小组后期小组结构的特征是什？

  2. 广泛搜集小组活动设计和训练方面的资料，自己设计小组活动方案，准备各小组活动课堂训练。

小组社会工作　项目三

教学情境二　社会目标模式工作过程
　　　　　以关爱空巢老人小组活动为例

教学目标

通过教学，使学生掌握社会目标小组辅导方法和主要工作步骤。

案例背景

"空巢老人"是社会学家和老年学术研究者给60岁以上老年人不与子女共同生活而自己独立居住的一个形象称呼。

近年来，随着经济社会的发展，居民住房条件的改善以及计划生育政策的推行，"空巢"家庭和"空巢"老人逐步增多。市老龄办提供的数据显示，截至2008年初，全市60岁及以上人口为119.3万，占总人口的15.93%，其中"空巢"老人占到的比例达到40%左右，预计两年之后将达到45%。其中，仅市内四区60岁以上的老人就有27.3万人之多，他们当中因子女离开等原因在家独守的约为12万人。

"空巢"老人既是家庭问题，也是老龄化社会带来的社会问题。"空巢"老人大都面临着年事渐高，孤独与寂寞、生活照料与精神慰藉等问题，而且"空巢"老人在家中发生意外的事情也时有发生，由"空巢"而引发的一系列社会问题摆在人们面前。

滨湖小区的社工针对本小区空巢家庭的具体情况欲组织一个关于空巢老人的小组活动，增强老人社区归属感，社区意识，同时丰富老年人的生活，使其放松身心，增强锻炼身体和养生意识，克服空巢心理，切实提高生活质量。

工作任务

1. 接受小组任务，准备筹建小组
2. 组建小组，制定小组活动计划

3．开启小组，实施小组活动计划

4．发展小组，促进成员转变

5．结束小组，进行评估

一、术语理解

老年社会工作理论解说：

1．符号互动理论解说：如果整个社会对老年人采取歧视的态度，必然会对老人的自我认知产生影响。如果老年人每天听到的广播、看到的电视、外出购物所目睹到的一切，都把老人描绘成昏庸、老朽、无用，那么这些信息的积累，自然会对老人的自我观念产生否定性的认识，让他们感到自己不再有能力，对家人和社会都是负担，从而使他们对社会产生隔离感。

2．社会重建理论解说：社会重建理论意在改变老年人生存的客观环境以帮助老年人重建自信心。社会重建理论的基本模式是：第一阶段：让老人了解到社会上现存的对老年人的偏见及错误观念。第二阶段：改善老年人的客观环境，通过提倡政府资助的服务来解决老年人的住房、医疗、贫困等问题。第三阶段：鼓励老人的自我计划、自我决定，增强老人自我解决问题的能力。

3．社会交换理论解说：社会交换理论认为社会互动是一种双方交换的行为，在交换过程中双方都考虑各自的利益，企图根据他们在某些方面的利益来选择相互作用，当互动双方都达不到自我的目的，社会互动就会趋向停止。在社会交换理论看来，人们是通过掌握物质财富、能力、成就、健康、美丽等社会认可的权力资源来确定自己的社会地位的。在社会中，大多数老人掌握的权力资源比年轻少，因此，他们的社会地位便相应下降。由于老年人缺乏可供交换的资源，所以他们在社会中只扮演屈从和依赖的角色。鉴于此，社会交换理论提出，发展与老年人有关的政策和社会服务的原则就应当是力求最大限度地增加老年人的权力资源，以保持老年人在社会互动中的互惠性、活动性和独立性。也就是说，应该让老年人拥有可供交换的资源，让他们感到自己有用，仍能给下一代提供帮助和支持。而且，应帮助老年人意识到他们曾经被尊敬、被需要以及对社会作出过的巨大贡献活动。

4．老年人需求理论解说：老年人的需求具有多样性，既有生理性的，又有社会性的；既有物质的，又有精神的。美国著名的人本主义心理学家马斯洛把人的各种需求归纳为五个层次，这就是生理需求、安全需求、尊重需求、归属与爱的需求和自我实现的需求。老年人也有这五个层次的需求，根据老年心理的特殊性，对其需求应作具体的分析。

二、要点提示

1. 做好小组开组前的准备工作

小组开组前，首先要对本次小组服务的案主进行情况调查，确定小组成员的主要问题和需求；其次，为了招募到老年朋友参加小组活动，在筹建小组时需要对潜在的小组成员进行宣传，宣传方式灵活多样，以能够充分引起受众注意为目的。再次，对报名参加小组活动的参与者进行小组目的、活动方式、活动规则、意义等讲解，让参加者初步了解小组的情况，考虑是否决定参与。

2. 组建小组，制定小组活动计划

根据小组成员的特点，确定小组规模，落实小组活动场地、经费、活动项目、活动时间等基本内容。

3. 开启小组，实施小组活动计划

按照制定的小组活动计划书开展小组活动

4. 发展小组，促进成员转变

社工利用小组活动技巧，连接小组成员，与小组成员一起设定工作任务，鼓励小组成员通过积极参与共同完成任务。这一过程，社工要强调小组成员的参与与否对任务达成的重要性，培养小组成员的参与意识。

三、方法技巧

老年社会工作常用技巧主要有：

1. 怀旧：引导老年人回忆和描述以前发生在生活中的重大事件，尤其是那些让老年人引以为自豪的事件，让老年人获得人生的满足感。

2. 生命回顾：这一方法与怀旧法不同之处在于，生命回顾是和老人一起探讨老人这一生的过程，其中涉及辉煌事件，也有遗憾的事件，以此激发老人对生活和生命的思考，引导老人用平和的态度来接受目前的老年状态。

3. 给每个参加活动的成员按其能力情况分配工作任务或作业，以激发老人"老有所用"的自信。

4. 与老人一起探讨社会热点事件，鼓励老人发表意见，从而促进老人积极思考。

四、注意事项

1．在筹建小组前，一定要对本次小组成员的特点给予充分的认识和把握，社工要清楚成员的需求，成员的能力限制等。

2．小组活动内容的设计不应超出小组成员的能力范围，以避免给小组成员带来负面的自我认知。

3．如果报名参加小组活动的人数过多，可考虑分组或分期，最好不要拒绝。

五、实务操作

（一）接受小组任务，准备筹建小组

此次小组活动，是滨湖小区社工根据该社区内存在的空巢老人问题而组织的。工作初期，社工对本社区内的空巢老人进行了入户走访和调查，明确空巢老人的需求愿望。

社工进入老人家里对老人进行面对面访谈，了解老人的需求，通过与老人的谈话得知，老人们退休以后在这个社区由于平时忙于生活没有空认识社区的其他居民，而社区里又没有开展针对老年人的活动，老年人迫切希望社区可以重视他们，根据老年人的需求开展一系列的活动，我们认真记录了老年人的需求，并根据老年人的要求准备在下一节开展一项试点活动。

根据这类老人的特点，社工进行了活动设计。通过前期宣传，招募到了小组成员。

（二）组建小组，制定小组活动计划

小组设计过程

1．小组名称：金色晚年

2．小组目的：

通过此次活动，走进老年人的生活，形成互动，并搭建一个老年人休闲娱乐的平台，让他们切实感受到社会对他们的关心与重视。同时在让老年人明白正面积极的晚年心态有助于成功幸福的度过金色晚年，减少老年人的孤独感，体会到老年生活的乐趣。

3．小组成员：

本小区年龄在60—70周岁身体健康的空巢老人。由10人组成，五男五女。

4. 小组特征：由社区支持，社工主办的一个老年学习、康乐小组。

5. 活动时间：2009年4月29日起到2009年5月27日。每周三举行一次。

6. 活动地点：社区老年活动中心。

7. 招募计划：

① 到老人经常活动的地方，与老人近距离沟通交流，建立亲密关系后，诚邀4位比较活泼的老人参加此次活动。并向他们询问一些性格内向的老人的情况，通过他们寻找具有孤独感的老人。

② 在小区中张贴海报。

③ 由社区工作人员进行"走家串户"，达到广而告之的目的。

④ 招募时注意性别，五男五女。

8. 需要的资源

① 人力资源：4个工作人员，一个负责主持活动，一个负责记录现场情况。

② 活动地点：和居委会沟通，向他们借用一下社区的活动室。

③ 设备和物资：眼罩、纸、笔、刀、牙签、盘子、水果、视频资料、找一个会唱《一剪梅》的人、PPT资料、抽号的纸箱和8个号码、相机。

9. 预料中的问题和应变计划

① 招募成员是可能碰到人员不够，可以向居委会求助，请他们提供一些老人的详细情况。

② 可能有个别组员互相认识，这样也有利于活动的开展。

③ 活动室可能没有投影仪，可以准备一些图片资料来代替。老人中途想退出的，要问清原因以及和其他老人解释清楚，以免出现更多的人员流失。

④ 若遇天气原因，活动顺延另行通知（在前期通知时向参与人员说明）；若因活动内容致使老人突发疾病，需立即送往医院。小组成员在通知时应征得老人家人同意，在活动前学习突发病紧急救治知识。

⑤ 工作者的经验不足，可能让老人难以信任。另外，工作者控制局面的能力不够，会让场面失控。在活动进行之前，做好充足的准备，从思想上到资料上再到临场的发挥上，都要先进行模拟。活动进行之时，工作者应该尽量展现自己的优势方面，避免暴露自己的弱势。

10. 活动预算

预算内容	合计
眼罩 8 个，每个一元	8 元
纸	5 元
笔 10 支	10 元
刀 4 把	8 元
礼物	100 元
水果	20 元
总计	151 元

（三）开启小组，实施小组活动计划

按照事先做好的小组活动方案开展活动。

小组活动计划

活动序号	活动时间	活动名称	活动目标	活动步骤	活动地点
1	2009年4月29日	有缘才相会	① 小组形成和组员相互认识 ② 建立小组规范	开场白 认识朋友 契约树 吃香蕉 列举事物 总结及回应	社区活动室
2	2009年5月6日	邀你跳个舞	① 培养社区归属感 ② 加强组员默契	请舞蹈队的老师教授简单的舞蹈，并且鼓励组员互动，工作者和组员一起跳舞并录像，留作纪念。	社区文化广场
3	2009年5月13日	我爱运动	加强组员运动健身精神	挑水工 左右交叉 神笔马良 穿针引线 总结	社区活动室
4	2009年5月20日	我爱我家	① 巩固组员默契 ② 融入社区	分享快乐 我猜我猜猜猜 表情演绎 重温与总结	社区活动室
5	2009年5月27日	养生课堂	① 保持良好心态 ② 懂得必要养生知识 ③ 结束小组活动	专家讲解养生知识 小组历程回顾 小组问卷调查 拍照留念 道别	社区活动室

小组社会工作　项目三

由于社工人员有限，只招募了 10 名老年人组成了一个小组进行试点，社工准备在以后的活动中，重点培养老年社区领袖，由社区领袖带领老人继续开展活动，增进社区老年人对社区的归属感和认同感。

（四）发展小组，促进成员转变

根据老年人的需求社工安排了一个交谊舞任务，由社工李鹏程和越小琳带领，主要教老年人跳交谊舞。老年人对这次活动非常感兴趣。平常他们看到广场上很多人跳，苦于自己不会跳而不能参加，现在他们学会了，以后晚上也有地方可以玩了。在教授的过程中社工特意关注有领导才能的组员，对跳的好的组员加以鼓励，培养他成为小组领袖以便以后可以更好的开展活动。在活动结束后让老年人讨论了自己的感受。老年人希望在社区可以认识更多的人，让更多的人参与到这个社区活动中来。社工最后指定了一个组长，以后有事情都由这位组长通知，晚上由组长带领大家练习交谊舞。

经过了这次活动老年人认识到了社区可以带给他们的好处，彼此之间更加熟悉，沟通起来也更加方便。在活动结束以后让老年人讨论了自己的感受，老年人非常支持社工的这次活动，如果不是社工的时间和人员有限，他们希望可以让更多的人参加进来。社工也谈了自己的想法，希望老年人可以起到领袖作用，发挥自己的特长，把社区的老年人集合起来，由第一批老年人带领开展更多的活动。组员接受了社工的想法。

受到鼓励的试点组老人，在参加广场上的交谊舞表演时，特别注意把旁观的老人拉进去一边教一边跳。还在其他活动中介绍更多的老人参与，扩大了此次活动在社区中的影响力。社工鼓励老人们自己组织小组活动，并为他们进行方案设计。

（五）结束小组，进行评估

此次活动历时一个月，试点小组成员成熟后，社工就适时地退出了小组，由小组成员自己继续开展活动。退出后的社工对此次小组活动进行了评估。

1. 对过程评估

观察组员对小组的投入程度。

2. 对活动进行评估

① 通过在小组活动结束时老人所说的一些感受进行评估。
② 依据督导老师和社区工作人员的评价进行评估。

社会工作方法与实务

3. 对结果评估

通过收集组员对小组的成效的评价进行评估。

关爱空巢老人小组活动评估报告

1. 目标评估

本次活动基本完成了预定的各项任务,实现了最初设定的目标。这些目标主要表现在以下几个方面:

一是为老服务精神得到进一步倡导。通过活动,调动,整合了社区的资源,倡导了社区为老服务的精神,社区的老人得到了快乐,在一定程度上提高了生活的质量。一位老人说:"我们好久都没有坐在一起和大家聊天了,有了你们这些工作员,我们的生活丰富了许多啊。"服务对象对这次活动非常感兴趣,对社区活动的认同程度得到进一步提高,成员们参与的积极性很高。

二是社区老人的归属感和认同感普遍加强。通过活动,丰富了老年人生活,让老年人在晚年不再感到寂寞,老年人普遍的更加依赖社区,更加喜欢在这个社区生活下去。

三是由于我们的时间有限,我们重在培养社区领袖,经过我们了解在我们不在的时候,这批老年人积极组织活动,在领袖的带领下利用自己的特长自行组织活动,丰富社区老人的生活。

2. 对组员的评估

在本次社区活动中,虽然时间很仓促,人员也有限,但是老年人们都能积极参与,成员之间的默契程度也比较高,形成了较好的合作基础,保证了社区活动的顺利进行。组员对活动很感兴趣,虽然我们培养了社区领袖,但是老年人还是希望我们年轻人可以来陪他们做活动,来组织社区的建设。

3. 工作者自我评估

由于时间仓促、精力有限、准备不足以及专业的社会工作经验的相对缺乏等方面的局限性,本次活动不可避免地存在一些不足,这是需要在今后的实践工作中加以进一步改进的。

一是服务对象的范围不是很大。由于时间不允许,我们只组织了一个小组,本来我们计划可以由许多工作员成立多个小组,来培养老年人的社区归属感和认同感,实在是力不从心。

二是工作人员的专业水平有待进一步提高。这是我们第一次进行老年人社区工作的实习,在理论的准备,技巧的掌握,方法的运用等方面,专业化,规范化和科学化的程度还需要进一步提高。

三是整个社区活动的周期比较短。实在没有办法把把活动周期弄的很长,剩下的只有在做关怀基金的时候继续来完成预定的任务。

四就是只依靠工作员的力量还是不够的,还要发动志愿者来帮助工作员完成社区的建设。

4. 机构对工作者的评估

工作员的表现非常令我们满意,可是由于时间比较短,虽然培养了社区领袖,但是还没有完全把社区老人发动起来,只让部分老人体会到了社区的归属感和认同感,带领老年人活动,丰富老年人生活,使老年人产生更多的归属感和认同感。

5. 工作总结

通过这次活动,社工对社会工作的技巧得到了进一步的提高。在前期访谈中和工作中主要运用了以下的工作技巧:

一是积极倾听,所谓积极的倾听是积极主动地倾听对方所讲的事情,掌握真正的事实,借以解决问题,并不是仅被动地听对方所说的话。

二是反映,反映是同感的传达过程,主要是通过复述成员所表达出来的内容和揭示背后的情感来实现。

三是澄清,澄清是指使用某些方法使组员陈述的内容和感受更加清楚和条理化的过程。

四是总结,总结是小组过程中必须使用的方法。

五是鼓励和支持,作为小组工作者必须使用的方法,必须消除小组组员的顾虑,必须多加鼓励和支持。

六是基调的设定,基调的设定是指设置和创造一种小组的情绪氛围。

七是眼睛的应用,在领导小组时,眼睛的应用是十分重要的。眼睛可以帮助领导者收集有价值的信息,鼓励成员们发言,也可以阻止成员的发言。

八是沟通,这主要包括两个方面的内容,一方面是与老人的沟通,另一方面是与社区机构的沟通。与老人的沟通主要分为两个阶段,一是小组开展前的个案阶段,与老人谈心,进行倾听,建立情感;二是活动进行中,不断征得老人们的回应,并在每次活动结束后,询问他们的意见,以便及时调整与完善活动。

6. 个人体会

① 实习回顾：四个星期的实习已经结束了，但是我们还是意犹未尽，因为需要我们去做的还有很多很多，时间真的是太仓促了，我们很多的想法都没有办法去实施。如果有时间，我一定会把这项计划继续实施下去，让这个社区充满爱，充满了老年人的笑容，让老年人体会到社区给他们带来的归属感和认同感。

② 前期：寻找社区还是比较简单的，由于我家就在社区里面，家长也是担任楼长，所以社区里面还是很好接受我们的。当我们进入社区以后把计划给社区的人一说，社区的工作人员还是非常支持我们这项活动的，特意把我们的招募放在了社区的活动之后，给我们招募带来了很大的便利。

③ 中期与后期：实际开展活动只用了四次，因为时间太仓促了，我们没法再这么短的时间内让老人们完全建立归属感和认同感，于是我们在活动中努力培养老年社区领袖，以便在我们退出以后计划不会中断。还好，我们成功实现了这一目标，经过我们的了解，在我们不在的时候，社区领袖坚持带领老年人开展活动，而社区工作人员受我们的启发，也有了开展活动的计划。总之我们的计划开展还是比较成功的。

④ 以后需要自我改进的地方：

由于时间仓促，精力有限，准备不足，以及专业的社会工作经验的相对缺乏等方面的局限性，本次活动不可避免地存在一些不足，这是需要在今后的实践工作中加以进一步改进的。需要改进以下几个方面。

一是进一步扩大服务对象的范围。

二是进一步提高工作人员的专业水平。

六、总结点评

1. 社会目标模式中，社工把握好自己的角色，主要是活动设计者和行动策划者，重点是激发小组成员的参与积极性。

2. 在小组社会工作中，根据案主群体的特点设置活动基调和内容是十分必要的。

七、拓展提高

1. 请根据小学生的群体特点设计一个暑期社区小学生活动小组
2. 讨论儿童、少年、青年、中年和老年群体的不同特征。

小组社会工作　项目三

教学情境三　预防与康复模式工作过程
　　　　　以青少年网络成瘾治疗小组活动为例

教学目标

通过教学，使学生掌握预防与康复模式小组辅导方法和主要工作步骤。

案例背景

随着网络时代的来临，网民人数的急剧增加，越来越多的青少年正逐步以"参与者"的社会角色在网络中凸显出主体地位。网络一方面拓宽了青少年的视野，丰富了青少年的日常生活，促进了青少年的学习成绩；另一方面，过度使用网络乃至上网成瘾，对青少年的身体发育、人格成长、心理健康、社会交往等方面产生明显的负面影响。

受××中学委托，根据班主任的推荐以及社工自己的调查与观察，社工从学校初中部各班级沉迷网络的学中挑选10名学生，邀请他们参加社工举办的小组活动。

工作任务

1. 接受小组任务，准备筹建小组
2. 组建小组，制定小组活动计划
3. 开启小组，实施小组活动计划
4. 发展小组，促进成员转变
5. 结束小组，进行评估

一、术语理解

1. 网络成瘾：指个体反复过度使用网络导致的一种精神行为障碍，表现为

社会工作方法与实务

对使用网络产生强烈欲望,突然停止或减少使用时出现烦躁、注意力不集中、睡眠障碍等。按照《网络成瘾诊断标准》,网络成瘾分为网络游戏成瘾、网络色情成瘾、网络关系成瘾、网络信息成瘾、网络交易成瘾共五类。

二、要点提示

1. 小组的治疗目标标必须同时可以作为小组中每一个成员个人的目标。
2. 工作者依据小组成员个人目标总和来确定小组的目标。
3. 工作者依据小组目标,协助小组发展规范系统并确立价值:
4. 工作者选择小组活动的内容是基于对个人治疗目标、小组结构等了解而形成的。

三、方法技巧

1. 尊重青少年的价值与尊严。青少年在发展阶段对他人是否尊重他们最为敏感。社会工作的价值理念,也是把尊重放在第一位。青少年虽然在某些方面的表现可能不尽如人意,甚至有偏差或者罪错行为,但是社会工作服务的基本条件是尊重青少年是一个独特的个体,拥有个人的价值与尊严,不能由青少年的一个行为而完全否定他的个人价值。

2. 接纳与关爱青少年。青少年偏差行为的产生很多是缘于家庭缺失。处于社会边缘的一些青少年也特别需要成人的关爱、接纳和理解。因此在开展服务的过程中,对于青少年充分地接纳与关怀是促进青少年成长的动力。接纳可具体表述为接受青少年是一个有价值、尊严、积极向上与向善发展可能的人。关怀则是关心、接近与重视青少年的各种学习与生活概况,并能与青少年共享成长的喜悦,共同分担失落的痛苦。

3. 注重青少年的个别需求。每个青少年的成长都有不同的经历,每个人对待环境变化也都有不同的反应与调适方式。社工应根据每个青少年的不同情况制定个别化的服务计划。

4. 协助青少年具备适应社会不断变化的能力。当今社会是个快速变迁的社会。家庭结构、人口迁移、就业压力、升学竞争等直接对青少年造成很大的冲击。社工在开展服务的过程中,要充分掌握社会发展脉络,配合青少年的社会适应性需要,通过给予青少年必要的辅导和协助,培养他们适应社会的能力。

小组社会工作 项目三

四、注意事项

1. 依赖权威性判断

小组工作员虽然具有一定的专业知识和技巧，但大多数工作员只具有社会工作的专业背景。所以，在判断组员的行为问题和心理问题时，小组工作员应该借助心理问题以及行为问题方面的专家来进行判断，并以这些专家的结论作为基础对小组组员的行为问题进行客观、准确的确认。

2. 相信专业化指导

小组工作员在运作预防及康复模式小组时相信，存在行为问题的组员，是能够通过专家的指导以及在小组活动动力的协助下提高其社会生活功能的，并能够在专家的指导下预防其行为问题的产生和解决已经出现的问题。

五、实务操作

（一）接受小组任务，准备筹建小组

在预防及康复模式的小组中，由于小组工作的重点在于对组员的行为进行预防、康复治疗，所以，对案主进行筛选是小组一个很重要的步骤。它可分为三步进行：

1. 小组工作员要鉴定和审议个别案主

小组工作员要鉴定个别案主存在的行为问题，审议案主是否适合治疗以及案主参与小组的动机。另外，小组工作员自己是否有信心解决案主存在的行为问题。

2. 小组工作员要详细审查和了解案主

小组工作员要详细审查案主行为问题产生的根源以及案主所具有的潜在能力，了解他们是否有信心改变自己的行为与其所在的环境状况，以及他们参与小组的计划等。通常，在这一阶段中，小组工作员都应该根据案主提供的资料为他们作出初步的个人治疗计划。

3. 小组工作员要决定小组的成分和小组的形式

小组工作员在决定小组组员的成分时，要考虑如果将有同类行为问题的人安排在同一个小组中，是否能够使他们取长补短、互相帮助、共同改变。因为，案主在个性方面虽然可以得到互补,但如果年龄相差太大或社会背景不同,则会影响小组目标的实现。所以,小组工作员应该注意,小组组员的行为问题虽然是决定小组目标的主要因素,但也不能不考虑其他因素对小组实现其目标的影响。

社工在该校初二年级班主任的帮助下,通过对初二年级各班学生的问卷调查,筛选出十多个喜欢上网的中学生。在此基础上,综合各方面的因素考虑,协调男女人数比例,在征得所选学生的同意之后,最后形成了一个由 10 位同学组建成的小组,其中男生 5 人,女生 5 人。

(二)组建小组,制定小组活动计划

小组设计过程

1. 小组名称:健康上网——青少年网络成瘾治疗小组

2. 小组目的:①加强小组成员的自控能力,学会管理自己的时间;②正确认识网络的作用,合理使用络;③学习社交技巧,从而更好地在现实中与他人流和沟通,使他们回归现实生活。

3. 小组成员:涉网且有成瘾倾向并且希望摆脱网络困扰、期待更合理地使用网络的青少年。由 10 人组成。

4. 小组特征:网络成长小组;

5. 活动时间:2009 年 5 月 1 日起到 2009 年 6 月 5 日。每周五举行一次。

6. 活动地点:校活动中心。

7. 招募计划:

① 校园内张贴海报;

② 校园广播宣传;

③ 学生处及班主任推介;

④ 为保证小组活动效果,报名者接受网络成瘾鉴别量表测试,并接受面试以确定小成员资格。

(三)开启小组,实施小组活动计划

按照事先做好的小组活动方案开展活动。

小组活动计划

活动序号	时间	活动名称	活动目标	活动步骤	活动地点
1	2009年5月1日	网虫相聚	小组成员之间以及与工作员相互认识,使组员明确小组的目标,并澄清小组成员的疑问通过游戏,鼓励成员互动,组员间分享对小组的期和感受。	开场白 自我介绍 契约树 轻柔体操 总结及回应	校活动中心
2	2009年5月8日	"E网情深"	小组成员分享自己的网络历程和感受。	实话实说 工作者介绍如何科学合理的管理和使用自己的时间分享对这次活动的感受 作业:为自己列一个时间表	校活动中心
3	2009年5月15日	:精彩空间	小组成员一起探索互联网的正向作用,探索如何发挥自己的潜能,学好互联网知识,利用好网络。	热身游戏:戴高帽子 头脑风暴:网络的好处网络活动空间拓展训练分享活动感受	校活动中心
4	2009年5月22日	网络陷阱	小组成员一起讨论网络的负向作用,配合成员价值观澄清,鼓励成员认清自己人生目标,探索如何行动,抵制不良的网络诱惑。	游戏:我的五样 头脑风暴:案例讨论 分享活动感受 布置下次活动的准备事项 重温与总结	校活动中心
5	2009年5月29日	美好生活	组织一次野外小组活动,让小组成员体验现实关系和现实生活的美好。	热身游戏:身体会唱歌 烧烤活动 节目表演	全山公园

(四)发展小组,促进成员转变

对网络成瘾的中学生实施干预工作的一个重要环节就是同他们一起澄清"问题",通过问话,与案主一同探讨问题,解构问题。使他们意识到,他们本人并没有问题,问题并不构成他们的本质特征。因为他们选择的生活方式与众

社会工作方法与实务

不同、他们所讲的语言似懂非懂,他们执著地迷恋网络世界,他们追求自我的态度不被多数人接受,于是被界定为问题。

在小组工作过程的第二个阶段,当小组成员与其他组员变得熟悉了。此时,组员已不是分散的个体,而是相互交往的,小组的初步结构形成了,有助于稳定组员在组中的角色与状况。如果组员不能从小组中感到满足,那么他会退出小组。为帮助组员由这个阶段发展到下个阶段,社会工作者必须帮助组员对自己和他人有更多的了解。

将问题外化是这一阶段的重点。即把案主的问题与案主本身区分开来,不再把问题视为案主的本质特征。问题外化包括两个部分:第一部分,描述问题怎样影响案主生活的过程及具体方式,把案主的注意力从关注问题是什么的本质探索转向问题怎样影响自己生活的过程考察。这样问题就不再被视为案主的某种本质特征,而仅仅是案主叙述自己生活故事的一种方式;通过邀请案主描述问题对其生活的具体影响过程和范围,可以帮助案主从固定、不变的问题描述中解放出来,看到自己与问题之间的互动关系,把问题和自己的生活区分开来。第二部分,描述案主怎样影响问题的过程及具体方式。这一部分的提问可以帮助案主在自己的生活经历中寻找与问题故事不同的经验,体会到自己对生活的积极影响和主动性,从而确定自己的能力和资源。

例如,在第四次小组活动中,面对组员小可的情况,因为他说话不多,在小组活动初期,只是听别人说,并不愿意过多的说自己的事情。随着后面的小组活动的进行,小组的安全感建立较好的时候,他才慢慢开放自己,表达了自己想要变得更爱说话,想要远离网络游戏的愿望。他说因为自己平常说话特别少,尤其是进入中学之后,几乎不与同学交流。学习成绩在小学的时候挺好的,到了中学课程加多了,成绩总是一再下降,压力特别大。于是就开始上网玩游戏,玩游戏的时候可以什么都不想了。他游戏玩的越来越好,谁都玩不过他,他就玩得更加上瘾。父母和老师都认为他有"病",他自己也慢慢的认同他们的说法,就变得更加内向,上课几乎从来不发言,也更加爱上网。只有上网玩游戏的时候他才能感觉到自己的价值,感觉到自己很强大,因为在网络游戏中他是唯一的高手,网络上一起玩游戏的人都很崇拜他。父亲为了不让他上网,现在已经强行把他的鼠标藏起来了,尽管如此,他的学习还是上不去,学习的时候经常会控制不住自己,总是会走神,想着玩游戏的事情,自己也觉得很苦恼,怀疑自己是不是真的是有"病"。

在将小可的问题外化的过程中,工作员对他进行解构式提问。比如说谁觉得你有病?他们为什么觉得你有病?他们在什么情况下开始这样认为的?你自己真的也认为只上网或者很少说话就是有病的表现吗？上网除了影响你的学习对你的生活还有其他的积极影响吗？你通过上网可以获得的成就感能够还能在别的方面获得吗？

在对小可进行提问过程中，小组成员之间相互讨论，揭示了是由主流叙述造成了小可的"问题认同"，小可通过这个环节对自己的生活逐渐清晰，了解自己的故事是怎样被建构起来的，问题又是如何凸显的。通过问题外化，帮助小可去掉了"标签"和压力，他不再把"网络成瘾"看做是自己"有病"的特征。

（五）结束小组，进行评估

1．每次小组活动后的小组成员分享；
2．工作员在小组活动中的观察、分析和总结；
3．小组活动结束当天采取开放问卷的形式，请小组成员概括自己参加此次小组活动的最主要收获和体会。

健康上网小组活动评估报告

一、青少年网络成瘾的原因分析

造成青少年网络成瘾的原因绝不仅仅只是青少年自身的问题，而是青少年与所在的生态系统中多种因素互动而引起的一种结果。一般来说，这些因素主要包括家庭方面、学校方面、社会环境方面以及自身的生理和心理因素等。

用"人在环境中"的社会工作视角，对青少年网络成瘾原因进行分析，有助于我们厘清思路，并设计出具有针对性的小组干预计划。

从人这一主体特征来分析，青少年的身心发展尚不成熟，这是青少年易网络成瘾的主观原因。

1．这一阶段的青少年求知欲强，好奇心重，互联网作为新生的事物，以其丰富的信息、刺激的游戏、不断更新的技术极大的满足青少年这一心理需求。

2．这一阶段的青少年富于激情，自我控制能力差，一旦接触网络，便会沉迷于其中而不可自拔。

3．现实中的压力，如学习成绩不良，人际关系有障碍，使有些青少年转而逃避现实，遁入虚拟的世界中寻求解脱。

4．追求独立、自由、平等的人际关系，以及某种程度上虚幻的自我实现，对青少年而言，网络是一个很好的满足舞台。

从环境这一客体特征分析，青少年可能身处的不利环境，是青少年网络成瘾的客观原因，表现在：

1. 家庭环境。青少年网络成瘾很大程度上可在家庭环境上找到其原因。现在许多家庭都是独生子女家庭，不少家长简单地认为对孩子付出就是爱，而忽略了青少年成长发展的需要，特别是交流沟通的需要。家长对于网络的非理性的认识，也会导致青少年网瘾，有些家长视网络为洪水猛兽，禁绝孩子与网络接触，这种不开放的态度，要么使孩子对网络越发好奇，要么产生强烈的逆反心理。

2. 社会环境。处在多元社会环境中，网络以其开放、时尚、匿名而成为多元化时代的象征。正因为网络是个自由开放的空间，所以网络中的不良信息足以影响青少年尚不成熟的人生观、价值观。一些网游公司不断开发出新的产品来吸引青少年，而那些产品很少有教育意义，甚至是充斥了暴力、凶杀、色情等不良内容。

3. 教育环境。青少年在学校中一方面学习压力大，易遭受挫折，又无法及时得到老师、家长的理解而使心理压力得到舒缓，另一方面，缺乏及时必要的引导，使他们只是将网络看作娱乐工具，而不是学习的助手。

针对上述原因，我们可以初步确定适合小组介入的层次是：在自我层面，加强自控能力，培养自我的现实效能感；在人际层面，促进人际交往，改善包括家庭在内的人际关系；在网络认识方面，理性探讨和认识网络的利弊，正向合理使用网络。

二、社工在整个活动中使用的技巧和方法评估

1. 社工在整个活动中使用了倾听、支持、同理、反馈、自我暴露、面质等专业技巧。在每次活动中，社工都使用了倾听、支持、反馈、表达专注的技巧，收到了很好的效果。例如，在笔者所开展的第一次小组活动的过程中，为了达到组建小组、相互认识的目的，要求组员用彩笔描绘一样东西代表自己，并且向其他组员展示图画，介绍自己。

案例一：组员小宇画了一个电脑来代表自己，他说之所以用电脑来代表自己是因为自从告别以前的学校，转到现在的学校之后，很多人都不认识。自己也不是特别适应新的校园环境。所以自己特别喜欢上网和以前的同学聊天，偶尔也会上现在学校贴吧看帖子。上网跟以前同学聊天能够重新找到以前的快乐感觉，上学校贴吧看帖子可以了解新学校的一些情况。

案例二：组员小岩用黑色的笔画了一把枪来介绍自己。他说话不多，比较腼腆，只是说自己学习成绩不好，家长老师同学都看不起他。喜欢玩电脑游戏，尤其是玩CS和魔兽，是游戏高手，总是能够赢，很有成就感。

案例三：组员小陈画了一个篮球和一个鼠标代表自己。他以前喜欢打篮球，经常偷偷把篮球带到学校，等到下课的时候或者放学之后玩，可是父母管教严厉，跟老师联系密切，从老师那里得知他的事情之后，把他的篮球藏起来了，只在周末的时候允许他玩一个下午。为了表示对父母的反抗，现在开始故意疯狂上网，周末也不再去打篮球。

通过上述案例可以看到，每一个网络成瘾的组员之所以选择上网都是因为他们目前的生态系统中存在一些这样或者那样的危机因素，例如小宇是面临着环境的改变导致不适应感；小岩学业失败，缺少情感支持而且自我形象感低；小陈则是家庭教育过于僵化。这些危机因素使得他们的效能感暂时不能正常发挥，但是他们并没有因此而放弃，反而能够借助其他的行为方式如上网来应对危机，满足自己的需要。但是，如果辅导者不去倾听当事人自己的讲述，就无法真正了解他们上网背后的生活，不能看到网络成瘾对于他们的意义。

从第一次到第二次的小组活动都属于建立关系阶段。这二次的小组活动给小组成员造了一个充满关怀与信任的环境——一种安全自由的小组氛围。小组成员通过一系列热身活动相互认识，参与投入到网络世界之外的现实活中来。在小组成员共同达成小组期待、签署小组契约的过程中，组员们感受到了强烈的责任感和集体的约束力。同伴之间既有支持又有监督，因而他们对走出网络成瘾就会信心大增。这种观念的改变本身就具有很好的干预作用。通过观察组员在小组中的表现、活动结束时组员发表的感言，可以感受到小组成员通过前三次的小组活动，由最初的自我防御、不信任、不参与到开始慢慢地熟悉。他们写道："当我发现这里有一群和我拥有相同困惑相同感受的人聚在一起，我的心不再孤单，我的问题并不独特，没有人对我们另眼相看也没有人指责我们。"可知，他们在网络之外的现实世界中开始体会到了被认同、被关注，体会到了归属感、力量感。

2. 社工的同理技巧运用得不成熟。社工由于经验不足和缺乏控制力，反馈不充分，回馈不及时，成员小陈曾在活动中表达自己"自闭"，社工反馈得不充分，没有帮助其解决问题。

3. 社工自身阅历不够丰富，表达能力不强，说话有时夹带口头禅，有时表现出怯场，自身素质还有待提高。社工对局面控制力不足，回馈得不充分不及时，发言时不能顾及到所有的人，有部分活动还是有些同学没有参与进来，造成了社工很尴尬的局面。这在以后开展小组的时候要考虑到这一点。社工的专业技巧有待提升。社工发现了3名成员的具体问题，但是都没有能解决这三位同学当前面临的问题。

三、对组员的评估

组员都是初次接触小组工作，小组对组员来说具有新鲜感，所以大部分组员都很有参与的兴趣和热情。有些组员性格开朗，积极参与整个活动，有4名；有些组员性格内向，随着小组进程，逐步有了改变，敢于在小组中展现自我，有4名，其中小岩在第二次活动中坦言自己是一个内向害羞的人，不敢当众发言，随着小组活动的开展，她逐渐自信起来，在第三次活动第一个发言，和成员们分享了她的经历。2名在第四次活动中中表现非常突出。其他一些成员在第二次活动中触动心灵，有所感悟，在以后的活动中都用心参与。成员们通过小组活动的开展，都有了很大的进步，心态有了改变，有所收获，身心都得到了锻炼和提高。

四、工作总结

本次活动计划设计得比较充分详细，切合青少年的特征。每位社工都认真负责地开展活动，三位社工配合配合默契，各就各位，使活动顺利完成。

通过这次小组活动的顺利开展，我们总结出每一活动过程中的不足，并在下一次活动中坚持改进，让组员在参加活动中得到能力的提升和认识的完善，对他们在学校的学习生活有很大的帮助。通过小组活动，我们也对初中生这个群体有了逐渐的了解。主要有以下几个方面的感悟：

1. 初中生群体是一个很容易加以塑造的群体，他们正处在长知识和才华的年龄阶段，这个年龄很容易受外界不良行为及风气的影响。如果加以很好的引导，则可能走向好的方面，能有一个美好的未来。2. 通过小组的形式给初中生进行成长教育，这样的模式可以让他们在一个群体中互相学习合作，互相影响和竞争。

3. 从开展活动的形式来看，对于青春期的这个学生群体来说，他们更要求有挑战性和合作性的活动，不愿在室内沉闷的空间和气氛中进行。开展活动是要让他们有所收获，不在一个相对较小的空间中进行是不行的，所以要引导他们进行活动之后的分享和经验的总结。同时，也要拓宽活动范围，多设计一些让他们身心都能得到锻炼和提高的活动。这样一方面能提高组员活动的积极性，另一方面也能使他们在活动中学习和领会更多的东西，有利于小组的顺利开展。

六、总结点评

1. 预防与康复模式中，社会小组工作的目标在于通过小组经验来治疗个人在心理、社会与文化方面的适应不良等问题。其关注的中心是怎样运用小组工作来改变人的功能丧失与行为偏差，协助个人社会功能的恢复与行为的矫治。

小组在这里既是治疗的环境,也是治疗的工具。这一模式被广泛地运用于精神病治疗、心理治疗、青少年不良行为矫正等领域。在这一模式中,小组工作者以专家的身份出现,他的任务是研究、诊断与治疗。作为治疗专家,小组工作者必须具有足够的能力去诊断个人的需要,安排治疗计划。

2. 在小组社会工作中,消除小组成员的社会心理和行为问题,帮助成员达到更佳的社会适应功能。介入的重点是个人功能的康复和重建,最终目标是改变个人而不是改变社会。

七、拓展提高

1. 探访儿童福利服务中心或工读学校,或劳教中心等等,了解和熟悉预防与康复模式中所适用的服务机构提供服务的状况以及接受服务的服务对象的情况,为未来的服务提供做准备。

2. 讨论小组工作员在实施预防及康复模式小组时,应以什么价值观来指导自己的工作。

项目四 社区社会工作

理 论 链 接

社区社会工作简称为社区工作,它作为社会工作的基本方法出现最晚,直到1962年,才被美国社会工作教育课程委员会正式承认,自此,社区工作与个案工作、小组工作并列为社会工作的三大基本方法。社区工作是以整个社区及社区中的居民为服务对象,提供助人的、利他的服务的一种社会工作专业方法。

社区社会工作之所以被最终确立为社会工作的基本方法之一,与社区在人们日常生活中的越来越重要的地位密不可分。随着一个社会工业化、城镇化和现代化的快速发展,社区越来越成为人们生活、工作、学习、休闲等活动的社会实体,成为现代社会的基本区域。在我们国家,随着"小政府、大社会"社会格局的逐步建立,社区也日益承担起政府下放给社会的各项任务,老百姓的生活与社区的关系日益密切。

接下来我们具体了解一下关于"社区"的相关概述。

一、何为社区

社区一词最早由1887年德国社会学家腾尼斯在他的著书作《共同体与社会》(英文名为Community and Society)中提出的,我们国家在20世纪30年代,开始使用。社区可以理解为是一个具体的"地方社会",是整个大社会的一部分,是地方上的小社会。如果说整个社会是一个完整的系统的话,那么,社区就是其中的子系统。社区代表了一个社会集体,这个集体是居住、生活、甚至工作在同一地域内,有着共同的生活方式、信仰、背景、利益及功能的一群居民。在现实生活中,社区的空间界限并不十分确定,可以是某一个很小的区域,比如一个街道;可以是很大的区域,比如农村、城市;也可以从宏观上把整个社会和国家看成一个社区[①]。

[①] 周沛:《社区社会工作》,社会科学文献出版社,2002.7,第3页

（一）社区的定义

中外学者关于"社区"的定义很多，众说纷纭。在此，我们采用国家民政部关于社区的界定：所谓社区，是指一定数量居民组成的、具有内在互动关系和文化维系力的地域性的生活共同体。

（二）社区构成要素

从以上定义中可以发现，社区的构成需要有五个基本要素：

1. 共同的地域：是构成社区的基本活动空间。
2. 人口：这一要素是社区中的活动主体。没有一定数量的人口就不能构成社区。
3. 组织结构：是社区活动得以开展的社会组织形式，社区中的社会组织是维系社区成员和安排、推动社区生活的重要手段。如物业组织、居委会、福利组织、娱乐组织等。
4. 社区文化：这是构成社区特质的精神纽带，主要表现为社区内的感情、风俗、习惯以及信仰等，它直接与社区中的日常生活相联系。
5. 公共设施：是连接社区居民进行互动的必要设置，包括生活服务设施如医疗服务、乡村中的水利设施、娱乐设施、公共文化设施等。一般这一因素的水平可反映社区生活水平。

（三）社区的类型

对于社区类型的划分，因所考察的角度不同，呈现出多样性。按照社区的地域不同来考察，社区可分为：农村社区、乡镇社区和城市社区；从社区发展水平解度来看，社区可分为：传统社区、现代社区和发展中社区；按社区形成方式划分，社区可分为：自然社区（如自然村落）和规划社区（由行政规划而成的社区）等。

（四）社区的特征

概括起来，社区主要具备四个特征[①]。

1. 区域性：这一特征是由社区的构成要素"共同的地域"形成的，社区内的生产、生活等各项活动就限定在一定的区域内，社区是具体的、有一定范围

---

① 周沛：《社区社会工作》，社会科学文献出版社，2002.7，第9页

社会工作方法与实务

的地域共同体。社区的区域性特征使得社区工作、社区发展与社区建设有了具体的目标和标准，突出了社会发展的多样性和层次性。

2. 共生性：因为一个社区是一个相对独立的生活共同体，社区内的各种组织和社区居民群体互相联系、互相制约在同一区域的社会交往当中，从而形成相互依赖的共生性。共生性使社区内的组织与组织，组织与居民，居民之间息息相关。

3. 聚集性：指随着社会经济活动的发展，社区发展必然伴随着人口的聚集、住宅的集中、社会组织的功能合并、公共设施的统一，即人力、物力、财力、权力、交通等多方面的大聚集。这一特征为社会工作和社区发展提供了较好的硬件和软件条件。

4. 多样性：社区的多样性特征是相对不同社区而言的，由于每个社区的内外部环境和条件上的差异，它们具体的发展和建设内容也各不相同，形成了各具特色的多样性特征。

二、社区工作

随着社区越来越成为基层社会建设中举足轻重的角色，社区工作也逐渐被人们熟知。在国内，社区工作常常被理解为社区服务，是一种社会性的事务。即在特定的区域内，受政府的指导和资助，依靠街道、居委会以及小区，有组织地动员社会各界力量，包括动员群众、发扬扶弱助贫、尊老爱幼及相互帮助的精神，因地制宜兴办各种小型福利和设施，开展各种服务活动，为居民群众，特别是有困难的家庭和居民提供种种服务。这种看法，只涉及社区工作中的一些内容，但并不全面。

所谓社区社会工作，是运用专业性的理论知识和技术，以社区和社区居民为案主对象；以预防和解决社区问题为目标；以社区发展和社会进步为宗旨；以培养和发扬社区居民互助精神为追求，调动和利用社区资源，积极参与社区建设和社区管理，提高社区福利水平，促进社区发展的过程[①]。

从上述定义中，我们可以发现，专业的社区工作包含以下几个方面。

1. 社区工作是一项专业性的工作，它要求工作人员有一定的专业理论知识和特定技术，并不是单纯的慈善工作。

2. 社区工作的直接内容是预防和解决社区内的各种社区问题，如贫困、失业、老年人照顾、残疾人服务、社区成员教育、有关社区成员的物质和精神生

---

① 同上，第62页

活的服务等。

3. 社区工作可以培养和发扬社区居民自力更生、奋发向上的精神，增强社区凝聚力和社区意识，减少社会不适，减缓社会冲突。

4. 社区工作的最终目标和功能是促进社区乃至社会的发展。

5. 从客观效果上看，社区工作具有社会管理的功能。

三、社区工作的目标

社区工作的目标对社区工作具有实质的指导意义，结合目前我国国情和社区发展水平，社区工作的目标为：

1. 着重解决与社区居民日常生活和就业密切相关的各种问题。如下岗再就业，老年人照顾，残疾人等弱势群体服务，卫生安全服务，生活环境改善等。

2. 引导和促进社区居民参与解决自己的问题，提高社区居民的社会意识。

3. 推进社区文化建设，确立居民的社区意识，为社区居民提供良好的文化氛围，引导居民树立健康文明的生活方式。

4. 发挥人的潜能，发掘并培养社区的领导人才。

5. 寻求社区需要与社会资源的有效配合，以满足社区需要。

6. 改善社区居民间的关系，培养居民之间互相关怀、互助互济的美德，增强社区的凝聚力。

目前我们国内的实际社区工作中，都是以完成或部分完成上述目标为工作指导方针的。

四、社区工作的模式

美国学者罗斯曼提出了社区社会工作的三种模式：社区发展、社会计划与社会行动。这三种模式的工作目标、工作原则与工作方法有很大的差异。但在实际的社区工作中，这三种模式并非是决然分立的。社区工作者往往根据实施的场合不同选择其中之一，或者混合使用几种模式。

（一）社区发展模式

社区发展模式作为一种社会工作的介入模式，是指社区工作者利用社会工作方法和技巧在增进社区居民之间的自助和互助的基础上，通过让区居民之间的互相沟通和广泛参与，共同解决社区面临的问题，满足社区需要，改善社区环境和生活，并且增加居民对社区的归属感。

社区发展模式认为，只要社区内的多数人广泛地参与决策和社区活动，就能实现社区的变化和发展。

这一模式注重发掘与培养地方领导人才,发掘地方资源,强调民主程度、志愿性的合作、居民自主与教育,如社区服务中执行邻里工作方案,实施于村镇的社区发展方案、成人教育领域的社区工作等。

(二) 社会计划模式[①]

社会计划模式又称为社会策划模式,主要是针对社区中的问题所进行的有目的地收集资料、指定服务方案、理性选择最优方案提供服务给杜区。社会计划模式强调专业人员的参与,强调理性设计的社会策划在社会变迁中的作用。只有专门的策划者运用专业技术才能制定合理的社会变迁策划,引导复杂的变迁过程,才可能为社区居民提供合适的服务,解决犯罪、住宅、心理卫生等社会问题。

社会计划模式认为每一个社区都存在一系列的问题、例如贫困、社区安全、居民住房、青少年违法等,这些问题影响了社区的正常发展。而社区社会工作者的任务就利用自己的技术和能力,采取理性程序化的服务设计去解决这些实质性的问题,服务于有需要的社区居民。这种模式强调的是以一个专业技术过程去解决实质的社区问题,理性、精心的策划方案和有控制的变化是其核心。

(三) 社会行动模式

人群中居于劣势地位的人们,为了向社会提出适度的要求,实现社会正义与民主,必须组织起来,采取行动,才能达到目标。把社会行动付诸行动的有两种团体:一是对社会不平等表示关切的团体,一是意识到自己在某些情况下居于劣势地位的团体。

社会行动的主要方法是通过辩论、磋商、直接采取行动或施加压力,以促成社区制度、法规或政策的变迁。美国近代史上争取公民权的团体、工会、社会运动、福利权利运动等都是社会行动的实例。

五、社区工作的功能

社区社会工作是适应社会发展和人们的需要而产生的,在此意义上,社区社会工作在基层社会——社区层面发挥着特殊的功能。

---

① 谢建设:《社区工作教程》,江西人民出版社,2006年,第122页

（一）社会福利功能

社区工作的社会福利功能，是指立足社区居民的福利需求，开发和利用社区的社会福利资源，寻求居民福利与福利资源的有效配合，以解决社区的问题，改善社区的生活，促进社区的进步。

（二）社会服务功能

满足社区居民的服务需要，为社区居民提供各类公益性的社会服务，如志愿性服务，基本医疗服务，卫生服务，治安服务，老年、青少年、妇女等群体服务和弱势人群服务等。服务功能是社区工作的最基本的社会功能。

（三）合理分配和利用社区资源，以促进人的发展功能

社区中存在着广泛的资源，社区工作者通过专业性的工作，可以在整体上把社区的资源加以分配和利用，实现资源的最大经济效用和社会效益。同时，对于一些潜在资源的挖掘，可发现和动员各种社会力量和条件，去援助那些有需要的社区成员，从而实现人的发展。

（四）社会稳定功能

社区社会工作的稳定功能，是指社区工作在维护社会秩序、解决社会问题、化解社会矛盾与社会冲突、控制各种非稳定因素等方面，具有特殊的地位和作用。从这个意义上说，社区工作即是一种社会控制手段。扰乱社会秩序的行为一般都因需求得不到合理的满足而发生的，而社区工作通过一套社会帮困、社会救济和社会保障体系和运作机制，通过各种形式的社会援助，解决弱势群体的实际生活问题，有助于缓解社会不公现象引起的社会矛盾，有利于控制潜在的或现实的非稳定因素，从而实现社区的稳定，并达到维护社会的稳定。

六、社区工作的价值观

社区工作价值观与社会工作价值观在实质精神上是一致的，它发端于对一种理想状况的追求。价值观对于社区工作者来说非常重要，它是社区工作实践的灵魂和方向。总体上说，社区工作价值观包括人的价值、社会价值以及人的价值和社会价值二者之间的冲突和协调，具体包括人的尊严和价值、正义和自由、制度取向、平等、民主、群众参与、互助合作与互相依赖、社会责任

感等[1]。在此基础上，我们认为社区工作中的价值观内容可作如下几个方面的阐释。

1. 以集体为取向的人的价值和尊严

社区工作以"社区"为介入单位和对象，所关注的始终是社区共同体和人的环境，社区工作是通过居民的集体参与来拓展社区服务、修订社会政策、促进社区发展，积极寻求和利用社会提供的各种机会和支持，从根本上维护人的尊严和价值，从而实现"集体增权"。

2. 以制度为取向的社会正义

所谓制度取向，就是指把健全的公共政策看作在现代社会中帮助个体自我实现的合理的社会功能，将机会平等和社会福利看作公民的基本权利。制度取向认为个人、家庭、社区所面临的问题是社会不平等制度的产物，或是社会变迁中的某些负面因素的后果；同时认为获得一些基本的生活品质是每个公民的基本权利，需要国家或社会通过再分配途径加以保证。

3. 以民主为取向的社会参与

社区工作的宗旨是建立正义的社会，改善社会关系是它的一项重要内容，具体体现在三方面的工作上：一是强调公民有平等参与决策的权利。二是弥补制度的不足。三是扶助弱势群体，提高他们自身的能力，弥补他们在财富、权利、知识和组织资源上的不足。

社区工作者还要特别注意鼓励和发扬社区成员的参与精神。通过参与，社区居民的真正需要和社区存在的问题才能被真实地反映出来。社区成员的积极参与在一定程度上能够提高社区居民的生活质量。

4. 以互助为取向的助人服务

社区工作注重社区成员、团体和组织之间的互动交往，强调居民建立邻里关系、强化互相照顾、建立和谐的社区的重要性。社会工作者认为，当人的社会角色萎缩时，便对他人和社区公共事务态度冷淡，导致社会解体、越轨和个体异化现象。建立社区内的互助网络是社区发展的重要环节，通过文化教育和社会活动，促进居民对他人的正面态度，提高对他人和社区环境的关心，从而使居民获得更大的归属感和安全感。

---

[1] 周沛：《社区社会工作》，社会科学文献出版社，2002.7，第159-160页

5. 以社会行动为取向的工作策略

对制度化的歧视和剥夺行为，采取某种社会行动是社区工作的重要方法。社会工作者应当挑战社会的不公正，适当运用组织和行政的动员过程维护社区居民的正当利益；应当成为弱势群体的代言人，只有通过积极的行动策略，才能有效地达到目的。在法制化的国家，申诉、呼吁等行动方式都有正常的程序。对于是否采取合法的行动策略，社区工作者仍然需要得到一种价值观的支持或精神上的合法化①。

七、社区工作的基本原则

社区工作基本原则是指社区工作者在推行社区工作中普遍遵守的规范和准则。社区工作基本原则也是判断什么是正确有效的社区工作时所依据的标准。它建立在社工作基本价值的基础之上。目前我们国家在新时期社区建设过程中，对社区工作者提出的工作原则主要内容如下。②

1. 以人为本，服务居民

在一个特定社区中，人的发展是社区发展的前提和最终目标。社区工作要坚持以不断满足社区居民的社会需求，提高居民生活质量和文明程度为宗旨，把服务社区居民作为社区建设的根本出发点。

以人为本，服务居民的社区工作，一是要满足社区居民的物质需要，提高其生活质量，改善其生活环境；二是要提高社区居民的精神素养，提高他们自觉参与社会和社区事务的意识，发挥他们的内在潜能。社区工作的最终理想是要帮助社区建立自己的集体能力，从而改善社区的状况。要达到这样的理想，人的发展要比社区的物质建设重要得多。

2. 资源共享、共驻共建

这一原则要求社区工作要充分调动社区内的机关、团体、部队、企业事业组织等一切力量广泛参与社区建设，最大限度地实现社区资源的共有、共享，营造共驻社区、共建社区的良好氛围。

3. 责权统一、管理有序

在目前我们国家的基层社会建设中，以建立和健全社区组织为基本途径。

---

① 徐永祥，孙莹：《社区社会工作》，高等教育出版社，2004年，第50-51页
② 吴亦明：《现代社区工作》，上海人民出版社，2003年，第138-139页

在社区工作的开展过程中，要明确社区组织的职责和权利，改进社区的管理与服务，寓管理于服务之中，突出服务性，强调管理的有序化。

4. 居民参与、助人自助

坚持按地域性、认同感等社区构成要素科学合理地划分社区；在社区内实行民主选举、民主决策、民主管理、民主监督，逐步实现社区居民自我管理、自我教育、自我服务、自我监督。

在这一原则指导下，一是积极倡导居民参与，因为居民参与是社区工作的灵魂。居民参与既是社区工作的重要目标，也是社区工作的基本手段。居民参与是个人社会权利的体现，可以促使个人态度与行为的改变，以及社会及政治环境的改变。居民参与可分为动员式参与和自主式参与两种类型，社区工作者应当通过培育、引导、组织、服务等多种手段，发展自主式参与。二是充分鼓励社区自决，即鼓劲由社区组织和居民自主选择或确定社区发展方式和行动策略和引导由社区自主管理属于自治范围内的事务。

5. 因地制宜，循序渐进

在社区工作中，工作者一定要根据本社区的情境，坚持实事求是，一切从实际出发，突出地方特色，因地制宜的选择工作方式和方法。在制定社区发展计划和方案时，坚持从居民群体的迫切要求解决和关注的问题入手开展调查研究，在充分掌握社区真实状况的前提下，有计划、有步骤实现社区建设的发展目标。

综上所述，价值观和基本原则是社区社会工作者在工作实践过程中必须依赖的两个不同层次的理论依据。价值观决定了社区社会工作者思考和分析社会问题的路径，基本原则左右着社区社会工作者解决问题的方式。价值观和基本原则会随着社会的变化而变化，随着历史的进步而完善。因而，社区社会工作者在不断的实践过程中，也有必要对现有的基本原则提出修正，以谋求为社区居民的幸福提供更好的支持和协助。

八、社区工作者

随着社区管理与服务工作向着专业化方向发展，社区中越来越需要受过专业训练的工作人员来从事这一行业。就目前发达国家的社区工作来看，主要是专业社会工作者在从事这一工作。由于我们特殊的国情，且社会工作专业教育尚属于起步阶段，目前在我们国内工作在基层社区中的社区管理与服务人员，有专业教育背景的很少。但是，随着社会改革的不断深化，和政府对基层社会工作的重视,专业化的社区工作者将成为一线社区管理与服务工作的主力。

(一)社区工作者

简言之,社区工作者就是受过专业训练并取得社会工作者职业资格后,在社区中从事服务于社区全体居民,动员社区资源、解决社区问题、满足社区需要、促进社区福利的工作人员。社区工作者的使命和任务或概括为三点:1. 寻求社会公正。社区工作的基本目的是实现社会资源的再分配,缔造一个公平正义的社会。而社区工作者的使命就是为建立这样的公平正义的社会而努力,包括改善不合理的制度、倡导更加公平的社会政策和资源分配等;2. 促进意识提升。社区工作者要通过促进社区居民的意识提升,使居民放弃个人取向的解决问题方法,并能够联合其他居民一起想办法处理问题;3. 推动集体参与。集体参与强调的是运用集体智慧去解决社区问题。社区工作者相信集体参与是解决社区问题和提升居民意识的重要途径,因此,工作者应该帮助居民认识到每个人的思维方法是不同的,通过集体参与可以使大家交流意见,形成不同观点的碰撞,有助于拓宽个人的眼界,也有助于根据集体的意愿做出决策[①]

(二)社区工作者基本的素质

专业社区工作与普通的慈善活动的明显区别就在于专业社区工作人员以专业的知识和技术科学助人。所以,社区工作者除具有热爱公益事业的爱心外,还应具备专业素质。也就是说社区工作者身上应具有两方面的素质。一方面是社会合格公民的素质,另一方面是专业社会工作者的素质。

1. 社区工作者的道德伦理素质

道德伦理素质对于社区工作者的重要性主要表现在三个方面:一是道德伦理可以具体指导社会工作者如何应用观察、思考、感觉及行动来达成社会工作的目的;二是道德伦理具有促进社会转型的能力;三是专业的道德伦理还具有改造文化的能力。社区工作者的道德素质主要体现在工作态度上,这要求社区工作者要具有奉献精神、要能够忍辱负重并且敬业负责。

2. 社区工作者的综合知识结构

在社会工作中,由于社区工作属于宏观操作方法,而行动取向又偏重社会改革,所以客观上要求社区工作者应向通才方向发展,因此其知识结构要求是:

---

① 徐永祥,孙莹:《社区社会工作》,高等教育出版社,2004 年,第 154-155 页

社会工作方法与实务

（1）社区工作者应该掌握有关社会的知识，包括社会结构、社会互动以及社会问题和社会变迁的知识等。（2）应该掌握有关政治制度和政治行为的知识。在社区工作中，政治行为是普遍存在的，因此需要社区工作者了解和把握政治权力结构、法律和政策的制度和实施过程，以及政治的实际和微观运行状况等。

3. 社区工作者的专业知识素质

社区工作者必须具备社会工作专业理论与专业方法，具备一定程度的社会工作的基本能力与基本技术以及相关知识，能够胜任社区服务工作。具体包括：（1）具备一定程度的社会工作专业理论与知识，如社会工作基本原理、社会工作理论以及社会工作方法论等；（2）具备一定程度的社会工作专业方法，如社会个案工作、社会团体工作、社区组织工作、社会工作研究等；（3）具备一定程度的社会工作专业基本能力；（4）具备一定程度的社区工作相关知识，主要包括一定的法律知识、心理学知识、社会学知识、管理学知识、医学知识、公关知识、现代自然科学知识、社会调查知识等。

4. 社区工作者的心理、身体素质

社区工作是一种特殊的社会活动。它经常要同各种各样的人打交道。这对社区工作者的心理身体素质提出了特殊要求。心理、身体素质是社区工作者不可忽视的素质，它要求社区工作者具有积极的心态、坚强的意志、自信的性格、宽宏的度量、健康的体魄。

教学情境一　社区发展模式工作过程
　　　　　　以幸福里社区老年人社区服务为例

任务一　发现和接受社区工作任务

通过本单元教学，使学生了解如何发现社区问题，根据实际工作任务选择社区工作模式。

社区社会工作　项目四

案例背景

在某市幸福里社区的户籍在册人口中，60 岁以上老人人口数为 2033 人，约占户籍总人口数的 25.8%，其中，80 岁以上的老人有 362 人，纯老人家庭 162 户，单身独居老人 119 人，孤老 32 人。显然，根据国际上通行的老龄化标准，幸福里社区面临着十分严重的人口老龄化问题和高龄化问题，面临着繁重的老年人服务和老年人照顾的任务。目前该社区老年人问题突出表现在两个方面：一是老年人经济保障和医疗保障不足的问题，该社区有部分老人二十多年前退休，因退休较早，退休工资很低，随着生活费用的不断上涨，因而现在这些老人面临着生活比较窘迫的状态，此外，随着年龄增长，疾病越来越多，从而医疗费用也在逐年增加，使老人们面临着收入低，生活困难，看病难的困境。二是老年人照顾、服务和支持缺乏的问题，该社区有超过百户的纯粹老人家庭，这些老人身边因缺乏照顾、沟通和求助途径而出现意外情况。

根据该社区老年人的基本情况，幸福里社区老年活动中心的社区工作者决定为社区范围内有需要的老年人开展一次专业化的社区服务。

工作任务

1. 发现和接受社区工作任务
2. 选择社区工作模式

一、术语理解

1. 社区需求

社区需求是指因社区中存在的问题给相应案主带来困难，从而导致案主寻求改变的欲望和要求的状况。社区需求有既有物质需求也有精神需求，需求的存在是因社区问题造成的。长期受到压抑的合理性社区需求如果得不到满足，最终会形成对社区秩序和社区生活状态的破坏力量，导致私人生活和公共生活混乱和无序。社区工作的主要任务就是解决社区问题，满足社区需求，维护生活的常态秩序，增进社区福利状态。

社会工作方法与实务

二、工作要点提示

(一) 接受社区工作任务的途径

1. 途径一：主动开展社区状况调查，发现社区需求，确定社会工作任务

所谓社区调查是指社区工作者运用科学的调查方法有目的、有计划地考察了解、分析研究社区的状况和存在的问题，以发现当前社区中存在的普遍性需求，进而确定社区工作重点和任务的活动。开展社区调查是解决社区困难，满足社区需求的前提条件之一。因为，只有通过社区调查来了解和把握社区实际状况，才能保证社区服务工作符合社区需求，做到有的放矢，收到明显成效。社区调查不仅贯穿于社区服务工作的起始阶段，而且贯穿于社区服务的全过程，在一定程度上关系着社区服务的成败。因此社区工作者必须积极主动地开展社区调查，及时了解社区居民的各种需求，发现社区工作任务。

2. 途径二：接受工作机构委派的社区社会工作任务

接受工作机构委派的工作任务也是社区社会工作任务的来源之一。工作机构发现了工作任务，需要合适的组织或部门去完成，在这种情况下，社区工作者就要接受工作机构委派的任务，融入社区生活之中，动员社区资源，发挥社区居民的自助精神，有效地解决社区现阶段面临的问题。

(二) 选择社区工作模式

在本项目的理论连接部分，曾介绍了社区工作的主要模式，在具体的社区实务中，应根据社区面临的问题选择合适的工作模式，我们要清楚各个模式的特点，也就是通过对比分析看哪种模式更适合于社区实务情境。

三、方法技巧

通过把三种工作模式进行"目标、所关系的问题、策略和技术、社会工作者角色、案主范围"等多项的比较（见表 4-1），结合实务工作中面临的社区情形，可以确定需要选择哪种工作模式开展工作。

表 4-1 传统社区工作三种模式比较

模式比较项目	社区发展模式	社会计划模式	社会行动模式
目标	过程目标：社区能力的整合和发挥。	任务目标：解决实质的社区问题。	有时为过程目标，有时为任务目标。

续表

模式比较项目	社区发展模式	社会计划模式	社会行动模式
所关系的问题	社区的冷漠和疏离。	实质的社会问题,如老人照顾问题、住宅问题、缺乏设施等问题。	弱势群体遭受不公平、不公正待遇。
策略和技术	策略:引导社区居民关心、参与社区问题和需求;技术:沟通、讨论等取得意见的一致性的技术。	策略:了解问题事实并提出理性的解决方法;技术:事实发现与分析技术。	策略:将议题具体化,然后组织民众采取集体行动;技术:质问、直接行动、谈判等冲突技巧。
社会工作者角色	使能者	专家	倡导者与行动者
变革的媒介	社区团体	正式组织或机构	群体组织
案主的范围和角色	范围:地理社区与功能社区;角色:参与者。	范围:地理社区与功能社区;角色:消费者和接收者。	范围:地理社区与功能社区;角色:雇主或选民。

总之,社区发展模式是以合作、参与为工作取向的,而社会计划模式主要是以问题取向的,在中国的社区工作中,我们既要注重社区发展模式的应用,也要注重社会计划模式的运用。

四、注意事项

1. 在选择社区工作模式时,必须清楚目前所要服务的社区的基本情况,以及社区中的主要困境

也就是遵循因地制宜的原则,把理论上的社区工作模式与实际工作需要相结合,理论上所提及的社区工作模式在工作应用过程中并不是截然分开的,我们可以根据实际需要把理论上的社区工作模式结合起来运用。对三大工作模式既可以"融而合之",也可以"分期用之"[①]。

所谓的"融而合之"是指各种工作模式在同一时间或同一情况下可以交替地混合使用。比如,采用社会计划模式去制订计划时,发觉缺少居民意见,可兼用社区发展模式策动居民参与;采用社区发展模式时也可兼用社会计划模式去对付一些主要的社区问题;采用社会行动模式时如觉得社区案主的对手情况变得友善并开始与社区案主合作时,可改用较温合的方式使双方去讨论和谈判。

---

① 转引聂鹏、贾维周:《社会工作基础》,中国人民大学出版社,2002年,第53页

"分期用之"是指在不同的时期可用不同的模式去推动工作。例如，开始采用社区发展模式，如果有需要的话，稍后可转用社会计划或社会行动模式。总之，社区工作是一种实践性强的工作，社区工作者要根据实践的需要去调整工作方法和策略，一切以解决社区困境，服务案主为主。

2. 选择社区发展模式需考虑的问题

首先，明确发展目标。社区工作的目标可分为任务目标和过程目标两大类。任务目标是为了解决特定的问题，完成具体的任务；而过程目标则是协助居民战胜困难，促进社区居民一般能力的提高，建立社区内不同群体之间的相互合作。社区工作的展开需要社区成员的大力配合和支持。所以在制定任务目标的同时，社区发展模式要求社区工作者要重视过程目标，在自助、团结、合作的基础上去解决社区问题，发动居民积极参与社区活动，运用民主的程序来进行社区决策，以促进社区发展。

其次，找准存在的问题。社区中存在的问题很多，社区工作者需要找准现阶段的主要问题、关键问题，才能及时制定出符合客观实际的对策，有效的满足社区发展的需求。

再次，研究解决问题的策略。社区发展模式的主要策略是引导社区内所有的居民个人、团体来参与社区的发展，为大多数社区成员提供关心和讨论社区问题的机会和场所，并提出具体可行的行动方案。

最后，涉及案主的范围和角色。从现实生活中来看，社区发展模式中的案主主要是指社区居民，只有他们才是社区发展的主体和主导力量，是社区发展的原动力。

五、实务操作

在本案幸福里社区中的问题是人口老龄化带来的老年人需求问题，社区居民意识到这种需求，但没有形成合力给予解决。根据老年需求的方方面面，社区工作者要开展的工作需要发动社区居民的自助、互助、利用社区资源为老年人提供服务，包括老年人生活照顾，精神陪伴、简单医疗支持等。这种利用社区资源的过程也涉及对社区力量的整合，如邻里关系资源的利用，社区居委会工作内容的调整，社区内教育机构的利用，社区志愿者资源的开发等。因此在工作模式的选择上，考虑以社区发展模式为主，利用社区互助合作对老年提供"社区照顾"；同时还要涉及对社会计划模式的运用。

六、总结点评

接案是社区工作的开始,也是社区工作的准备阶段,针对社区案主情况,选择合适的工作模式是这一阶段的重要内容。

七、拓展提高

1. 社区的三种工作模式的优缺点是什么?
2. 结合社区实习,收集符合三种不同社区工作模式的典型案例并进行分析

任务二 建立专业关系,收集社区资料,进行社区分析

教学目标

通过本单元教学,使学生掌握收集社区资料的方法;能够撰写调查报告;掌握社区工作初级阶段建立专业关系的技巧。

案例背景

幸福里社区老年活动中心在接受为社区老年人开展社区工作的任务后,面临的首要任务就是掌握该社区中老年人的具体情况,社区中可利用的资源,社区外可利用的资源。并结合了解到的社区现有情况对社区各方面进行分析,以确定制定具体的社区工作计划。

工作任务

1. 介入社区,建立专业关系
2. 调查社区基本状况
3. 进行社区分析
4. 撰写社区调查报告

社会工作方法与实务

一、术语理解

（一）地方发展模式的特点

1. 社区问题所在：地方社区缺乏良好的人际关系与解决问题的技术，社区中的居民是孤立的。或者社区为传统所束缚，社区领导者思想保守，对民主程序一无所知，缺乏解决问题的能力。社区发展的观点即源于此假设。

2. 变迁的策略与方法："让我们聚集在一起来商量这件事"，也就是激发广泛的参与。强调一致与共识，即通过各不同的个人、团体、党派间充分的讨论与沟通，来实现一致与共识。

3. 目标：着重于建立社区自我发展的良性机制，着重于培养一种态度、氛围、程序和机制。在这个基础上，社区成员就能自发地有效地解决具体问题。

4. 社区社会工作者角色：是一个促成者、协调者或者教导者。他协助人们表达不满，发现自身的需要，培养良好的人际关系，协助社区建立组织与制度。

5. 案主体系：案主通常是一地域性的实体，包括社区中的各种团体，其中，社区中的权利精英也是社区工作中分工合作的一部分。

6. 案主角色：案主被看成是有相当丰富的未开发潜能的公民。案主在相互的互动以及与社区社会工作者的互动过程中，被看成积极主动的参与者。

7. 公共利益的假设：倾向于理性主义，认为对社区的共识是可能取得的，社区中各团体与阶层的利益是可调和的，社区的公共利益是可能实现的。

（二）专业关系

所谓专业关系，就是社区工作者与案主之间为了一个共同的目标，在特定的时间和空间里，社区工作者运用专门的知识和技巧，和案主进行态度、情感的互动，为物质上的援助和心理上的疏导做准备。社区工作者所要建立的专业助人关系的对象主要包括社区居民、社区机构与社区团体，以及社区中有关机构、社团的领导人物和有关方面的代表人物、知名人士。建立专业关系，了解社区居民需求，是社区社会工作程序的第一步[①]。建立专业关系有两个目的，一是使社区工作者对社区以及社区居民、社区问题有全面性了解；二是让社区居民了解社区工作者，接纳和支持社区工作者，共同开展"助人自助"的社区社会工作。

---

① 周沛：《社区社会工作》，社会科学文献出版社，2002.7，第206页

（三）社区分析

社区分析是社区工作者对社区的"社情民意"作较为详细的调查和分析。它包括社区积极因素的特点及各要素之间的关系、社区的主要类型和功能特征以及社区存在的主要问题。

对社区工作者而言，面对的是整个社区，只有尽可能多的了解社区，才能更好地搞好社区工作、促进社区的发展。社区分析是开展社区工作的前提条件。因此，社区工作者在掌握社区基本状况后，在制定和实施社区工作计划之前，首先要对社区进行科学细致的分析，分析重点是社区的基本情况和社区需求。

二、要点提示

（一）社区调查的方法

社区调查的方法也是收集社区问题的主要方法，主要涉及社会调查研究方法在社区实务中的具体运用。

1. 文献法

文献法是根据一定的目的和范围来收集和摘取文献，以获得所需资料的方法。它具有超时空性、间接性、方便与节省等特点。文献有多种类型，有图书、期刊、报纸、会议文献、档案、统计资料、录音、录像等，都可以为调查者提供一定的信息。运用文献法应该注意紧紧围绕社区的问题收集文献，不能漫无边际，要有选择、有分析的收集文献。

2. 观察法

观察法是根据一定的调查目的，凭借感官和辅助工具直接考察研究对象来收集资料的方法。它与日常观察相比，一是具有明确的目的；二是具有严密的计划；三是具有系统的设计，一般是按观察提纲或观察表进行的；四是具有详细记录。它与其他收集资料的方法相比，一是表现为调查者直接面对正在发生的社会现象；二是表现为观察资料往往带有观察者的个人色彩。观察法适于调查正在发生的社会现象，能够获得较为真实的资料；适于搜集各种非语言性信息。

3. 访谈法

访谈法是通过调查者向调查对象口头询问有关问题来收集资料的方法。它具有两个主要特点：一是互动性。访谈法以语言为媒介，通过调查双方面对面的直接互动来实现。这在较大程度上取决于互动过程中人际交往的成功与否。二是灵活性。访谈法适用于多种调查对象，但往往适用于小范围的调查。访谈的优点是：可以使访谈对象畅所欲言，收集到真实、丰富的资料；可以选择访谈对象方便的时间和地点进行访谈，容易取得他们的配合，访谈成功率较高。

4. 问卷法

问卷法是调查者请被调查者填写统一设计的问卷来收集资料的方法。它有书面性（问卷是一种书面形式）、间接性（调查双方一般不直接接触，靠问卷作为中介发生间接联系）、标准化（因为问卷是按统一要求设计的）等主要特点。使用问卷法可以在较短的时间内作大面积的调查，并且便于量化分析。但往往缺乏深度。

（二）社区分析涉及的主要内容

1. 社区地理环境、人口、资源状况

社区的地理环境区域面积和地理环境资料一般可以通过区政府和街道办事处取得资料。主要包括区位、边界、环境设计与土地使用、交通、基础设施、社会服务、商业服务和经济情况等等；社区的人口分析，包括社区的人口规模和流动情况、人口的年龄结构、文化结构、性别结构、民族状况、家庭的规模和类型、人口素质以及健康状况等等，这些资料可以从当地的社区居委会和公安派出所取得；社区的资源分析主要包括对自然资源和社会资源（公共设施、教育机构、医疗机构、社区面积、金融机构、商业场所等）的调查、调配和运用。

2. 社区组织和权力结构状况

了解社区组织和权力结构状况便于社区工作者以后组织、动员工作。社区工作者可以通过街道办事处、社区居委会了解社区内各类组织的情况，包括辖区单位、业主委员会、物业管理公司、社团群体、居民自助小组和互助小组、居民志愿者服务组织等等，分析社区的权力结构。

3. 社区各要素的特点以及各要素之间的相互关系

由于构成社区的要素各不相同，导致社区的特点、社区的互动、社区成员的价值判断以及社区的文化特质等等也千差万别。正因为如此，社区工作者要对所介入的社区各要素的特点以及相互关系进行全面系统地分析，尽量深入、详细的了解社区的个性特征，有针对性地开展工作。

4. 社区的主要功能

每一个社区都有其特定的功能，比如说经济功能，文化功能、政治功能等等。在现实生活中，仅仅具有一种功能的社区是很少的，绝大多数的社区都是各种功能的聚合体。但是，在这个功能聚合体中，总有一个功能是占主导地位的，找准这个发挥主导作用的功能，对社区建设和社区发展具有举足轻重的作用。

5. 社区存在的突出问题及其需求分析

突出问题主要是指在社区发展过程中占主导地位的、带有全局性的社区问题，如独居老人问题、残疾人问题、青少年问题、单亲家庭问题等等。这些问题的解决实际上是社区工作的重点和难点。社区需要是不断产生又不断解决的。特别是那些较为急迫的、关系到居民生活的问题更需要得到及时有效的解决。社区工作者必须制定详细的计划，实施有效的措施，来满足社区的各种需求。

（三）社区调查报告的撰写

通过对社区中相关问题情况的调查了解，社区工作者需将所了解到的该社区中的问题进行系统化的分析与总结，对社区问题的成因进行分析，并针对性的提出解决措施。调查报告是调查研究成果的集中体现，撰写调研报告是整个社区调查工作的重要的组成部分。调查报告的基本格式内容包括：标题、所选取调查问题的理由、所调查问题的具体表现、问题的成因、解决问题的措施或问题对社区工作的启示等几个主要部分。有的调研报告还有附录，把调查问卷或访谈提纲和回收问卷附在报告内容的后面。标题通常有三种写法：一是用调查对象和主要问题作标题。例如，《×××社区邻里关系问题的调查报告》，这类标题使得调查的主要内容一目了然，但形式比较呆板，往往缺乏吸引力。二是以一定的判断或评价作标题。例如《邻里关系是不可或缺的社会互助资源》，这类标题，既揭示了主题，又表明了作者的态度，但调查研究的主要问题在正标题中不易看出，因此，常伴有副标题。三是用提问作标题。例如《邻里关系能够成为我们生活中宝贵的社会支持资源吗？》，这类标题鲜明、尖锐，具有较大的吸引力。所选调查问题的理由一般是调研报告的开头部分，通常主要介绍调查这个问题的目的和意义，调查对象和范围，调查方法和过程等等。所调查问题的具体表现、问题的成因、解决问题的措施或问题对社区工作的启示等是调研报告的正文，它是调研报告的最主要的部分。结尾是调研报告的结束部分，常用的写法有：概括地说明报告的主要观点；小结研究结果，并提出具体建议等等。附录是调研报告的附加部分,其内容一般是注明调研报告有关材料的出处,调查统计图表的注释、说明与旁证材料,等等。撰写调研报告要注意提炼和确定主题、审读和选择材料、拟定写作提纲、起草及修改调研报告几个环节,还要注意明确读者对象、注意文体特点、强调调查事实、突出时代气息、重视写作中的再研究等等问题。

科学客观的社区调查报告往往为社区工作的开展提供依据。

三、方法技巧

(一)社区工作者与社区案主接触的技巧——接触越多,关系越深

社区案主是社区工作的资源,也是社区工作的归宿。社区案主是社区工作者开展社区工作的依靠对象,又是实现社区工作目标的受益群体。在与社区案主接触时可以是正式的,也可以是非正式的;可以是一对一的,也可以是集体的;可以通过讲话、访问、电话交流、电子媒介等不同形式进行。

1. 做好事前准备。与居民接触是一种有意识的介入活动,因此要做好充分的准备

(1)明了接触的目标和出发点。是为了收集资料,建立关系还是树立形象?访问对象需要什么样的工作者?目标明确才便于日后评估效果。

(2)选择对象。根据访问的目标选择合适的受访对象,如以前接触过的居民,受事件影响的有关人士,或属于特定利益群体的成员,还要将先后次序排好。

(3)选择访问时间。目的不同,对象不同,选择的时间也不同,如家庭主妇与职业女性的时间就应有很大分别,有宗教信仰的人也要避开礼拜的时间,重要的节假日、流行的电视剧等都要尽量避开。

(4)准备话题,引导访问的开始。如提前准备一些对访问对象需要的或使问题能得到了解的话题。可直接谈论对方的兴趣,或展现工作者的吸引力,促使其继续对工作者发生兴趣。

(5)穿着得体。要留意被访者的文化背景,包括对人和事所持的价值观,自己希望在对方心目中留下什么印象。应尽量给人以整洁、大方、成熟、可信的印象。

(6)预想可能会遇到的问题和克服的方法,以免临场阵脚大乱。事先做一些预演或与旁人讨论一下可能的情绪。

(7)对前往访问的场所环境有所了解。

社区社会工作　项目四

2. 设法建立信任关系和引起谈话兴趣

（1）介绍自己。根据不同的情况和对象，采取不同的自我介绍方式。可说明自己是他熟悉的一个朋友介绍而来的；可用自己和调查对象都熟悉或有好感的话题作为谈话线索介绍自己；对不信任的人可选适时出示证件，打消其顾虑；赠送一些礼品或宣传单让其收存，加强对工作者的信任和好感；态度热情、诚恳。并清晰地介绍访问的目的，表达对被访者的关心和关注。

（2）展开话题。在获得对方接纳或不拒绝的情况下，工作者要抓住时机，继续交谈使内容逐步转向正题。注意避开一些敏感的话题，话题要由浅入深，由具体到一般再到抽象；由感性到理性。用普通、容易回答的问题提问，也可运用周围正在发生的事情来展开话题。

（3）结束对话和访问。初次接触不要太长，除非他有特殊的个人问题需要及时和深入了解。肯定和小结个人和任务目标完成的情况，临别留下进一步联系的方式，鼓励他们主动联系。

（4）结束接触活动。在结束与社区居民的接触工作时，首先要记下主要资料；离开被访者后记下有关资料，包括有用的数字、被访者的背景、谈话留下的印象、受访者的反应、热心程度、是否容易被调动、人际网络情况等。及时总结，包括目标达到情况、自己对访问对象的感受，评估访问对象以前和现在有什么不同，自己有什么做的不妥和一些遗漏，有否补救的余地等。

（二）介入社区，建立专业关系的技巧

顺利进入社区后，社区工作者需要与社区案主建立专业的关系，"良好的开始是成功的一半"，专业关系建立的好坏直接影响着社区工作者即将开展的社区工作能否顺利进行。以下几种常用的介入社区的方法，在推行社区工作时可以考虑采用①。

1. 开展全区性活动。进入社区之初，为了尽快与社区居民熟识，并取得社区的信任，可以兴办一些老少皆宜的大型社区活动，如"消夏晚会"、"慰问演出"等，这些活动可以让更多的居民了解社区机构及其工作人员。同时在活动中穿插一些机构介绍、工作人员表演，可以初步树立工作者形象，让社区居民对工作人员有印象，消除以后工作中因陌生而带来的障碍。

2. 举办大众化的参与性活动。一些参与性强的活动，如"秋季趣味运动

---

① 徐永祥，孙莹：《社区社会工作》，高等教育出版社，2004年，第188-189页

会"、"有奖竞答"等活动,能够容易吸引社区居民参与,为社区工作者与居民间的熟悉创造条件,同时增加彼此间的凝聚力。

3．宣传咨询活动:针对社区生活中与人们关系密切的话题,开展宣传咨询活动,能够拉近社区工作者和社区之间的距离。如针对贫困问题的低保资格问题,针对身体健康的医疗讲座等,可以聘请相关部门的政策负责人或专家给社区居民进行面对面的问题解答,为居民提供具体的帮助。

4．介入社区事件。当社区出现一些亟待解决的问题,如"退路进厅"、房屋拆迁等所引起的纠纷,由工作者进入社区向居民做宣传解释和调解,会化解纠纷、缓和矛盾,同时也让工作者近距离了解居民的心声。有时一些问题的解决还可以通过召开居民代表座谈会或居民大会进行政策宣传,排除居民的疑虑,更好地配合政府的工作。

5．经常深入社区。居民对工作者的抗拒或疏远,一般是由于彼此缺乏信任了解,有距离感。工作者要建立与居民的关系,就要多在社区内出现,让居民有机会了解和认识。随时随地就居民关心的问题与之交谈,并介绍自己所计划的工作,征询意见等。这种自然化的交往可降低居民的防卫心理,使工作者更易于深入社区。

6．家庭访问。利用前面的一些活动中或相关资料中可了解的居民情况选择入户访问的对象,以家庭访问的形式来进入社区也是常用且有效的方法。

7．利用社区媒介展开宣传动员。通过在社区居民经常经过或出现的地方设宣传栏,向居民派发有关宣传品等,推介社区工作计划中的一些活动,吸引居民参加;普及有关的知识和政策规定,便于居民保护自身权益不受侵害等,都十分有利于深化工作者和居民的关系。

总之,介入社区是社区工作者的基本功,要有计划、有步骤地逐层展开,且并非易事。除了可运用前面介绍的一些方法,还要注意调动居民参与的热情,充分的居民参与是社区工作的重要力量,也是社区工作目标之一。只要注意大胆尝试和不断反思,开展社区工作计划及推动社区工作总能有所成就。

（三）SWOT 社区分析法

"S"指社区内部能力、资源或优势（Strengths）;"W"指社区的薄弱点或劣势（Weaknesses）;"O"表示来自社区内外部发展的机会（Opportunities）;"T"表示社区面临的内外部的威胁（Threats）。以上也可以称为社区分析的基本指标,为社区分析工作提供内容上的指导。

四、注意事项

在初步进入社区了解社区问题时,要选择好的接近方式,以获取社区居民的积极参与和支持。需要社区工作者注意的事项主要有:

1. 积极沟通。指社区工作者与社区案主彼此交换意见,在沟通过程中,明确双方彼此的立场、观点,坦诚地交换意见。沟通本身就是对社区案主的一种尊重,社区工作者应注重与案主的双向沟通,以便及时了解社区案主的客观情况。

2. 个别化对待案主。在进入这个社区工作之前,社区工作者可能由于工作的关系已经接触过类似情形的社区,有了解决相似问题的经验。即使社区工作者对即将了解的问题在经验上熟悉,但也要将该社区问题看成是具有独立特点的,社区居民的需求具有独特性,需要考虑运用不同的方法帮助社区居民解决问题。如同医生看病需要对症下药,社区工作也要以个别化来保证工作的质量和服务的质量。这也是社区工作艺术性的体现。

3. 工作者与不同组织交往的重要性。社区工作者要积极利用社区内外有效的资源,积极与各种组织、机构、团体或政府机构的力量进行交往。因此,工作者在协助案主解决问题、获取资源,或协助他们善用不同机构的服务时,要与各种团体或政府机构发生接触,必要时还要向这些组织和机构施加压力,谋求政策的改变。所以了解这些组织的运作,有助于工作者向服务对象提供服务。同时,任何组织和部门都无法拥有一切资源,工作中必定需要得到其他组织和机构的协助。现在社区工作中来自政府方面的所需资金和物质支持有时是远远不够的,还需要各种企业、公司、资金会的捐赠资助。

4. 影响建立专业关系效果的因素。

开展社区工作是一项十分复杂的工程,社区工作者要深入进去才能了解到社区问题的真实性、客观性和需要解决的紧迫性。也影响到随后的工作中有效制定和推行工作计划。因此,在进入社区之前首先要了解影响进入社区的因素有哪些,然后才能设计采取何种方式介入社区,建立专业关系。

(1)社区工作者对社区问题的把握是否清晰准确?清晰则目标明确,反之则没有方向感。

(2)社会问题解决是否迫切?如果十分迫切则运用危机介入的方法,很快就可进入基层。

(3)社区权力动态是否复杂?如果社区的权力动态相当复杂,工作者通常采用各种服务及温和的方法与社区建立信任关系,等稳定立足后再作其他打算。

社会工作方法与实务

（4）工作者和机构的思路是否是明确？如果机构关注的是社会政策，则进入社区应较少采用服务手段，而以居民大会和社区咨询宣传等手法，较快地进入社区。

五、实务操作

幸福里社区老年服务工作初级阶段

一个社区工作者能否顺利地介入社区，被社区接纳是顺利开展社区工作的前提。这种接纳一部分来源于社区居民，一部分来源于社区组织和有关团体。

（一）社区介入

社区工作者是基于对幸福里社区老龄化问题关注而要对社区老年人实施社区工作的，所以社区工作者采用外展社区工作的方法，即社区工作者走出机构主动寻找社区案主，并把他们发展成服务对象。在介入策略上，社区工作者在本市的一家综合医院现聘请了一位著名的老年医学专家，在社区中进行了一次"如何预防跌倒"的讲座，受众对象是幸福社区中的老年居民。

1. 准备。社区工作者根据老年人容易跌倒并因此获病、致死、残率高的情况，由机构出面聘请一位医学专家进行专门的讲座。在明确讲座时间、地点后，社区工作者利用午间11点到1点和下午3点到5点比较暖和的时间，对社区中晒太阳的老年人进行讲座通知。同时在各栋楼门口张贴醒目的宣传海报。

2. 利用时机宣传社区即将开展的老年人服务工作。

讲座如期进行，由于选择的是周六下午的时间，很多青年人和中年人也陪老人来参加。讲座结束后，主持讲座的社区工作者鼓励老人们积极向老年医学专家就自己关心的问题进行提问，现场气氛热烈。最后散会时，一些老人主动问社区工作者以后还能不能多开展一些类似关心老年人的活动，社区工作者借机向老人们介绍了幸福里社区即将展开的社区老年人服务工作。

3. 与老年人聊天，进行初步沟通。

为了进一步拉进与社区老年人的关系，获取老年朋友的信任，多名社区工作者利用老年人出外晒太阳的机会与老年进行聊天式的沟通。在谈话中，运用的技巧如下：

（1）说一些让老人们感兴趣的事物。

（2）在社区内找些可以谈及的话题引起交流。

（3）注意保持聆听并适时对话。

（4）在同一时间内只说一件事。

(5) 尽量让老人们多说。
(6) 感知老人们的感受。
(7) 让他们知道,他们对社区工作者和这个社区都是重要的。
(8) 激发老年人的一些想法和意见。
(9) 针对老人生活中的需求发问。
(10) 肯定和表扬他们。
(11) 不和他们争辩。
(12) 不要答应一些社工不能遵守的承诺。

(二) 建立专业关系

由于前期工作的影响,老年朋友感受到社区工作者对他们的关注是出于真诚的关心,非常愿意社区工作者与他们接触,并向社区工作者提及了一些因年老体弱不能外出的老年案主,而且纷纷表示愿意去帮助那些更有需要的老年人朋友。在一些热心的老年人的介绍下社区工作者顺利地接触了居家不能外出的老年人和他们的家属,以点带面的形式扩大了此次社区老年服务工作的宣传,并得到社区居民的普遍支持。至此,在获取全体居民的信任和支持下,社区工作者与该社区建立了稳定牢固的专业关系。

(三) 开展社区老龄状况调查

通过前期的介入工作和建立专业关系工作的顺利进行,社区工作者得到了社区居民尤其是老年人的认可和欢迎,通过与老年人聊天,社区工作者了解到目前该社区中的老年人以开放的心态随时可以与社区工作者配合了。于是针对幸福里社区的老龄状况调查是时候得以进行。

此次针对幸福里社区老龄状况的调查,采用问卷式调查和访谈相结合的方式进行。

幸福里社区老年人状况及生活需求调查

尊敬的居民朋友:

老年状态是人生必经的风景,人到老年有岁月洗礼过的淡定与从容,但也因肢体的衰老带来了生活中的需求,除此之外更需要心灵的慰藉。您家里的老人或您本身作为老年人,在日常生活中有什么样的需要?此次调查是我们社区老年人服务中心针对我们生活的家园中所面临的老年朋友需求问题而开展的,希望通过您的帮助让我们清楚地了解我们应该为老年朋友做些什么。谢谢!

幸福里社区老年活动中心

2008 年 3 月 16 日

一、基本情况（请在符合您的情况选项号上打"✓"）
1. 您今年_____岁，（请填写数字）
2. 您的性别是：
    （1）男　　　　　　　　　　　　（2）女
3. 您的文化程度是：
    （1）文盲半文盲　　　　　　　　（2）小学
    （3）初中　　　　　　　　　　　（3）高中
    （5）大专及以上
4. 您目前的婚姻状况
    （1）有配偶　　　　　　　　　　（2）丧偶
    （3）离异　　　　　　　　　　　（4）未婚
    （5）再婚
5. 您有子女数
    （1）1个　　　　　　　　　　　 （2）2个
    （3）3个　　　　　　　　　　　 （4）4个以上
6. 目前您家庭成员的代数：
    （1）1代　　　　　　　　　　　 （2）2代
    （3）3代　　　　　　　　　　　 （4）4代
7. 目前与您生活在一起的是您的（可以多选）
    （1）父亲　　　　　　　　　　　（2）母亲
    （3）老伴　　　　　　　　　　　（4）儿子
    （5）女儿　　　　　　　　　　　（6）其他亲属

二、老人生活现状（请在符合您的情况选项号上打"✓"）
8. 您的生活费用来源：
    （1）自己的退休金　　　　　　　（2）养老保险
    （3）子女供给　　　　　　　　　（4）低保
    （5）老伴的退休金　　　　　　　（6）房租收入
    （7）其他_____（请简单填写）
9. 子女经济状况
    （1）很差　　　　　　　　　　　（2）较差
    （3）一般　　　　　　　　　　　（4）较好
    （5）很好

10. 目前您受到的养老方式
    （1）轮流供养，子女按月交纳养老金
    （2）常住一个子女家中，其他子女按月交纳养老金
    （3）与配偶一起单独居住，子女按月交纳养老金
    （4）无配偶，独居，子女按月交纳养老金
    （5）无配偶，独居
    （6）无配偶无子女，独居
11. 日常生活中谁能够照顾您
    （1）老伴　　　　　　　　　（2）子女
    （3）其他亲属　　　　　　　（4）无人照顾
    （5）请保姆落千丈　　　　　（6）朋友
12. 如果您生病了，谁能够照顾您
    （1）老伴　　　　　　　　　（2）子女
    （3）其他亲属　　　　　　　（4）无人照顾
    （5）请保姆　　　　　　　　（6）朋友
13. 如果您生病了，所需医疗费用的自费部分谁来付？
    （1）自己　　　　　　　　　（2）子女
    （3）老伴　　　　　　　　　（4）其他亲属
14. 您有了心事会和谁交流？
    （1）没有人　　　　　　　　（2）子女
    （3）老伴　　　　　　　　　（4）其他亲属
    （5）朋友

三、老人社交状况

15. 每年外出频率
    （1）不外出　　　　　　　　（2）1次
    （3）1～3次　　　　　　　　（4）3～6次
    （5）7～10次　　　　　　　 （6）10次以上
16. 每年主要外出原因（可多选）
    （1）探亲访友　　　　　　　（2）旅游参观
    （3）看病就医　　　　　　　（4）照顾父母或者孙子孙女
    （5）开会学习　　　　　　　（6）经商贸易
    （7）其他

17. 每天外出活动频率：
    （1）不外出　　　　　　　　　　（2）很少
    （3）一般　　　　　　　　　　　（4）较多
18. 每天外出的原因（可多选）
    （1）找人聊天　　　　　　　　　（2）买菜及其他生活用品
    （3）锻炼　　　　　　　　　　　（4）接送孙子（或孙女）上学
19. 参加何种社会活动
    （1）义务服务　　　　　　　　　（2）社会捐助
    （3）老年书画活动　　　　　　　（4）老年文体活动
    （5）不参加

四、精神文化状况
20. 每天看电视时数
    （1）基本不看　　　　　　　　　（2）看1~2小时
    （3）看3~5小时　　　　　　　　（4）看6小时以上
21. 阅读报刊状况
    （1）基本不看　　　　　　　　　（2）不常看
    （3）经常看　　　　　　　　　　（4）天天看
22. 是否上网
    （1）经常上网　　　　　　　　　（2）偶尔上网
    （3）不上网　　　　　　　　　　（4）不会上网
23. 子女主动交流谈心情况
    （1）每天　　　　　　　　　　　（2）经常
    （3）偶尔　　　　　　　　　　　（4）很少，基本没有
24. 您感到孤独吗？
    A. 从不孤独　　　　　　　　　　B. 偶感孤独
    C. 不知道　　　　　　　　　　　D. 经常孤独
    E. 总是孤独
25. 与别人相处关系好吗
    A. 很好　　　　　　　　　　　　B. 较好
    C. 一般　　　　　　　　　　　　D. 不大好
    E. 非常不好

五、老人的需求

26. 在生活中遇到的困难主要有哪些（可以多选）
 （1）收入低，经济困难 　　　（2）子女不孝顺
 （3）缺钱看病买药 　　　　　（4）没人谈心
 （5）和外界交往有困难 　　　（6）行动不便，无法自理

27. 日常生活求助方式（可以多选）
 （1）向子女求助 　　　　　　（2）偶尔请钟点工
 （3）长期雇保姆 　　　　　　（4）邻居或者亲朋照顾
 （5）社区居委会

28. 您对社区有什么服务需求？（可以多选）
 （1）多提供健身场地和设施 　（2）多开展文化娱乐活动
 （3）多办些健康咨询 　　　　（4）定期入户访问

29. 如果社区工作需要您的参加，您愿意吗？
 （1）不愿意 　　　　　　　　（2）愿意

30. 其他意见＿＿＿＿＿＿＿＿＿＿＿＿＿＿＿＿＿＿＿＿＿＿＿＿

谢谢您的支持！

（四）撰写调查报告

关于幸福里社区老龄状况报告

随着人们生活水平和医疗水平的提高，人的寿命越来越长，在国民人口比例中，60岁以上的人口所占比例越来越高，根据世界人口组织的相关测算，认为一个国家或地区中，60岁以上人口占当地总人口的10%以上或65岁以上人口占总人口的15%以上，则可认定该地区人口特征为老龄化特征，称该地区或国家为老龄化社会或老龄化社区。人口老龄化引起了上到政府下到百姓的广泛关注，人人都会老，而社会对老年人的态度，为老年人提供的生活服务和保障成为和每个人息息相关的问题。针对本市的人口老龄化问题，××市民政部门推行了社区老年服务工作试点，以期以小现大，找出老年人服务的经验给予推广。

幸福里社区位于该市的老城区，该社区的户籍在册人口中，60岁以上老人人口数为2033人，约占户籍总人口数的25.8%，其中，80岁以上的老人有362人，纯老人家庭162户，单身独居老人119人，孤老32人。显然，根据国际上通行的老龄化标准，幸福里社区面临着十分严重的人口老龄化问题和高龄化问

题，面临着繁重的老年人服务和老年人照顾的任务。目前该社区老年人问题突出表现在两个方面：一是老年人经济保障和医疗保障不足的问题，该社区有部分老人二十多年前退休，因退休较早，退休工资很低，随着生活费用的不断上涨，因而现在这些老人面临着生活比较窘迫的状态，此外，随着年龄长，疾病越来越多，从而医疗费用也在逐年增加，使老人们面临着收入低，生活困难，看病难的困境。二是老年人照顾、服务和支持缺乏的问题，该社区有超过百户的纯粹老人家庭，这些老人身边因缺乏照顾、沟通和求助途径而出现意外情况。由于幸福里社区老龄人口问题具有典型性，该社区被市民政部门列为老龄工作开展的试点社区之一。为了更准确地了解该社区中老年人口的生活状况以及目前的需求状况，社区活动中心的社区工作者开展了针对性的社区调查。

一、幸福里社区基本概况

（一）地理位置

幸福里社区位于××市 S 区，S 区是该市市内最早的区之一，幸福里具体的方位在 S 区与该市 W 区交界处，有一条货运单线铁路在幸福里社区旁边穿过，与社区围栏之间有约 40 米远的距离，铁路边有绿色灌木隔离带。由于新的市政规划需要，社区正门入口处毗邻建成了本市快速路一号线。通往市内各方的交通便利。

（二）社区人口构成

幸福里社区共有在籍人口 7881 人，60 岁以上老人人口数为 2033 人，约占户籍总人口数的 25.8%。由于该社区处于与郊区的交界处，相对本行政区的其他社区房屋租金便宜，交通又便利，社区内有三分之一的房屋被出租，流动人口较多。社区内 40～59 岁人口平均教育程度为高中约占总人口数的 50.5%，30 岁以下人口占总人数的 23.7%，在学人数占这一部分人口的 40.3%。

（三）社区组织

目前幸福里社区有基层组织社区居委会、社区服务中心（社区工作站）各一个。社区居委会中，有正式工作人员 13 名，负责社区服务中心的工作。在 13 名工作人员中，男性为 4 名，女性为 9 名；教育程度：初中以下 1 名，初中学历 3 名，高中学历 5 名，大专以上学历为 4 名（3 名学历与社会工作无关）。年龄状况：20～30 岁 1 人，30～40 岁 3 人，40～59 岁 9 人。在 2005 年该社区与本市××大学社会工作专业签订实习基地协议，偶尔有学生来进行实习和参观。

社区内有一所小学——"幸福里小学"，该学校历史悠久，是 S 区的主要小学之一。幸福里所在街道的社区医院坐落在幸福里社区内。

社区内有小型超市一家,小卖店两家,临街住宅一楼被商家租用,开设饭馆、房屋中介、理发店、水果店、学生用品店、洗衣店等21家。

目前由社区居民自发组成的正式组织没有,临时组织有一个晨练队,但活动不固定。

(四)社区基本公共设施

有公共健身器材若干分布在社区活动中心广场,社区居民活动室三间,因很少有公共活动,被闲置。

二、幸福里社区针对老年人开展的工作状况

目前,在社区工作人员中,有两人专门负责老年人工作,其工作内容主要是发放救济金、孤老户定期入户访问等。工作内容涉及面窄,工作人员反应,不知道还能为老人做些什么。在过去的两年里,社区出面组织过社区娱乐活动两次,老年居民参加的很少。在工作方式上,主动去查询老年人生活困难的很少,主要是等待老年人到社区居委会反应困难,能解决的给予协调解决。

社区居民对社区工作人员开展的为老服务期望不高

三、社区老年人生活状况

由于该社区属于老型居住社区,年轻人成家后有经济实力的大多不与父、母在此居住了,该社区人口中中老年占多数,还有相当数量的未成家人口与父母居住。

(一)老年人口数量

该社区的户籍在册人口中,60岁以上老人人口数为2033人,约占户籍总人口数的25.8%,其中,80岁以上的老人有362人,纯老人家庭162户,单身独居老人119人,孤老32人。

(二)老年人口生活来源

在本次调查中,有退休工资的占老年人口的63.4%,有退休工资的老年人每月收入在800元以上的约占此类人群中的57.2%,其余在800元以下。没有退休金收入的老年人其生活来源分为三部分:儿女或其他亲属供给的占67.1%,有出租房屋收入的占这部分人口的28.6%,靠政府救济的老人占4.3%。

(三)生活照顾

在幸福里社区中,子女亲自照顾的老年约占老年人口总数的43.7%,其他老人一般是配偶照顾和自己照顾自己。在生活照顾中,子女一般关注的内容是老人的物质生活,如为父母做饭,带老人看病,给老人买生活用品等。子女不在身边的老人,其子女对父母的关心程度也不同,有一周左右来看望老人的,有经常打电话问候的。但老人们普遍反应,与子女们进行心情交流的很少,主要是饮食、身体健康等问题。

（四）人际交往状况

老年人的人际交往状况因其自身的健康状况而异，身体健康和年轻型的老人，每天外出的频率相对高于年老、体弱的老人。但在交往欲望上，不同特征的老人表现出极强的一致性，都很强烈。老人们觉得生活乐趣很少，枯燥烦闷，有的还经常和老伴吵架。在访问过程中，一些老人表示愿意做点有意义的工作来充实生活。

（五）老人需求

当被问到老年人的一些需求时，集中需求体现在社区能不能多举办一些让老年人可以参加的活动，丰富他们的生活。一些有老人家庭反应，照顾老人压力大，社区能不能想些办法帮他们分担，因为他们还要工作赚钱养家。而对于孤老户老人来说，获得别人的支持是他们目前最大的需求，有一位年近70的老人很担心自己病的不能动了没人知道。

四、幸福里社区老年工作存在的问题

通过分析调查资料和走访感受，社区工作者明显感觉到，目前在幸福里社区老年人工作中普遍存的问题是：

1. 社区没有充分利用资源，如邻里关系、大学生志愿者、社区活动室等。
2. 社区老年工作被动，工作内容少，影响力小，因此形成恶性循环，得不到社会各界力量的支持。
3. 没有具体掌握社区居民尤其是老年居民的需求
4. 社区居民的自助有余，互助不足，需要调动社区居民积极参与老年人的照顾。

五、总结

通过调查，目前社区居民对老年人的问题还是比较重视，老年朋友自身也期待社区等外界力量给他们带来生活的改变。有这一需求存在，将为后期开展的工作提供社区动力。

概括起来社区内的总体需求主要包括以下几个内容：

1. 多开展老年人能够参与的活动，丰富他们的生活
2. 为孤老户提供必要的入户服务
3. 组织公益活动，为老年人提供发挥余热的渠道
4. 社区内外资源有待开发利用

目前社区内可利用的资源有：已有活动场地，健身器材，小学，社区医院，社区居民。

社区外可利用的资源：此次被确定为社区老年工作试点，为工作开展提供

了政策性支持；幸福里社区是某大学社会工作专业实习基地，学生定期来提供志愿服务，我们可利用这一教育资源。

幸福里社区服务中心
2008 年 4 月

六、总结点评

1. 在这一实务操作中，社区工作者采取的是社区发展模式中的相关行动策略，针对老年人中常见问题"跌倒并致残率高"为突破口，用社区案主对象普遍关注的问题开始介入社区，收到了良好的效果。这是我们在社区实务过程中，可以首先考虑的介入方式，对社区案主"投其所好"，容易引发案主的关注。

2. 以点带面的工作方式，可以逐步扩大社区工作的宣传力度，并收到好的效果。在此次实务过程中，社区工作者先去接触一部分老年人，再由他们引荐接触其家人和老年朋友，从而获得了社区居民的接纳和肯定，为专业关系的建立扫清障碍。

3. 在进行社区问题的调查时，也要充分关注社区内外部资源利用情况，以期为社区问题的解决拓展可利用资源。

七、拓展提高

1. 作为社区工作的介入，建立关系与社会生活中的建立关系有何区别？
2. 社区案主的支持和参与是社区工作顺利进行的保证，社区工作者如何取得社区案主的信任？
3. 社区工作介入要完成的基本任务有哪些？

任务三　制订社区服务计划

通过本单元教学使学生掌握进行社区分析的方法；掌握制定社区服务计划一般原则、方法；学会制定社区服务计划书；掌握申报并协调资源的程序与协调资源的方法。

社会工作方法与实务

工作任务

通过对幸福里社区的老龄化状况调查，社区工作者对社区中的老年人生活状况以及他们的需求进行了分析，目前社区中的老年案主主要面临着老年社会救助、老年生活服务、老年家庭关系处理、老年心理辅导、老年社会参与和社会融合等几个方面的问题，其中生活服务、家庭关系处理和社会参与诸多问题中的重要内容。基于对老年状况与需求的准确的把握，结合社区内外可利用的资源分析，社区工作者认为，在社区中为老年的提供服务可以采用社区照顾、邻里协助、义工联结等方式，结合家庭照顾。因此，工作者需要制定出符合社区需求的社区服务计划，作为进一步开展社区工作的指导。

案例背景

1. 制定社区服务的整体计划和具体计划。

一、术语理解

（一）社区服务计划

社区服务计划或者称之为社区服务规划，是以社区为单位的发展计划，是对社区建设的整体部署与设计，故也称其为"社区设计"。

社区服务计划分为整体计划和具体计划两种。整体计划是指对社区工作的现在和将来进行全局着眼，涉及社区组织与发展的全局，可分为长远规划和近期规划。具体计划是对社区中亟待解决的问题制定出工作方案。它只涉及一时之事，是整体规划中的一部分。

（二）社区服务计划的特性

1. 整体特性。社区服务计划并非社区某一方面的发展部署，而是对社区全方位建设做出的结构性战略部署，是一个完整的社区发展计划体系。它区别于社区单项发展规划的地方还在于，社区服务计划并非社区各主要部分发展规划的简单相加，而具有自身的结构性和系统性。

2. 地域特殊性。由于社区建设具有突出的地域性特征，这个特征反映在社区服务规划中具有明显的地域特殊性。不同社区的社区服务计划具有各自不同的内容和发展方式。

3. 未来预测性。这个特性意味着社区服务计划要为社区的未来发展指明方向，要预见到可能影响社区发展的有利条件和不利因素等等。

4. 结构开放性或动态性。指社区服务计划本身的结构是开放的、动态的、可修改的，而不是一个封闭的体系。

(三) 社区服务计划制定的要求

有效的社区服务计划必须符合全体居民或案主的愿望和需要；目标必须明确；必须具有适用性、可行性与可接受性；计划的产生必须集思广益，民主决策；计划必须要有整体性，即与社区的整体规划是衔接的，配合的，一脉相承的。计划及计划相关的资料，必须妥善保存，以备总结、评估之用。

二、要点提示

社区服务计划的制订程序

1. 实地调查

实地调查是社区服务计划程序的开始，也是整个社区规划最主要的步骤。它的主要任务是调查了解社区地理、经济、政治、文化的历史和现实，以及未来发展趋势，掌握社区资源的分布状况等等，为下一步制订规划草案做准备。这就需要运用各种调查方法获取有关社区历史和现况的大量资料；全面了解社区的各类资源分布；调查了解社区居民、辖区内单位对社区建设的需求状况、参与愿望、作用力度；调查了解各类社区居民和社区组织间的相互关系和共建状况等等。

2. 资料分析

资料分析是将实地调查得来的各种资料进行分类整理、分析研究，从中发现本社区的基本特点和发展规律，以及存在的突出问题，为制订规划草案提供翔实可靠的资料依据和理论基础。

3. 确定目标

确定目标是在实地调查和资料分析的基础上，提出和确定社区建设的规划目标。社区建设的规划目标是一个体系，既包括总体目标，又包括社区建设各主要方面的规划目标；既包括中长期的战略性目标，又包括阶段性、短期内要达到的操作性目标。这些目标的有机统一构成了社区建设的规划目标体系。

4. 规划草案

规划草案往往由社区规划大纲（文字说明的文件）、社区规划图（图表形式），以及一些用以说明问题的数据、表格等附件组成。有时还附带一些大纲以外的分报告，以补充大纲中某些部分的背景情况或资料说明。需要强调，社区规划草案既可以是一个，也可以是多个，以供决策机构比较、选择、定夺。

5. 确立方案

由于制定的社区规划草案可能是多个，这就需要决策机构经过反复讨论、比较，从多个草案中确定一个作为基本的社区规划方案。接下来要征求意见和修改草案。对所选定的规划草案，要通过多种形式广泛征求社区成员、相关专家、社区组织、基层党委、政府等方面的意见。在此基础上，要对规划草案进行修改、补充，这也需要经过几次由下到上、由上到下的反复过程。然后是审议通过。经认真修改定稿的规划草案，要按一定程序送交审议机构审议，审议通过后才能成为正式的规划方案。最后是公布方案。也就是由社区权威机构正式颁布社区规划方案，并开始付诸实施。

三、方法技巧

计划的制订就是把活动的不同步骤、项目，详细地演绎出来，加以丰富，以方便具体工作的执行。其具体技巧如下[①]：

1. 掌握活动的基本目标

在计划的制订过程中，工作者可将本次社区工作中涉及的一些不同的目标，按照一定的次序排列出来，然后在讨论实施步骤的过程中，再慢慢地筛选出最适当的目标。

2. 衡量服务对象的特色、需要、兴趣

除了在目标的确立上必须考虑服务对象的需要以外，为了确保工作者在目标、形式、时间安排等方面都以服务对象为中心，在整个计划的制订中也需参考服务对象的背景，以提高服务的针对性和居民的参与率。

3. 配合机构宗旨、赞助团体的期望

应该考虑不同类型机构的特点，采取对应的活动方式。比如，政府赞助的

[①] 徐永祥，孙莹：《社区社会工作》，高等教育出版社，2004年，第180-181页

公益基金可能倾向于采取较为缓和而非激烈的活动方式。这些因素在活动计划中是不可忽视略的。

4. 评估本身所拥有以及可动用的资源

社区工作的过程，也是充分动员社区内外资源的过程，在制订计划时要充分评估社区可利用的资源，包括人力、财力、物力等。

5. 制定初步计划书

根据已有的资源条件，可制定初步计划书，内容包括：订立具体目标、对象、形式及整个活动进程表。

6. 评估可行性

根据大致计划，考虑服务对象的特征、需要兴趣以及可用资源，做出比较，以选择最符合代表需要的形式。

7. 确立详细方案

一个详细的执行计划主要包括以下各项：目标、对象、形式、日期、时间、场地、程序表（活动中各事件、负责人员及分工，日程表一一列出）、人手分配、资源要求、预见困难及应付办法等。

四、注意事项

（一）制定社区服务计划的原则

1. 系统性原则。这个原则要求人们在制定社区规划时，首先应该把社区看成是一个由各种要素构成的综合体，从综合出发，并在综合的控制下对社区的各部分进行分析，然后又回到综合，做出关于整个社区协调发展的系统设计。

2. 前瞻性原则。亦可称为先进性原则。也就是在现有基础上积极提出可望达到的发展目标。这个目标应高于现实，具有引导的功能。

3. 因地制宜原则。即从本社区的实际情况出发，发挥自身的优势，科学的确定社区发展的目标、重点，形成符合本社区实际的社区规划。

4. 规模效应原则。即在社区规划中注意使社区建设项目能够产生较大的社会经济效益。这就需要从人口和空间距离（服务半径）及投资因素等方面综合考虑各类设施的规模和布局。

5. 阶段性原则。亦即根据社区发展的总体目标要求，确定社区发展的阶段性目标任务和工作重点。

6. 可操作性原则。所谓可操作性，就是能够付诸实施。按照这个原则，社区规划必须有相应的指标和指标值；有比较具体、可以检查的对策措施等等。

(二) 社区服务计划应包括的内容

1. 社区现状分析

社区现状分析是社区计划的构成部分。它主要是通过调查、统计及文献资料的分析，掌握社区的历史变迁和现状特点，掌握社区资源现状和社区各要素的发展情况，掌握社区的区位特征和环境条件及其发展优势与不足，从而判断社区的发展阶段、发展水平，明确社区建设中存在的问题。为社区建设目标体系的提出和相关对策措施的制定奠定基础。

2. 社区建设的任务目标和过程目标[①]

社区社会工作分为过程目标和任务（结果）目标两大类，过程目标是为了达到人们的信心、知识水平、技巧能力或态度等方面的改变，任务目标为了达到物质情境的改变。前者着眼点在于培养社区居民关心社区、参与社区、自组合作以共同解决社区问题的生活态度以及学会从事社区发展建设的技巧和知识等，后者着眼点是去解决特定存在的问题，满足特定的需要，完成具体的任务。

这两组目标在整个社区工作中都是非常重要的，但是社区发展模式强调的是一种过程目标。在制定任务目标的同时，社区发展模式要求社区工作者非常重视过程目标，在自助、团结、合作的基础上去解决社区问题，运用民主程序进行社区决策，以提高社区的保障能力和发展水平。

具体的过程目标内容应该有：(1) 各种社会网络的重新建立；(2) 居民互动及交往的增加；(3) 邻居关系的改善；(4) 居民及团体之间重建紧密关系；(5) 居民参与的重要，并愿意承担责任；(6) 居民对社区更加认同及投入。

3. 社区建设各主要部分的规划

这是社区规划的主体内容。其涉及方面的多少取决于社区建设之基本构成部分的多少。一般说来，应该有社区福利服务、社区便民服务、社区治安、社区环境、社区文教卫生、社区管理和居民自治等方面的规划。这些方面的规划应与社区建设的总体目标规划相一致，并且注意各部分之间的相互协调与组合。

---

① 谢建设：《社区工作教程》，江西人民出版社，2006年，第112页

社区社会工作 项目四

4. 社区建设的发展条件与支持、保障系统地规划

这部分内容主要解决社区建设的体制机制、经费运筹和物质保障等等问题。其主要内容大致包括：社区建设的组织体系、管理体制、参与机制、激励机制、经费来源、物质保障等方面的规划。

5. 社区服务项目开展的具体进度安排

这部分内容主要涉及工作开展的具体时间安排，在什么时间安排什么工作内容，要在制定社区服务计划时给予明确，这一内容对社区工作有直接的指导作用。

五、实务操作

"老有所乐"社区服务计划书
幸福里社区服务中心

一、理念与方式

承蒙社区各界力量的大力支持，通过近一个月的努力，我们了解和掌握了幸福里社区中的老年人的生活状况和基本需求，为了有针对性地开展老年人服务工作，我们制定此计划书，希望社区各界力量一如既往的支持我们。

这次社区计划主要结合 "社区为人人，人人为社区"的社区理念，针对社区老龄人口的种种问题，采用社区计划、社区照顾、邻里协助、志愿网络等方式，结合家庭照顾及自助互助模式开展工作，增强社区居民的归属感和主人翁意识，加强社区凝聚力，敬老爱老。我们这一系列活动旨在提升居民的社区参与意识，从感性和理性上使居民开始思索与社区的关系、社区的需要、自己有没有意愿和能力为社区贡献；这种贡献可否被接受、自己可否从中获得满足感；让其明白社区里还有很多弱势群体需要他的贡献，通过这些活动对他们产生影响，成为社区建设的踊跃参与者，并争取建立一支为老服务的志愿者队伍，推动其长效和可持续发展。

我们同时希望通过这些活动，发动起社区各个层面的群体（尤其是弱势群体），全方位地调动社区居民的积极性，让更多的人融入社区，交到好朋友，得到娱乐等快乐和平常的经验。提示他们在思维和体能等多方面的自我能力，使之有长远的意义，向社区共融迈进。

二、目标

1. 倡导社区对老人特别是孤老/残疾老人的关怀，提高孤老/残疾老人的生活质量；

社会工作方法与实务

2. 提升为老人服务的志愿服务精神及社区参与意识,提高他们社会交往的自信心和能力;

3. 使老人等群体更好地融入社会,锻炼和发展自我,树立或巩固健康的生活态度。

三、服务案主:社区内全体老年朋友

四、参与者

1. 全体老年朋友及家庭成员
2. 社区居民
3. 社区服务中心工作人员
4. ××大学社会工作专业学生

五、活动设计及其要素

节次	形式	日期	时间	地点
1	开幕式/健康知识讲座	4月9日,10日 4月16日	14:00-16:30	幸福里小学礼堂
2	1. 志愿者服务培训 2. 入户志愿服务	4月17日至4月23日	15:00-16:30	社区活动中心及社区孤老/残疾老人家中
3	启动老年服务资源	5月1至11月30日	8:30-17:00	社区内
4	工作阶段性评估	12月10日至12月20日	15:00-16:00	社区内及案主家中

六、具体内容

第一节 开幕式/健康知识讲座

参加者:社区内的老人、本次活动的社区居民志愿者、社区工作者

活动内容:

1. 向大家明确本次活动的目的/意义/内容/形式;
2. 介绍社区内老年人及社区孤老/残疾老人的情况,凸显问题。
3. 健康知识讲座;
4. 义务健康咨询;
5. 发放健康宣传单张。
6. 简短讲解:志愿服务的理念/知识(刘、朱、吴)。

资源配备:

1. 事先邀请社区内老人及社区孤老参加,必要时安排志愿者接送;

2. 相关健康宣传资料；

3. 邀请××医院老年病专家李主任出席做讲座

4. 有关社区内老人家及社区孤老的资料，以及有关志愿服务和沟通技巧的讲稿；

5. 横幅、茶水

人员安排：由第一小组主要负责人李明带两名大学生志愿者，其他小组配合。

历时时间：2008年4月9日、10日，4月16日

第二节 志愿服务培训、入户服务

参加对象：志愿参与本次活动的为老服务志愿者。

活动内容：

1. 沟通技巧培训；

2. 志愿者带领能出户老人组建老人活动小组、兴趣小组；

3. 志愿者按照事先分派，分别入户拜访行动能力较差的孤老；

4. 志愿者通过交谈了解孤老/残疾老人目前的生活状况及困难/需求，并形成简要报告；

5. 志愿者向孤老宣讲健康知识；

6. 回收访谈报告，呈交街道民政科参考、并由小组进行了解分析。

资源配备：

1. 事先分派每位志愿者所访问的孤老/残疾老人家庭；

2. 孤老/残疾老人生活状况及困难/需求访谈提纲；

3. 健康知识有关资料。

人员安排：由第二小组主要负责人张昭辉带领大学生志愿者和社区志愿者，其他小组配合。

历时时间：2008年4月16日—4月23日

第三节 启动老年服务资源

参加对象：社区工作者、街道和区民政部门

活动内容：

1. 向街道和区民政部门申请社区照顾所需资源；

2. 利用申请到的资源支持建老年公共设施：老年活动室一间，托老室一间（提供日间照顾），娱乐器具若干；

3. 针对残老、孤老等行动不便者制定入户值日表,帮老人代办代买日常用品,与老人聊天。

4. 组织老年人进行社区义务活动:宣传、日间治安巡逻、卫生监督、邻里纠纷调解、社区公共事务讨论

5. 利用教育资源,与大学生志愿者一起定期组织社区公共活动,丰富老年人生活。

资源配备:

1. 向有关部门进行资源申请的调查报告和申报书
2. 定期入户口服务对象,值日表
3. 义务活动袖标
4. 公共活动所需设施

人员安排:幸福里社区工作人员和大学生志愿者、社区志愿者

历时时间:2008年5月1日—11月30日

第四节 工作阶段性评估

参加对象:社区居民、街道及区民政部门工作人员、大学生志愿者

活动内容:

1. 老年人满意度评价调查
2. 家庭成员与老年人关系改善状况评价访谈
3. 老年人服务设施使用频率调查
4. 社区居民满意度调查、访谈

资源配备:

1. 老年人满意度评价调查问卷
2. 家庭成员与老年人关系改善状况评价访谈提纲
3. 老年人服务设施使用频率调查表
4. 社区居民满意度调查问卷、访谈提纲

人员安排:街道及区民政部门工作人员带领部分社区志愿者和大学生志愿者

历时时间:2008年12月10日—20日

七、活动经费预算

活动内容	资金预算(单位:元)
1. 开幕式/健康知识讲座	纯净水 1.00 元/瓶×50=50.00 元 印刷宣传资料 0.10 元/页×600=60.00 元

续表

活动内容	资金预算（单位：元）
2. 志愿服务培训 入户志愿服务	纯净水 1.00 元/瓶×20＝20.00 元 问卷等印刷预计 20.00 水性笔 20 元
3. 启动老年服务资源	老年活动室改造 2000 元， 托老室改造 5000 元， 家具装饰 3000 元 娱乐器具 3000 元 袖标、条幅制作 300 元
4. 工作阶段性评估	问卷、调查表 200 份，一份 1 元×200＝200 元
总　计	13670.00　元

注：以上为计划预算，若有剩余将如数返还街道。谢谢支持！

节选具体工作计划：

第五节　开幕式暨健康知识讲座计划

时间：2008 年 4 月 9 日-4 月 17 日 每天下午 14：00—16：00

地点：幸福里小学礼堂

参加对象：

（一）社区内老人及家属（社区服务中心提前通知）

（二）社区志愿者

（三）大学生志愿者

（四）社区工作者

具体议程：（一）开幕式主持：张小霖

14:00—14:20 主持人向大家介绍本次活动；

14:20—14:30 请社区居委会主任讲话

14:30—15:00 请社区工作者介绍社区老人的情况

以上活动仅 4 月 9 日周六

4 月 9 日（周六）15:00—16:00 老年营养讲座

（二）健康知识讲座　主讲：李铎　张庆玉

4 月 10 日（周日）15:00—16:00 老年心理健康讲座

4 月 16 日（周六）15:00—15:15 健康咨询和发放健康宣传单张

　　　　　　　　　15:15—16:15 老年疾病预防和保健

（三）志愿者服务讲座 主讲：王桐
4月17日（周日）15:00—16:00 志愿服务的理念和知识
　　　　　　　　16:10—16:30 各志愿小组代表介绍小组成员（各小组选举
　　　　　　　　　　　　　　 一代表）并请志愿者填写"志愿者花名册"

资源配备：
（一）请社区服务中心安排活动场地、茶水（50份）等
（二）社区内老人及孤老参加活动 —社区居委会帮助安排
（三）横幅制作 —社区医院义工
（四）健康宣传资料 —志愿小组准备
（五）社区老年人情况介绍 —社区服务中心安排

六、总结点评

社区工作计划是社区服务的指导方针，同时也是后期对社区工作进行评价的依据。一部完善的社区计划必须在前期对社区问题与需求的客观调研基础上制定，同时也要考虑可利用的社区内外资源情况。

七、拓展提高

1. 社区计划的制订步骤分为哪几步？
2. 为实习社区或所生活的社区中急需解决的问题设计一份社区工作计划书

任务四　实施服务计划，开展社区工作

通过本单元教学，使学生掌握制定发动群众的技巧；掌握主持居民会议的技巧；学会如何动员和利用社区内外资源；掌握培养社区志愿队伍的方法。

在工作期间，社会区工作者动员社区各界力量开展了一系列关心爱护老人的活动，提升了全社区居民爱老尊老护老意识。为了巩固这次工作的成果，社

区工作者为危机老人建立了社区支持网络,并充分挖掘和运用社区内的人力资源,为社区老人培养优质志愿者,扩展社区中心对老人的服务。

1. 发动群众参与
2. 主持居民会议
3. 动员社区内外资源
4. 培训社区志愿队伍

一、术语理解

(一)社区行动

社区行动是指社区工作者激发社区居民行动起来,利用有效资源将制定的计划付诸实施行动的过程。社区行动是整个社区工作的核心部分,再好的计划如果无法得到有效的实施,也不会对问题的解决起效用。所以社区行动也是社区工作者与社区各种资源携手共同运作的过程。关系到社区工作的成败。

(二)志愿者

志愿者是指在不为物质报酬的情况下,基于道义、信念、良知、同情心和责任,为改进社会而提供服务,贡献个人的时间及精力的人和人群。志愿活动泛指利用自己时间、技能、资源、善心为邻居、社区、社会提供非盈利、非职业化援助的行为。社区志愿活动就是限定在社区层面的志愿活动。

招聘志愿者的目的:填补人手;扩展服务;备用资源;保持活力。

二、要点提示

(一)社区行动的要求——制定社区行动方针

行动方针是成立或巩固组织,让社区工作系统化。如果社区中没有居民组织,社会工作者就要推动建立具有代表性的居民组织。我国城市社区中普遍建有社区居民自治组织——社区居委会,所以社区工作者的任务就是巩固居民组织,让居民支持居委会的工作。社区工作者可以通过培训的方式,帮助居委会建立内部合理的运作程序,分享服务的经验和教训,协助他们建立巩固的资源支持系统。在其他特定社区也可以运用这种方法制定社区行动方针。

社会工作方法与实务

(二)发动群众的原则

1. 明确动员群众的目的

(1)增强群众的理解和支持,壮大社区工作力量;

(2)充分挖掘和使用社区人才资源,有效地解决社区问题;

(3)社区工作者和群众相互交流,相互学习,共同进步。

2. 掌握动员群众的原则

(1)掌握群众参与社区工作的动机,进行有针对性地动员。群众参与社区工作的动机各不相同,有些是为了获取某种实际利益,有些是为了为社会作贡献,有些是为了发展自我能力,提升自己的素质。社区工作者只有了解了群众参与社区活动的动机才能有针对性地动员群众,从而取得更好的动员效果。

(2)让群众看到自己参与解决社区问题的成效。很多群众往往不愿意参与社区事务的管理,他们认为这些活动都是形式上的,没有什么实际的意义。社区工作者要让群众亲眼看到自己参与解决社区问题的成效,才能扭转他们对参与社区管理的认识,从而提高其参与社区活动的积极性和主动性。

(3)选择动员对象。社区工作者需要明白,不是所有的群众都愿意参与社区活动,一些群众可能由于时间、身体健康情况、认知水平等因素的限制,没法参与社区活动。社区工作者要选择那些态度积极,客观条件允许的,具有工作热情的人作为自己的动员对象。

(4)让参加者能够感受到自己的成就感和贡献。根据参加者的兴趣和能力,让其承担一定的任务,待其完成后给予肯定和赞许,让其感受到自己的价值,自己的努力和辛苦都是值得的。

(5)减少参与者做出的牺牲。社区工作者合理的安排工作任务,适时给予群众帮助,使参与者参与社区活动并不需要付出太多的时间、精力和物质,维持期工作的热情。

(6)注重工作者自身的素质。社区工作者的良好的工作成效和能力,给人一种号召力和影响力。特别是社区工作者留给群众的印象对动员效果具有重要的意义。

(7)为参与者带来个人的改变。让参与者在参与社区活动的过程中,感受到自己成长和成熟。让其感受到参与社区活动对本人来说也是一个锻炼的机会,可以丰富其日常生活。

社区社会工作 项目四

（三）社区行动的主要方法

1. 发动群众参与。群众参与是社区工作的重要价值观念，不仅因为参与是居民的一种民主权利。而且群众本身才是自身需要和感受的最佳和最重要的诠释者。发动居民广泛参与到社区工作中，可以提高社区居民生活质量，提升人们的意识和能力，增强个人的自主性；还能使社区成员对影响自身的社区事件和问题有更多的认识，为自己赢得更多实际经验和资源；也有利于加强居民的归属感、满足感和安全感。

但是受沿袭下来的工作方式方法的影响，多年来在社区管理和社区功能的发挥中，居民自觉参与的意识并不十分强烈，如今社会转型中社区功能的扩大，使人们对社区的依赖性逐渐增强，如何将这种被动的依赖和接受他人服务，转变为主动寻求或提供服务、自我服务，就成为广大社区工作者的期待和努力方向。

学者们认为动员群众的目的不外乎下面几点：扩大群众的支持和参与，增加社区工作的主要内容和重要任务，增加社区工作力量；充分挖掘和使用人才资源，促进社区问题的解决；工作者和参与者互相学习，体验成长。所以发动群众参与是社区工作的主要内容和重要任务，是社会工作者的一项基本功。

2. 召开社区会议

社区工作涉及社区内的每个居民，因此，社区工作十分强调居民的集体参与，需要社区居民、社区内的机构、社团等社区内各界力量通力合作才能开展。使社区各界力量参与社区事务的最佳途径之一就是通过召开各种社区会议，社区会议通过使居民聚集在一起讨论社区问题，表达意见、交流意见、计划行动方案，求得共识，最终使各界力量获得参与、合作的承诺。

召开社区会议一般涉及会前准备、会中、会后促进和行动四个步骤。

（1）会前准备。会议的目的是什么；会议内容及程序安排、资料准备；参会人员确定及通知；场地设备的安排；提前到场检查各项安排落实情况及人员联络；会前接待。

（2）会议进行中。会场气氛把握，民主、平等、轻松；按议程进行，注意把握时间；有集中讨论、反馈时间，不能拖延时间太长；决议要经反复讨论，谨慎通过；注意观察和掌握会场气氛和与会者的反应；主持人做集中归纳和总结，突出主题及收获。

（3）会后促进。进一步明确会议决定；着手会议决定的工作；通知未出席者有关会议的重要内容和决定；整理好会议记录，将任务落实到人。

（4）行动。执行会议决定，必要时征求有关人员意见，做好下次会议报告行动的准备，并随时向与会者通报工作进展情况。

3. 教育与宣传

社区行动的成败关键在于社区居民是否热心参与。而居民是否热心参与则与居民对社区事务的兴趣、关心程度、与自身的密切程度息息相关。为此，社区工作者在开展社区工作的过程中始终要有教育与宣传。其中，宣传可运用多种传播媒介，如请专家讲座，开展竞赛活动，把要宣传的内容制成短片，开通社区网络BBS论坛的还可以利用论坛等。大众传播媒介强大的影响力是工作者依赖其推动社区工作的原因。

三、方法技巧

（一）发动群众技巧

发动群众要讲究方式方法，具体来说可分为直接接触和间接发动两种途径。

1. 直接接触途径

如果目标对象的姓名及联络方式提前就已知道，可采用去信通知、电话联络或登门拜访三种方式进一步宣传、说服，建立关系。如果没有具体对象及联络方法则可以采用设立社区咨询站点、向往来的居民宣传介绍，发现目标对象或现场交换意见，建立联系；也可采用"围剿"式的方式，逐门挨户上门宣传，挖掘潜在的参加者；也可通过小区广播或流动宣传车，甚至居民大会等宣传方式进行社区鼓动宣传。

2. 间接发动途径

如果工作者不与居民面对面进行交流，可以利用一些间接的方法达到类似的目的。最为常用的方法便是借助大众传播媒介报道、展板和广告宣传、电视新闻稿、宣传单、信箱广告、招贴和海报条幅等。

在动员时还要讲究策略，注意根据对象的反应灵活应变，不做无根据的保证；不能引起居民反感，不与对象发生争执；还要小心了解对象的真实想法，积极地宣传，耐心地等待动员效果的产生。

(二)发动群众时的劝服技巧

在动员居民中,常会遇到许多实际情况,如何恰当的处理?下面举几个实例作以说明。

1. 居民:"我文化水平低,没法参与。"

反应:"您认识的李嫂、张嫂都来,您当然要来!"(策略:熟人参与)

"大家一起学习,慢慢就可以了。"(策略:互相帮助)

"××起初和您一样担心,但后来参加活动后真的改变了许多。"(策略:成功示范)

2. 居民;"只有我们几个人也难成什么大事。"

反应:"最近大家加班很累,有时难免缺席。"(策略:体谅他人)

"您下班这么累还来参与,实在让人感动!"(策略:赞赏对象)

3. 居民:"上次都已经试过了不成功,为什么还要试验?"

反应:"上次您一人去所以不成功,我们今天大家一起去有声势,效果一定不错。"(策略:告别失意)

"一次不行不等于次次不行。"(策略:纠正以偏概全)

4. 居民:"我没时间,看何时有空再说吧!"

反应:"下星期我会在同一时间等候您的消息!"(策略:诉诸权威)

"参与其实不太费时间,况且有事时还可以临时退出。"(策略:减少代价)

5. 居民:"没用!政府官员已习惯了这种表现,很难改变的!"

反应:"没理由只许州官放火,不许百姓点灯,政府也要讲理!"(策略:诉诸公平)

"只要不放弃努力,机会也许就会来了!"(策略:努力尝试)

总之,发动群众是社区工作中的一项重要任务,只有在居民的积极支持和参与下,社区工作才能更好地满足于社区居民工作的需要。因而在发动过程中,要注意掌握方式方法,了解居民的心理。因人而异、因地制宜,以积极的态度和工作的技巧团结和吸引更多的有识之士,投身社区建设和发展之中,使社区工作因广大居民的参与而更加丰富而充满活力。

(三)主持会议的技巧

会议中,主持者的技巧以及所带动的场内气氛是会议成功的关键。支持者作为会议的核心要用到以下一些技巧。

1. 聆听。要让发言者知道你在仔细听他发表的意见,要从讲话人的语言内涵和表达方式中收集更多的信息，还要同时观察其他与会者的反应。

2. 提问和邀请发言。要善于启发引导和鼓励参与者发表意见，用开放式的问题给每个人均等的机会，有时也用特别邀请征求有关人员的意见或阻止滔滔不绝的发言。

3. 注意澄清和引导。为使发言不离主题，要适合复述成员的意见，及时核实和纠正一些观念。

4. 综合、集中。及时综合各方的意见，做出总结分析，找出共同点和分歧点，把握会议进程。

5. 多用赞美和鼓励。对发言者和提供信息的人予以及时的鼓励和肯定，使其感到被尊重和重视，增加日后参加社区活动的积极性。

6. 运用身体语言。主持人的目光、面部表情、身体姿态都可以辅助会议的主持。尤其目光和表情的运用，要让参加者感受到主持人对每个人同样的关注，态度开放、谦和、友善、民主。

7. 时间运用准确，会议适中，不拖延。

(四) 招募志愿者的方法与技巧

1. 招募志愿者的方法

(1) 志愿者介绍

(2) 举办志愿者训练课程

(3) 活动推广

(4) 对外宣传

(5) 举办志愿者招募周

(6) 印制志愿者服务资料册

(7) 运用互联网

2. 甄选志愿者的技巧

(1) 做好招募前的准备事项

① 考虑清楚机构的需要及服务的要求

② 会面应由机构职员与资深志愿者共同进行

③ 设计一张详尽的志愿者登记表，以便记录有关资料

④ 地点及时间要做适当安排，以示对志愿者的尊重

(2) 招募时的注意事项

① 详细解释志愿者工作的性质及要求

② 告诉志愿者将会遇到的挑战，令他们做好心理准备及增加满足感

③ 尽量提供多种工作的选择

④ 说明志愿者必须参加有关训练课程，以增加对志愿者工作的兴趣及了解

四、注意事项

（一）激发社区参与程度时须注意的事项

实施社区计划，开展社区服务是整个社区工作的重点阶段，在实施过程中，社区工作者方面要针对社区需求提供服务，另一方面也要激发社区各界力量的参与热情，着力培养社区居民的自立意识，防止社区对社区工作者产生依赖性，为社区工作结束后社区工作者的撤离打下基础。所以在工作中，一要防止把注意力过分集中在少数居民带头人身上，而忽略了占多数的普通居民；二要不断的提醒居民组织除了要提供服务，还要维持居民持续参与社区活动。

具体工作包括以下几个方面：

1. 注意掌握群众参与的动机，有针对性地进行动员。群众对社区工作的参与动机往往是各不相同的，有些是为了获取某种实际利益；有些完全是为了奉献社会；有些是为了提高能力、增长技能。只有了解了参与者的动机，才能"对症下药"取得事半功倍的动员效果。

2. 注意及时向社区展现居民参与对社区问题解决的成效。以往人们不愿参与社区的集体事务，很大程度上感到许多参与都是形式上的，没有什么效果。所以让群众看到由于大家的积极参与带来了社区问题的转变或者是转变的希望，便能有效的积极投身社区事务之中。用"角色示范"的方法让过来人现身说法，效果会比较直接。

3. 及时表扬参与者个人在参与活动中的改变。群众参与不仅对社区事务有帮助，同时对参与者本人也是一个锻炼的机会，可以丰富他们的生活，令其增强自信，提高面对压力时的应变能力，获得个人的进一步完善和发展。社区工作者通过对参与者个人的贡献、收获等各方面的及时表扬，给参与者以反馈，强化参与者的继续发出参与行为的积极性，同时也对其他人产生榜样效应。

4. 选择合适的动员对象。工作者不能指望所有居民都肯参与到社区工作之中，因为任何组织内部都会存在个别冷漠、消极甚至抗拒的成员，那不是动员的对象。社区工作者应选择那些态度积极、工作热情，或是那些有兴趣但尚采取观望态度的成员。

5. 减少参加者付出的代价。以往居民不愿参与是因为参与的代价太大，如时间太长，缺乏效率。工作者应适时支援及合理安排，使参与者体会到无须付出太多时间、金钱和精力，保持其参与的热情。

6. 注意工作者自身素质对居民参与的影响。工作者的工作成效和自身良好的能力素养，可以给人一种号召力和吸引力。所以工作者留给居民的印象，对动员效果有决定性的影响。

(二) 一个成功的会议要遵守下列守则

1. 会议目的清楚。
2. 认真计划会议进程。
3. 邀请有关、有需要的人士参加。
4. 事前向有关人士简介会议情况。
5. 主持人主持会议而不是垄断会议，不要只听到主持人的发言声音。
6. 让所有的人有发言机会，互相沟通，彼此回应。
7. 使参加者身心舒畅，觉得参加会议有所收获。
8. 保证会议能带来行动。
9. 小心会而不议、议而不决、决而不行、行而无人负责。

如果是居民大会，那么会前的宣传及动员要作为一个重点。因为会议召开的目的就是将重要的社区问题和事件告知居民，使他们加强对问题的认识、提高关注程度，所以广泛的动员也是一种宣传推广工作。

五、实务操作

幸福里社区服务计划制定后，在社区工作者、社区居民志愿者、大学生志愿者等多方的协作下，社区开展了为期七个月的社区老年人服务活动。在这一过程中，社区工作者先培训了社区志愿者，在志愿者的帮助下开展一系列针对老年群体的服务工作，包括孤老入户照顾与服务，社区老年人日间照顾，社区老年人文娱活动，动员老年人家庭成员与老人谈心活动，通过连接邻里形成探访联系建立老年人社区支持网。通过一系列活动的开展，社区内老年人无论是在生活照顾上还是精神抚慰上都有人来关心他们了。同时，一些身体健康的老年人通过帮助社区进行卫生监督、探访其他老人、日间治安巡逻，讨论社区公共事务等，为社区公益贡献力量，使老年人感到"老有所为"，生活充实。

社区社会工作 项目四

工作剪影一：社区志愿者培训与入户志愿服务活动情况

时间：2008年4月17日 下午 14：00—17：00

地点：幸福里小学礼堂

参与者：计参加人数26人（名单略）

（一）社区居民志愿者

（二）大学生志愿者

（三）社区工作者

（四）辅导老师

（五）居委会老年服务工作人员

过程简述：

（一）志愿服务培训 主持：张小霖

1. 由王桐主讲：老年人的行为特点以及陪同老人出行应注意的事项；
2. 由志愿者肖岳莲主讲：服务与沟通——介绍志愿服务的经验与体会；
3. 介绍入户服务的内容；
4. 由田成印老师主讲：培训如何填写调查问卷；
5. 由赵红老师主讲：服务对象介绍、志愿者与服务对象配对；
6. 由丁广友主讲：孤老入户、日托老人照顾的要求；
7. 发放志愿者胸卡。

（二）志愿者分组入户服务

1. 问卷调查；
2. 发放健康保健知识宣传单张；
3. 与孤老人家庭确定定期服务时间与内容
4. 下周活动参与意见征询。

（三）工作人员集中信息反馈、下周活动布置

1. 问卷回收；
2. 工作员简短的交流与信息反馈；
3. 下一次活动的具体分工、安排。

"志愿者培训与入户志愿服务活动"评估报告

一、计划完成情况

（一）志愿服务培训

1. 老年人的心理、行为特点以及在访问孤老时应注意的问题

2. 服务与沟通——志愿服务经验介绍
3. 服务内容介绍
4. 问卷填写培训
5. 服务对象介绍、志愿者与服务对象配对
6. 孤老、残病老人服务需求
7. 发放志愿者胸卡

（二）入户服务（志愿者分组活动）
1. 孤老或独居老人的现状及需求问卷调查
2. 健康保健知识宣讲
3. 孤老、残病老人服务的具体安排
4. 下周活动参与意见征询

（三）活动总结
1. 问卷回收
2. 工作员简短的交流与信息反馈
3. 下次活动分工

二、活动过程简要描述

略（详见计划部分）。

三、目标完成情况

由于天气影响，为保证活动能够进行，活动的内容与程序作了相应的调整，未能完全按计划完成，但基本达到原定目标。

（一）基本完成预定程序及内容
1. 对志愿者进行了有关服务的知识培训；
2. 由工作员陪同、志愿者们成功地对服务对象进行了访问，并完成问卷调查；
3. 了解服务对象的现状；
4. 确定了参加入户服务的名单，为入户服务作了培训与准备工作；
5. 根据天气情况，及时调整活动的程序与内容的安排使活动顺利完成，且基本完成预定程序及内容。

（二）活动过程中，志愿者们表现出极大的热情，积极地参与。
1. 志愿者们冒着瓢泼大雨赶来参加活动，许多志愿者衣服都被淋得透湿，他们中有的回家换了衣服再来；有住在附近的志愿者将其他志愿者带到自己家里换上干衣服。
2. 志愿者们认真聆听培训内容，积极参与讲解和示范；向其他志愿者介绍

社区社会工作　项目四

自己对志愿者的认识与理解。

3. 志愿者们冒着雨去访问服务对象,认真完成入户服务的内容。

(三)根据工作员带回的信息,志愿者通过入户服务与问卷调查,亲身感受和了解了孤老或独居老人的困难与需求,这有助于他们加深了解志愿者活动的意义,并激发他们参与社区志愿者活动、奉献爱心愿望与信念。

四、意见和建议

(一)活动内容的安排

1. 一节的内容安排不宜过多,且有些培训的内容可以用发放资料的形式。
2. 志愿服务经验介绍的内容最好能事先审稿,使内容与主题紧扣。

(二)时间安排

1. 居委会的有关人员在活动开始的 60 分钟后到达,以免他们长时间的等候;
2. 入户服务出发之前,通知其返回的时间。

(三)活动的评估

1. 后一节的参与情况可以体现前一节的成效。
2. 除此之外,是否应有对活动成效的评估方法。

工作剪影二:老年活动室与托老室改造与投入使用

社区服务中心根据工作需要向街道及区民政部门进行了经费申请,由于此次幸福里社区老年人服务工作是市民政局开展的一个老年服务工作试点,经费很快就被批拨下来。2008年5月中旬开始,社区针对原有的社区老年活动中心进行了重新改造,开辟出老年活动室一间约 80 ㎡,托老室一间约 80 ㎡。老年活动室配备活动桌椅可供室内棋类游戏、会议讨论等。活动室在7月开始投入使用,老人们经常来这里聊天,下棋,谈天说地很是热闹。社区工作者为活动室制定了值日表,由老年人志愿者监督环境和设施维护。托老室用于日间托老服务,服务对象是残病行动不便者,社区老人家庭中因家庭成员暂时外出或有其他事宜无法照顾老人,可安置在托老室由社区工作人员陪护,晚间由家庭成员接回。因托老室与老年活动室毗邻,老人们可以互相解闷。

工作剪影三:迎奥运老年健脑益智有奖竞赛

随着北京奥运会的临近,人们对奥运会的关注热情与日俱增。老年朋友也是情绪高涨。学生志愿者为丰富老年人娱乐生活,精心设计了一次幸福里社区

"迎奥运老年健脑益智有奖竞赛"。此次活动着重鼓励行动不便、平时很难参加社区活动的老年人参加。把报名参加的老年分成四组，每组三人，以组为单位，进行奥运知识问答比赛。在比赛前一周把奥运知识进行总结分发给感兴趣的老人们，让他们提前准备。比赛在七月的一个周末进行，比赛由两位机灵、风趣的大学生志愿者主持，参加比赛的四组老人分别为红队、蓝队、黄队、绿队。不亲自上场的老人们被分成各组的亲友团，比赛规定如果参赛的队员有困难，不能回答问题的可由亲友团提示或代答，这样不论是否亲自参加比赛，老人们都有表现的机会。现场非常热闹，老人们在娱乐中增长了知识，培养了友谊，加强了联系。这次比赛对老人是一次难得的鼓励机会，使他们增强了信心。比赛结束时，参加的老年朋友无论是观众还是"运动员"都有奖品收获，老人们非常高兴。此外，在农历的九月重阳节，社区工作者和志愿者们还组织了老人趣味运动会，有慢跑、托球走、袋鼠跳、踢毽子、拔河、皮球砸筷子等，老人们活动情绪高涨。

工作剪影四：老年志愿者发挥余热，爱心献社区

社区工作者根据一些老年朋友的热情，安排老年志愿者进行宣传、日间治安巡逻、卫生监督、孤老残病慰问等工作。这一支志愿队伍人数达23人，被分成几组，轮流进行上述各项工作，此外还有一些"业余"志愿者，心情好了也加进来帮助做一些工作。这些老年志愿者对社区分配的工作任务一丝不苟，得到了社区居民普通遍好评。其中有一位志愿者蒋大叔，他的儿女们工作体面，收入又高，将大叔本人也有退休金，儿女们不和他住在一个社区，平时因为工作忙很少有时间来看他，但孩子们还是很孝敬的，每天电话不断。蒋大叔身体很好，老伴不在了，平时闲得没事总是在社区里溜达，这次听说社区里进行的老年人服务工作需要志愿者，他第一个报了名，每天张罗各种活动，很是意气风发。儿女们听说了这事怕老人累坏了，都劝他不要做了。老人不高兴，和儿女们说心里话："你们知道我一个人多没意思吗？我又不想和你们一起住打扰你们被你们当成麻烦，我现在有个事干，心情好，天天吃饭也香了，觉也睡得好了，你们还有啥不放心的，我还能再活几年啊，你们不想让我高高兴兴的？"儿女们没敢再阻拦。蒋大叔每天高高兴兴，做起工作来还很有办法，社区里的邻里纠纷工作由他出面很有成效，现在社区里的大人孩子都知道他了，见面都热情得和他打招呼，他自己都说这种感觉美滋滋的，比退休前拿了奖金还舒服。他的情绪也感染着社区里好多犹豫不决的老人，在他的影响下纷纷参加社区公益活动。

社区社会工作　项目四

　　随着人们生活水平的提高，有车的居民越来越多，社区里每天上下班时间车很多，交通不便，行人也不便，给社区带来很多麻烦。老人们通过研究发现社区的栅栏外和小铁路之间相隔近40米远，中间除了绿化带占了几米外，这块空地有3000多平方米，因围在了社区栅栏外，不属于社区使用范围，都空着，偶尔有人在这里练车。于是他们建议社区居委会能不能把这个空间利用起来，规划出统一的停车带，把社区靠铁路这一方向的栅栏打开两个小门，供人员进出，把空地围起来设置一个大门由车辆进出，这样就可以把车停放在社区外面，不影响社区内的交通。社区居委会也考虑这个问题很久了，但是有两个顾虑，一是不能随便用这空地，需向行政部门申请；二是怕居民不愿出钱修整这块空地，有车的人出钱会痛快，但没车的人估计不会出钱，这就使出钱的人不愿让不出钱的人用。老人们了解到居委会的想法后，想了办法，让社区居委会出面申请，老人们在行政部门负责这方面管理的子女们给予协调，争取到了使用权。同时，老人们发出宣传，让社区居民集资修整存车场地面，装围栏，明确表示这是公共停车用地，每个月收取存车费，车费很低，收集上来用于社区公共活动开销和雇佣停车场看门人、停车场环境维护等。而出钱集资修停车场的车主相当于预先交纳了存车费，可免费使用到集资数额用完为止。这一办法得到了社区居民们的强烈支持，6月份提出建议8月份的时候车就可以停进停车场了。同时，为本社区内两户贫困家庭解决了就业问题，把看门人的两个名额分给了他们两家。这次事件后，老年志愿者们在社区的威望大增，做起维护社区环境等工作更得到广泛的支持。

　　社区老年人服务工作中，社区工作者动员和利用了各界力量和资源，共同营造出一个尊老敬老、老有所乐、老有所为、老有所帮的生活局面，使社区风气焕然一新。在2009年初本市文明社区评比中，幸福里社区名列榜首。社区居民非常骄傲。

六、总结点评

　　1. 社区行动过程就是把社区工作计划给予实现的过程，在此过程中每一项工作完结后都应该有工作评估，以查看与原计划的符合程度，或纠正计划中的不足之处。

　　2. 社区工作的关键是动员社区参与力量，社区成员参与的越广泛，社区工作的效果就越明显，这样容易形成良性循环，吸引更多的社区居员参与，那么社区工作的成果在社区工作者撤离后就会被更好的维持下去成为一种传统。

七、拓展提高

1. 社区行动的过程中都需要哪些具体工作技巧？
2. 参与所实习社区正在进行的一项工作，并运用本任务中的部分工作技巧，依照样例写出此次工作评估报告

任务五　社区服务评估

教学目标

通过本单元教学，使学生掌握社区工作评估方式，能够撰写社区工作评估报告。

案例背景

通过为期7个月的社区老年人服务工作的开展，社区居民尤其是老人和有老人的家庭从中受益匪浅，社区居民普遍反映，通过参与社区的活动，心情愉悦了，同时也对社区更具有了安全感；而社区内的面貌也为之一新，社区内尊老爱幼、互帮互助、和睦相处的氛围增加。社区工作者通过收集社区各界对此次工作的反响，觉得有必要进行下一步社区服务评估的工作了。

工作任务

1. 社区工作总结与档案汇集与保存
2. 掌握社区工作评估的几种方式
3. 撰写社区工作评估报告

一、术语理解

（一）社区工作评估

社区工作评估是在社区行动计划执行了一段时间，或当计划执行完毕后，

通过科学的方法和程序,对计划的执行情况进行评估,以检查计划执行的实际效果。社区工作评估是社区工作中必不可少的环节。

(二)社区工作评估的方式

社区工作评估中通常有三种方式可选择。

1. 过程评估。过程评估是对整个社区工作过程的监测,它对社区工作者介入的每一步骤、每一阶段分别做出评估,关注的是介入中的各种步骤和程序怎样促成了最终的结果,方法是了解和描述介入活动的内容,回答工作过程中发生了什么,以及发生的原因。

过程评估提供有关社区工作过程中的各种信息,包括工作目标、介入过程、介入行动以及介入的影响。也就是说,过程评估是对社区工作的一种全程跟踪评估。在介入的初期和中期,过程评估的重点是评估介入对象的表现和社区工作者的工作和技巧,以便了解介入对象的改变过程,适时修正介入的方案,改进工作技巧。在结束阶段,重在评估导致介入对象改变的因素。

2. 结果评估

结果评估是在工作过程的最终阶段进行的评估,包括目标结果和理想结果两个方面。其中,目标是指介入要努力达到的方向;结果是介入的直接和最终效果。结果评估是对产出结果的一种评估,通常工作过程结束时进行,它关注的是预期的目标或者结果是否达成。

在进行结果评估时,评估人员应该关注以下一些问题:这个工作的过程是否对服务对象有效?服务对象有了些什么变化?社区工作者还有什么事情是可以做却没有做的,为什么?服务过程中,社区工作者所运用的理论或者方法技巧是什么?社区工作者在工作过程中学会了什么?有何感想?从事后看来,这样的工作方式对服务对象真的有用吗?

3. 效益评估。效益评估注重程序的成本效益,即在一定的成本下,提供服务所获得的成果是什么。效益评估主要针对的是达成程序目标的资源成本,因此,收集的资料可以帮助决策者评价不同程序的财政机制,从而进行效益比较。

二、要点提示

(一)社区工作评估的目标

1. 工作者监测有关程序的实施和进行;

2. 提供资料去帮助了解程序所面对的问题和困难,并从中找出可以改善的地方;

3. 检查程序的表现,从而选择对参加者更有效果的服务和计划。

(二) 社区工作评估的过程

1. 确定程序目标
2. 建立成果量度准则
3. 选择适当的研究设计
4. 选择适合的资料收集方法
5. 评估项目的有效性

(三) 社区工作评估阶段工作重点

1. 行动方针和主要任务

根据社区的变迁重新评估社区需要和面临的问题;社区工作者对专业工作过程进行总结,决定未来专业工作的方向;另外,居委会对工作进行经验总结,重新界定组织的方向,对以后的发展做出安排。

2. 介入策略和工作方法

这一阶段的主要介入策略是策划和倡导。社区工作者要利用科学和客观的标准来衡量居委会的独立办事能力,协助其界定未来工作的方向。在需要的时候,也可以邀请志愿的专业人士作顾问,减少社区工作者对决策的影响。

3. 阶段性工作目标的实现

当社区小组和居委会能够用客观的方法总结以往的工作,并有系统地计划未来时,这一阶段的目标就实现了。

4. 注意事项

总结工作不能过分依赖感性;不能太注重单纯的数据统计;总结工作要考虑到未来工作的方向,而不是仅仅走形式而已。

三、方法技巧

评估是一种有系统的资料收集和分析活动,目的是检测社区工作程序的效能是否如我们期望的一致。通过评估,可以允许社区社会工作者监测有关程序的实施;提供资料去帮助了解程序所面对的困难和问题,并从中找出可以改善的地方，从而选出对参与者更有效的服务计划。过程评估、结果评估、效益评估这三大类具体采用哪种，往往取决于评估的目的。

评估的过程可以从以下五个步骤实施：

1. 确定程序目标。以制定的程序策划目标为标准。

2. 建立成果量度准则。将目标转变成可以观察和量度的指标。如居民参与社区综合治理是一个抽象的概念，变为量度指标则为：

（1）居民出席座谈会的人数；

（2）居民组成巡逻队，并参加巡逻工作；

（3）居民参与社区及警方召开的社区会议，共同讨论改善社区治安问题等。

3. 选择合适的研究策略去加强这方面的解释，常用以下两种研究设计方法。

（1）比较法：可以将接受服务的一组人与没有接受服务的另一组人作比较，从而去找差别。

（2）时间序列测量法。可以将参加者在接受服务前后作比较，以观察同一参加者在不同阶段是否有变化。

4. 选择恰当的资料收集方法。如访谈、问卷调查、现存资料记录的活动与观察法。问卷法适合搜集大量标准化资料，常用于调查居民对活动的认识、态度和满意度。访谈则能对被访问者的观点有较深了解，多用来了解居民对活动的经验和教训；现存提供一些方便而较客观的资料，常用于收集过程评估资料；而观察法则用来看组员的互动和组织者的技巧。

四、注意事项

（一）社区工作成效评估的基本原则[①]

1. 确定科学的评估方法，制订完整的评估体系，使得评估项目具体化；

2. 评估工作要由社区工作者、社区行政管理人员、社区群众以及相关的专家或学者参加，以做到评估结果的科学性、客观性和真实性；

3. 衡量社区发展和变化，要设定经济、社会、心理、文化、组织等多层面的内容，以从综合的角度反映社区社会工作的成效；

4. 既要定量的评估，也要定性的评估，以全面、系统地掌握社区社会工作的成效。

---

① 周沛：《社区社会工作》，社会科学文献出版社，2002年，第217-218页

（二）社区工作成效评估应注意的问题

1．评估会受到社区工作者所持有的价值观和理论框架的影响。价值观和理论框架不同，其评估的切入点也不同；

2．评估是一个动态的、不断发展的过程。社区工作本身在不断发展和改进。评估工作只是对某一段时间中社区工作的所取得效果的评估，而社区工作仍在进行。因此，对社区工作成效的评估具有相对性，必须随着社区的发展而不断进行调整；

3．评估是社区工作者与社区有关成员共同参与的过程，社区工作成效的评估必须有社区有关成员的参与，只有这样，才能共同发现问题，了解问题的成因，共同寻找解决问题的方法和途径；

4．评估是一个分析与行动并重的过程。需要运用理论和知识去分析社区工作的过程和结果甚至产生的效益，总结经验和教训。

五、实务操作

幸福里社区老年人服务工作进行了一个阶段后，社区工作者安排社区居民代表、老年案主代表、街道及区民政工作人员、大学生志愿者所在系教师等组成评估组在 2008 年 12 月 10 日至 12 月 20 日进行了幸福里社区老年人服务工作阶段性评估，目的是考核以前的工作效果，为今后的工作做好计划。

评估采用了随机调查、入户访问、社区居民座谈评议等方式收集对工作状况的评价，最后形成了评估报告。

社区工作评估访谈问卷

尊敬的幸福里社区居民朋友：

自 2008 年 4 月份起，幸福里社区服务中心接受区民政部门任务为本社区老年人提供服务，自工作开展以来已 7 个月有余。在社区各界力量的共同努力下，我们的工作取得了一定成效，在这一阶段里您对社区工作者、社区老年服务、社区志愿者等有什么评价请如实告诉我们，为我们今后更加努力的工作提供依据。

幸福里社区服务中心

1．您觉得您在这次社区服务活动中受益了吗？
（1）受益　　　　　　　　　　　　（2）未受益

2. 您参加过这次社区老年人服务工作吗？
   （1）没有　　　　　　　　　　（2）参加，但很少
   （3）经常参加　　　　　　　　（4）积极参加
3. 您觉得下列哪些服务项目为您解决了实际困难？（可多选）
   （1）老年活动室　　　　　　　（2）托老室
   （3）入户服务　　　　　　　　（4）户外健身设施
   （5）娱乐活动　　　　　　　　（6）社区志愿者服务
   （7）以上项目都没有给我帮助
4. 您觉得和没有开展社区老年人服务工作之前比较，现在社区有哪些变化？（可多选）
   （1）社区治安好了　　　　　　（2）邻里和睦融洽了
   （3）在社区里活动的老人多了　（4）社区热闹了
   （5）没什么变化　　　　　　　（6）情况更糟了
5. 您觉得和没有开展社区老年人服务之前相比，现在您自己有什么感受？
   （1）老人开心了　　　　　　　（2）家人上班放心了
   （3）给自己减轻了负担　　　　（4）生活方便多了
   （5）没什么变化　　　　　　　（6）比以前更麻烦了
6. 您对社区工作人员的评价
   （1）不满意　　　　　　　　　（2）较满意
   （3）满意　　　　　　　　　　（4）很满意
7. 您对社区志愿者的评价
   （1）不满意　　　　　　　　　（2）较满意
   （3）满意　　　　　　　　　　（4）很满意
8. 您对今后社区继续开展这项工作有哪些建议？请写在下面

_____

_____

_____

_____

谢谢支持！

社会工作方法与实务

幸福里社区老年人服务工作评估报告

一、计划实施情况

此次社区老年人服务工作,基本上按照原计划实施了工作内容。老年人生活得到改善,

根据评估成员的访视,幸福里社区内的独居老人119人和孤老32人都被安排了入户服务和定期访问。社区老年活动室发挥作用良好,平均每天达20人次使用。社区托老室提供服务及时便利,有残、老、病老人的家庭普遍反映受益。与大学生志愿者相结合进行的娱乐文化活动,使老年人生活中增加了快乐,在所访问的老人案主中,有70%以上的人都参加过这类活动。在所有项目中,受评价最高的是邻里互助网,一栋楼内的老人之间加强了联系,每天都能见面聊天,即使不见面也会电话打招呼,使老人们在身边建立了支持网,安全感增加。通过本次评估调查,老年人普遍反响是生活内容丰富了,经常有朋友聊天,与没有开展此类工作相比,心情愉悦舒畅了。

二、目标完成情况

总的来说,这是一次较为成功的活动,以老人为服务对象,动员社区内外资源的活动,能够平安、顺利地完成预定计划,应该是一个极大的成功。老人们很开心,享受到了社会的关爱。志愿者们在活动中培养了志愿服务精神,加强了沟通和支持,为他们更好融入社会,提高社会交往能力和自信心有很大的帮助。

三、经验和不足

在本次老年人社区服务工作结束后,社区工作者做了工作成效评估,并从中总结了工作的经验和不足。其中经验是:这次成功之处在于连接网络的介入策略很精准,起到了事半功倍的效果,在工作中建立了志愿服务者网络、个人网络、邻里网络等。不足之处在于在建立社会支持网络时,与正式社会支持网络的连接仍显不足,对于有些老人的需要在介入过程回响不够。

四、意见和建议(今后工作的方向)

(一)成员之间的互动性还需要进一步加强。在整个过程中还是很难打破原有群体的界限,例如家庭经济情况差不多的老人经常在一起活动聊天;行动不便的老人总是和其照顾者形影不离,和其他人的沟通很少;如果事先能够组织一些小的"破冰"活动,活动的效果会更好一些。

(二)服务人员的服务意识还需要进一步加强。由于服务人员没有细心的采取措施,以致在老年趣味运动会时,有一位腿脚不灵活的老人摔了一跤。后来,老人家怕给志愿者带来麻烦,在以后的很多活动中选择了旁观不好意思参加。

（三）社区为老志愿服务需要长效机制。这次活动历时间不短，为老年人的生活加入了一些习惯因素，因此，这一服务应长期坚持下去，否则会对老年人造成与不进行服务相比更深的伤害。社区服务机构应将与大学生志愿者等社区内外资源建立长期合作机制，保持服务的延续性。同时社区工作人员也应及时鼓励更多的社区志愿者，扩大社区内志愿服务力量。

幸福里社区老人服务工作小组
2008 年 12 月 22 日

六、总结点评

1. 社区工作评估是对社区服务质量的一次检查，评估在每个工作步骤完成时都应该进行，这有利于回顾工作，总结经验和发现不足，利于下一步工作的有效展开。

2，社区工作评估需要从多角度进行，以期客观的看待社区工作的成效。"当局者迷，旁观者清"，由社区工作者之外的专家、案主、第三方等进行工作成效评估，能够更准确的发现工作中的不足，增加工作成效的真实性和客观性。

七、拓展提高

1. 评估工作在整个社区社会工作中有什么重要意义？
2. 以一个社区工作案例为例，进行社区工作评估。

教学情境二　社会计划模式工作过程
　　　　　　　以平安路街道社区流动人口融入项目为例[①]

通过本单元教学，使学生掌握如何根据社会计划模式开展社区工作。

---

① 此案例改编自"长西街道河堤路社区流动人口融入项目策划书"，青翼社会工作网，http://www.sowosky.com/viewthread.php? tid=39604&highlight=%BC%C6%BB%AE%CA%E9，2008-6-28 02:01

社会工作方法与实务

案例背景

某市平安路街道，占地总面积0.9平方公里，辖区内有8个住宅小区，共有居民4500户，21000人口，其中流动人口占10%左右；本行政区的人民法院、劳动局、市拖拉机有限公司、某知名化妆品公司、平安影院等13家驻区单位。平安路街2002年成立了街道党总支，下设8个党分支，进社区党员232人。

改革开放以来，中国经济高速增长，城乡二元经济结构带来的收入差距，造成了农村人口大规模向城市流动，这种流动直接促进中国城市化进程的加快。而平安路街道社区正是一个开放型的农村向城市转化型的混合社区，社区流动人口相对较多，占社区居民的10%左右，但由于各方面的原因，流动人口在经济层面上虽然相对有了一定的提升，但在文化、制度层面上仍然长期处于弱势地位，特别是由于在离乡背井的前提，社区参与较少，对社区缺少归属感。针对这一问题，平安路街道社区管理中心的社区工作者计划在本街道社区内开展流动人口的服务，以增强流动人口对社区的归属感，增加参与的机会，帮助流动人口能尽快更好的融入社区。

工作任务

1. 选择社区工作模式，建立专业关系
2. 收集社区资料，进行社区流动人口问题分析
3. 制定流动人口融入工作计划
4. 实施工作计划
5. 工作效果评估

一、术语理解

社会计划模式的特点有以下几个方面。

1. 社会问题所在：社区中存在着许许多多具体的问题，这些问题因为缺乏合理的社会策划与实施能力而产生，所以，解决问题的途径是专业技术人员参与。

2. 变迁策略："让我们获得事实真相，并采用合乎逻辑的下一步"，侧重于资料的收集、正确策划的制定和实施。

3. 目标：与社区发展模式寻求解决问题的普遍性机制相比，社会计划更着重于具体问题的解决。

4. 社区社会工作者的角色：强调社区工作者以专家的角色参与。社区工作者从事调查研究、方案拟订，并与各种不同层次、不同体系及各种不同学科的专业人员建立关系；他们是事实的汇集者与分析者，是社会行动的策动者，也是方案的实施者。

5. 案主体系：是整个社区或社区的一部分。

6. 案主角色：案主更倾向于被看成"服务的消费者"，他们享受各种社会策划的成果，如住宅、娱乐、福利等；他们的主动性与积极性主要表现在服务的消费上，而不是政策或目标的决定上。社会策划是社区权利精英所聘请的专家制定的，所以，社会策划本身较多地反映了权利精英的共识。

7. 公共利益的假设：倾向于理想主义，认为社区内各团体的利益不受政治利己主义的影响，应当强调知识、事实与理论，并采取客观中立的态度。

二、工作要点提示

确定社会计划模式时着手点主要有以下几个方面

1. 收集社区资料，进行社区问题分析

社区工作者在收集资料时，要针对社区中已经存在的问题，充分了解社区居民的需求，以及他们对流动人口问题的看法。这有利于为制订工作计划时提供更多的备选方案。

2. 制定流动人口融入工作计划

要在征询社区居民和流动人口意见的基础上，设置多个备选方案，通过召开社区会议，让社区居民和流动人口参与者充分讨论，最终确定一个最佳工作计划。

3. 实施工作计划

推行社区工作计划，实施服务的过程中，最重要的是社区工作者发动社区居民广泛参与，同时能够联系、协调和调动社区内外的资源以协助解决问题。

4. 工作效果评估

在进行工作效果评估时，可从三种基本视角下进行：计划努力的程度、计划效用和计划效益。

社会工作方法与实务

三、方法技巧

1. 社会计划模式的运作技巧

在运作社会计划模式时的工作着手点主要有以下几个方面：

首先，确定目标。社会计划模式注重任务目标，即是以解决社区中现阶段存在的具体问题为导向的。因此，其目标的选定必须结合社区发展的实际情况，围绕主题制订计划。

其次，确定社区计划的内容。从社区工作者的视角来看，社区计划涉及现阶段社区内存在的各种问题，如老人问题，残疾人问题、未成年子女学校之外的教育问题等等。社区工作者在社区策划之时，必须充分利用自己的专业知识和技术，考虑到这些与社区居民生活息息相关的方面。

再次，确定社区工作者的角色。在社会计划模式中，需要社区工作者具有较高的专业素养和技能，他们扮演的是专家的角色。他们需要进行社区诊断、社区研究、社区分析、资料的收集、组织运作和成效评估等等方面的工作。

最后，确定涉及案主的范围和角色。在社区策计划式中，案主可以是地域社区也可以是功能社区。案主是服务的消费者、接受者，而不是社区活动方案或者目标的决策者。

2. 设计备选服务计划的方法

在设计备选服务计划时通常根据两个标准进行：一是需求导向为本，主要根据需求变化的概率预测来设计相应的服务方案；二是资源约束为本，主要根据筹资的可能性设计相应的服务方案，然后根据效率原则和风险回避原则来选择最优方案。

3. 实施服务计划的方法

通常包括的方法有：规划服务进度表、监视服务进展和反馈调整计划。

计划服务进度表。通常有两种图表：一是工作的逻辑流程图，用来分析工作发生的逻辑步骤顺序，分析每个步骤所花费的时间、资源及服务标准等。二是工作进展的时间表，把准备开展各种活动，按照计划的完成时间列成表格，并用图示来区分正在进行和已经完成的内容。时间进度表能够保证服务计划有序地进行。

监视服务进展。对服务项目的监视主要是利用上面提到的时间进度表记录各项服务计划的进展情况，和利用其他一些分析工具和手段，发现且分析计划实施过程中出现的问题并找出原因，以保证达到目标。

反馈调整服务计划。依据服务规计划的进度表，监视服务实施计划的过程，对其中出现的问题进行深入分析，并且及时有效地解决，不断调整、改善实施计划，提高服务计划的质量。

4. 评估的具体方法

评估计划努力程度，就服务项目的过程投入进行的评估，需要收集的是有关项目的活动类型和数量的资料，例如项目提供了多少服务，有多少人接受了服务，为实施方案工作人员投入的是什么等等。

评估计划效用，是对服务项目是否符合起初规划方案的原定目标进行评估，需要收集的资料是有关该计划完成的目标有哪一些。如，社区工作者为了解决社区居民参与社区活动积极性问题设计了一些方案，那么当计划完成后，就需要知道社区活动参与现状是否取得了预期的改变，并且还要了解变化的原因与计划方案是否有关等。

评估计划的效益时，是对服务项目的成本收益比例进行评估，关注的是计划的成本效益，即每个投入计划的成本和努力所产生的服务效果。

四、注意事项

1. 在这一工作模式中社区工作者虽然扮演专家角色，对如何有效地开展工作胸有成竹，但是社区工作者应该避免过于把自身当成专家而忽视社区居民自身对于所需服务的需求。

2. 这一工作模式偏重社区工作者的主导地位，与地区发展和社会行动模式中是协作者的地位不同，但不能忽略社区居民的自身发展，避免社区居民过分依赖社区工作者提供的服务而变得更加被动。

五、实务操作

（一）建立专业关系

社区工作人员分别向八个社区居委会发送了近期将要开展的针对流动人口融入社区活动的通知，要社区居委会通过各种形式向社区居民尤其是社区中的流动人口进行宣传。

（二）流动人口融入社区生活状况调查

社区工作者利用周六周日的时间，深入社区，向社区居民询问流动人口的情况以及他们对流动人口融入的态度与意见。

社会工作方法与实务

平安路街道社区流动人口融入状况访谈提纲

（一）流动人口访谈提纲
1. 你在这里居住多久了？
2. 你觉得这里的本居民和你们好相处吗？
3. 在过去一年里，本地社区居民和你有过互相帮助吗？
4. 你在这里有常交往的本地居民吗？一般在哪些方面交往？
5. 你觉得你和本地居民的差距大吗？主要在哪些方面？
6. 我们将开展相关社区活动，你有什么更好的建议？

（二）社区常驻居民访谈提纲
1. 你在这里居住多久了？
2. 你觉得这里的流动人口和你们好相处吗？
3. 你结交了住在本社区的流动居民了吗？一般在哪些方面交往？
4. 你觉得你和流动居民的差距大吗？主要在哪些方面？
5. 你对本社区流动居民有什么要求吗？
6. 我们将开展相关社区活动，你有什么更好的建议？

（三）制订工作计划书

平安路街道社区流动人口融入项目策划书

项目名称：平安路社区——我们共同的家
一、理念、理论架构
（一）理念

流动人口作为一个特殊群体有着其自身特点，而某些因素使其在城市心理适应方面整体上都处于比较差的状态。他们在文化观念、行为方式以及生活方式等方面与城市居民的区别或者说差距还很大，其中的适应还需要一个长期的过程。而只有农业流动人口完成了心理的适应，才算完成了真正意义上的适应、融入过程。

影响他们适应城市社会生活的因素是多样的。

首先是文化和心理的隔阂。由于我国长期存在二元社会体制，市民往往会有一种优越感，对农业流动人口存在心理排斥和认识偏见，并在行为和态度上表现出歧视。对大多数农业流动人口来说，他们选择与自己身份比较相同的人员交往并形成自己的社会网络和文化圈，这种社会网络和文化圈的形成减少了他们与市民之间的互动交往和情感沟通。这必然阻碍着他们对城市的认同与归属。

再次是基本文化素质的影响。由于农业流动人口本身文化水平的低下，就业基本处在劳动力市场中的低端职业领域，工资收入低，劳动时间长，劳动强度大，又使他们不可能有时间、精力和财力实现自身的提高和发展，不能形成自身的良性循环，也难以造就城市公民的责任感和素质，与社会协调发展。

最后是原有的观念和文化习俗的影响。从农业流动人口自身的角度看，短期内他们还不能很快适应社会环境的变化，大部分农业流动人口由于各种原因仍然把自己局限于一个狭窄的生活领域和交往圈子，仍然沿袭旧有的行为方式生活，成为他们融入城市生活的不和谐因素，让他们只停留在经济适应阶段。

（二）理论架构

我们的工作对象是社区中的流动人口。由于其居住范围广，流动性强，所以要针对现实情况分析制订工作方案。而此时社会计划模式是社区社会工作者介入社区工作的方法之一。

社会计划就是社区工作者以理性方法，通过清楚理解工作机构的工作理念、政策、资源和方向而确立社区工作目标，从多个预选方案中选择一个最理想的工作策略，然后根据社区需要而动员及分配资源，并在工作过程中结合变化的情况随时修改计划，使计划按预定的目标行进，待工作结束时对计划执行情况加以检讨和反思。

社会计划模式的基本步骤——以项目策划为本

1. 澄清规划机构的服务理念和规划者的能力
2. 社区问题的调查分析
3. 需求和目标的界定
4. 澄清自己可动员的资源
5. 服务方案的制定、分析和优选
6. 方案测试和调整
7. 方案的执行
8. 方案的反馈和调整
9. 方案的评估

在方案设计实施的过程中，工作者会及时跟进，做好执行过程的监督、反馈、协调角色，监视业务的执行进度，收集业务执行过程中的意见和信息，组织居民参与到相关部门的社区建设策划过程中去，改善修正服务方案，协调项目的良好执行。

二、利益相关者分析

本项目目标群体为平安路社区所有居民，具体界定为常住居民及流动人口。下面是此次项目受益者的具体分析。

（一）直接受益者

本项目直接受益者为平安路街的流动人口。

平安路社区的流动人口由于处于从农村到城市中的适应时期，初来乍到，对社区的归属感较弱，社区参与较少，也由于受到当地居民的不理解，社区存在感较弱。无论是生理上还是心理上都存有适应不良，和没有真正的融入社区的感觉。本项目以流动人口的社区参与为切入点，首先帮助他们解决参与的方式的不确定问题，进而使其更好地融入新生活，适应新环境。一方面，加大对流动人口的宣传，减少社区居民对流动人口的戒备和误解；另一方面增加社区常住居民与流动人口的互动，加强融入。我们将通过一系列的项目活动，本着以人为本的原则，帮助流动人口融入社区。

（二）间接受益者

间接受益者主要包括：社区常住居民和平安路各社区居委会。

对社区常住居民而言，平时对流动人口的关注较少，对流动人口有较多的偏见，在这方面可能会与之发生摩擦，而此项目增加了一个互相了解的平台，减少摩擦。对社区居委会而言，流动人口可能存在的生活的不适应、没有融入社区会影响居委会对居民的管理，我们活动的开展可以帮助他们加强沟通，提高流动人口参与社区事务的能力，促进和谐社区的建设。

三、目标及目的

1. 力求使居民转变观念，创造良好的舆论环境，社会各界积极采取措施，为进城农民工能够更好地融入社区创造条件；

2. 使流动人口享受到相应的社会保障权、公共服务和社会福利，减少其待遇上的不平等。同时创造良好的就业环境，增加法律援助力度，积极开展对进城农民工的临时救助工作；搭建一个切实的平台，增加对进流动人口公共服务；

3. 最后，让这个社区的流动人员很好地融入社区的社会生活中，使他们从心理上接受社区，把自己当成社区中的一员，建立对社区发展的责任感，积极参与社区事务，遵守各项法律法规，主动维护社区的卫生环境和社会秩序。

四、服务对象特点

（一）资格

全体居民（常住人口、流动人口）重点为流动人口

（二）特点

1. 常住人口自我保护意识较强，有独特的文化背景，经济相对稳定，与流动人口相比有较强优越感，排外心理较浓，愿意帮助有困难的人；

2. 流动人口流动性强、地位偏低，在社区中具有较少的参与感，社区归属感较弱，想提升自己的经济地位及迫切了解和融入城市、社区。

五、项目特征

1. 是从专业社区工作者的角度去思考和解决问题，公平对待所有的服务对象；坚持以人为本，带着深厚的感情，以务实的工作作风投入工作；

2. 主要从外来流动人口的思想角度出发，与以往从提高居民的经济适应不同，而是从思想、心理方面来全面增强其融入社区的可能性，消除其心理上的隔阂，提高其对社区的接纳感；

3. 旨在建立外来流动人口与当地居民一起的融合的社会网络和文化圈，提升其社会地位，加强其身为居民的意识；通过结合流动人员的主动适应性和城市社区的积极接纳性，使两者在心里层面达到高度的统一和和谐的互动；

六、项目主要内容

（一）主题宣传

1. 具体工作：

（1）利用社区宣传栏，宣传社区精神文明建设规范，秉持平等的原则，对社区所有居民进行管理，避免对外来流动人口持"有色眼镜"，改变对流动人口的刻板印象。

（2）宣传流动人口的"好人好事"，强调其对社区的积极意义。

（3）组织动员社区工作者以及社区党员志愿者积极参与有针对性的服务，如与流动人口住户结对互助，了解他们的情况，帮助他们了解社区，接受社区，鼓励他们积极参与社区活动，增进本地居民对他们的了解。

（4）分发社区活动宣传传单，鼓励、调动流动人口及当地居民参与活动的积极性。

2. 资金筹措

（1）定期向上级汇报工作进程，积极向有关部门争取资金支持。

（2）提高社区居民主人翁意识，动员社区居民参与社区自治建设，募捐筹集资金。

（3）了解辖区企业状况，争取企业赞助，以充分整合社会资源，调动社会力量为社区建设提供资金。

（4）充分利用社区内的公共资源，引进外来资金为社区创建自主收入，从而支持社区建设。

社会工作方法与实务

（二）中秋游园乐

1. 前期准备及宣传

（1）讨论活动具体的实施计划，考虑所需的物品、人员、经费以及应变计划等事项，并记录整理成文；

（2）派出专门的人员寻求活动赞助，招募广大的志愿者，并进行合理分配，进入活动的前准备阶段；

（3）向该街道的各个社区下达通知，组织向居住一年以上的居民分发有关中秋园游会的宣传单，号召居民踊跃参加；

（4）活动前夕，准备活动所需的相关物品（如题目、彩灯、小凳子等等），并布置好场地（居委会附近的公共活动场所）；

2. 活动开展及收尾

（1）活动开展，由工作人员带领居民进入场地，由主持人详细解说游戏的玩法和玩区的设置；活动中，对于表现优秀的居民给予适当奖励，激发其参与的动机，提高其参与的热情；

（2）活动尾声，由工作人员统计核查，选出当晚答对题最多的居民团队评为最佳居民团队，并颁发大奖，把活动的主题升华，回归到流动居民与当地居民的团结友谊和互动交流的目的上来；考虑到有些居民没有拿到奖品，可鼓励其自愿上台表演节目，并送上一份小礼品，使节目更精彩，互动更活跃；

七、拥有的资源及可动员资源

（一）拥有的资源

1. 人力资源

居委会工作者若干，实习小组成员，社区登记志愿者若干。

2. 物资

社区原有的相关活动设备及展板等。社区具有一定的社区活动经费。

（二）可动员资源

社区辖区内的区各单位及政府支持、相关的赞助商以及社区居民。

八、预计困难及应变计划

预计困难	应付方法
（1）招募不到足够的参与者 人力 人员召集及参与活动的积极性	工作人员可以亲自到招募对象处宣传鼓动；请求同事的帮忙，招募一些他们熟悉而又是招募对象的人参加，可到本市××大学招募志愿者；活动之前做好前期的宣传工作，利用一切课利用的资源做足活动的选择，且对于活动内容做好相关的保障及协调工作

续表

预计困难	应付方法
（2）财力 活动所需经费，小礼品及其它可能性支出	尽可能的取得政府及周边公司的支持。工作人员尽量找到赞助单位。
（3）物力 活动场地、道具等	向区政府寻求帮助，关于场地则可借用周边的广场等。
（4）过程中可能出现秩序混乱和一些意外	工作分配时要安排相关的维持秩序的人员，如果能得到相关的警察的支持更好；工作人员要准备好一些医护措施，防止意外发生。
（5）工作人员无法照顾到所有人员	邀请义工来帮助，并在事前与他们协调好工作，从而能很好地配合；在活动前做好活动的培训及动员工作。

九、注意事项

1. 服从集体，不得搞个人主义，团结友爱，有事请假
2. 统一着装，树立社区工作者的良好的形象
3. 带好生活用品和防暑药品
4. 尊重当地群众的生活习俗，在活动过程中有礼貌。
5. 树立资源和环保意识，保持场地卫生
6. 购买物品注意相关报销手续

十、评估方式要求

本项目采用参与式评估方式，主要分为阶段评估和总结评估。阶段评估主要根据组织者的评估做出，每期活动结束后及时总结发现不足，及时在下一期活动中弥补。

（四）实施服务计划，开展社区活动

社区工作者按照计划书的活动计划展开服务，由于考虑到资金的限制，由原计划中的七大活动缩减为简单却可行的两大活动，活动开展简单易行，且能调动社区居民的积极性。

（五）工作评估

此次活动进行中和结束后，社区工作者分别请社区居民（常住人口和流动人口）、组织者、社区负责人、驻社区机构相关人员等进行效果评估。

（一）活动评估

1. 努力程度和参与程度评估

此项目是在调查和走访了解河平安路社区以及在与社区居委会的工作人员的基础上，研究得来的，在具体的制定过程中，集合了社区工作者和居委会会工作人员的集体的智慧结晶。

第一，由于社区工作人员前期准备充分，活动开展顺利。

第二，活动需要当地居民的积极配合，在活动中对本地居民的要求较高些，居委会承担了较大的工作量。

第三，项目需要辖区内相关单位的积极配合，通过前期的联系和宣传，争取到了几家单位的支持。

2. 效果评估

通过这次工作的开展，平安路社区内的常驻居民和流动人口之间交往增多了，尤其是社区内常驻居民减低了对流动人口的戒备和敌意，主动和流动人员交往，并给予流动人口必要的帮助。流动人口对社区居民的接纳反应也很积极，开始注意维护公共卫生。流动人口的孩子和社区居民中的孩子一起玩耍的情况增多，后期访谈中，他们都觉得和对方学到了好多东西。而各社区居委会反应，在社区管理中协调双方利益的工作开展起来也容易多了，希望通过类似活动的持续性维持这种局面。

3. 效益评估

此次开展活动得到社区各界帮助，所涉及的物力和财力支持及时到位，社区工作者作了详细费用支出计划，在活动结束时没有出现超支现象。

（二）此次活动的总结

1. 经验：掌握服务对象的特点，有针对性的设计活动内容，使活动开展过程中的服务对象的阻力小，易于合作；事先争询服务对象的意见，在最大范围内考虑服务对象的需要，是此次活动成功的关键。

2. 不足：由于过于考虑资金的限制，活动项目过少，服务对象还有开展活动的意愿。

（三）后续工作

要维持社区内流动人口与常驻居民建立起来的融洽关系，需要不断地为双方创造机会。

六、总结点评

1. 社会计划模式是处理社区中具体实质问题的一个常用工作方式，在实施该工作方式时，社区工作者一定要做好角色定位，并引导社区居民的积极参与。

2. 在实施具体的服务前，对案主对象特点和需求的把握很重要。

七、拓展提高

1. 社会计划模式有哪些不足之处？

2. 社会计划模式在我国国情社区内实行有哪些常用技巧？

3. 利用社区实行的机会，与社区工作人员一起针对社区中的一个问题开展一次社会计划工作。

教学情境三　社会行动模式工作过程
　　　　　　以观景家园社区争取过街天桥为例

教学目标

通过本单元教学，使学生掌握如何根据社会行动模式开展社区工作。

案例背景

观景家园社区是一所兴建于1999年的新型社区，社区坐落于×市南侧靠近外环路，由于与本市一处有名的公园隔路相望而得名。社区共有普通住宅楼12栋住户约150户，近500人口。观景家园是个小型社区，自2000年入住以来，社区居民过着悠然自得的生活。但这种宁静在2005年3月间因社区门口本市快速路二号线的开通被打破了。因为社区进出口处的马路被改造成快速路入口处，社区居民上下班非常不便，需要到马路对面乘车的必须绕道近1000米。因此，社区居民就开始穿越快速路求得方便。这种行为产生了两个后果，一是近3年来出了5起交通事故，二是设置的路障和灌木隔离带屡屡被过街居民因通行需要而破坏。社区居民通过各种渠道反应过街安全问题，强烈要求给观景家园建过街天桥，但一直未受到重视。社区工作人员李明、王强和耿实言一直也在关注本社区的过街安全问题，他们和社区居委会成员曾多次向有关部门反应，同时也极力在社区中宣传出行安全注意事项，在社区门口挂上了"宁绕行，不舍命"的标语。可是这些工作都没有什么效果，社区居民见到标语反而讽刺社区工作人员"站着说话不腰疼"。最后，李明、王强、耿实言和其他成员商量，采取集体行动来争取权益。社区工作人员通过调查过街安全情况，总结出具体情况报告，并向有关部门提交了报告，但两个月时间都快过去了，社区居民过街安全问题迟迟没有答复。社区工作人员决定采取一些集体措施来引起社会关注。2008年2月2日开始，观景家园社区居民在社区工作人员的指挥下开始了

社会工作方法与实务

一系列维权行动。2月8日晚、2月15日晚和2月22日晚,观景家园社区居民集结在社区门口的快速路上表达集体诉求。这些行动对当时的交通造成了不便,致使大量车辆拥堵,交警和街道派出所出动了警力去维护秩序疏导社区居民。观景家园社区居民的一系列行动引起了本市各大媒体的关注和报道,社区居民得到了舆论的支持。同时政府有关部门对这一路段的安全问题进行了详细勘察。在2008年3月初给该社区居民明确答复,在未来一个月内设置过街天桥。社区居民代表也保证社区居民会停止所有行动,支持相关部门施工。2008年4月底一架钢质过街天桥正式落成。5月1日这天,观景家园社区居民鸣鞭放炮以示庆贺并在桥上悬挂红绸标语感谢相关部门和社会各界力量的支持。

工作任务

1. 确定社区工作模式,建立专业关系
2. 收集问题资料,进行社区分析
3. 制定社区行动计划
4. 实施社区行动计划
5. 评估社区行动成效

一、术语理解

社会行动模式的特点:

1. 社区问题所在:社区问题的产生主要是由于社区中存在着权利与地位的分化,社区中的一部分人处于劣势地位,他们被剥夺、被忽视,失去了权利,由此导致了社区问题的产生。

2. 变迁策略:"让我们组织起来去对付我们的压迫者!"即组织大众行动起来,去实现预定的目标。

3. 社区工作目标:必须实际地改变社区中的权利关系与资源分配,或者通过基本制度的变迁提高一部分人的社会经济地位。

4. 社区工作者的角色:是社会行动中的策动者,案主的辩护者与代言人。

5. 案主体系:案主通常只是社会中的一部分人,包括劣势团体以及处于劣势地位的个人,他们特别需要社会工作者的支持。社会权力精英往往是社会行动针对的目标,不属于案主体系。

6. 案主角色:案主被认为现有体系的牺牲者,也是所进行的社会行动得利者。

7. 公共利益的假设：倾向于现实主义，假设社区各部门之间的利益是不一致的、无法调和的，既得利益者不会轻易放弃权利，所以需要采取强制性的措施，如立法、联合抵制、政治与社会动乱等。

值得特别指出的是，在社会行动的实施过程中，容易引起社群冲突，惹起事端，会在一定程度上破坏社会的安定。因此，要充分考虑实际情况，特别要注意把握实施的力度。

二、工作要点提示

1. 确定社会行动模式

对于社会行动模式的选择，其目的是为了引起各方对弱势群体利益的关注，以期争取到损失的利益或权力。社区工作者在选择这一模式前需明确以下几个问题。

首先，确定争取利益的其他方式没有效果。也就是在采取社会行动之前，社区工作者为了社区案主的利益需要已经采取了其他方式，比如与相关组织和部门协商、对话，争取相关政策调整等，但是这些温和的措施对解决问题没有效果，出于维护社区案主利益的需要，这时可以选择社会行动模式。

其次，确定社会行动的方式。在决定采取社会行动来争取社区案主权益这一工作模式后，要确定合适的社会行动内容，其基本前提是参与社会行动的主体不会因为行动本身而有人身、物质、精神等各方面的利益损失。其次，社会行动不要过激，避免造成对他人的伤害而使社区陷入孤立。再次，采取行动的内容能够对社会各界产生一定的影响，引起关注。

再次，确定社区工作者的角色。在这一工作方式中，社区工作者是行动的策动者，是案主利益的代言人。在社会行动过程中，社区工作者也是指挥的角色，领导的角色，引导社会行动朝向既定的目标发展，社会行动中发出的行为要符合既定的利益需要，避免其他行为的发生以造成对其他群体利益的损害。

最后，涉及案主的范围和角色。社会行动的案主范围是社区内所有相关利益受损者或需求者，在社会行动中扮演利益的直接争取者，是相关政策或机构的雇主和选民。

2. 选择适宜的介入社区方式和调查方法，利于收集社区问题的相关资料

选择合适的介入社区方式，会使社区工作者在最短的时间内获取居民的信任和支持。在社会行动模式情境中，一般介入社区的方式为介入社区事件。当社区出现一些亟待解决的问题，如"退路进厅"、房屋拆迁等所引起的纠纷，

社会工作方法与实务

由工作者进入社区向居民做宣传解释和调解,会化解纠纷、缓和矛盾,同时也让工作者近距离了解居民的心声,为利益受损的居民争取权益。

3. 制定社会行动计划的同时,明确社区行动的规范,并向全体社区居民公布

社区行动强调利益受损群体参与性,因此,行动一旦发生,由于参与人数众多,可能会发生不可控制的行为或混乱局面,为了避免这一不良结果,社区工作者必须提前公布行动规范,并要求社区居民确认。

4. 在实施社区行动计划时,要号召和鼓励社区居民的参与,尤其是利益受损群体

三、方法技巧[①]

1. 召开社区公共会议

这是社会行动模式的基本方法,通过社区公共会议可以有效地组织起社区居民结合成社区力量,通过意见交流和经验分享可以达成共识。社会行动的目标是争取受损权益,因此涉及社区所有的成员,需要社区内的机构、组织及社区成员通力合作。召开社区会议可把需要处理的问题与社区公众共同讨论、交流意见以取得多方面的支持和合作,同时还可以一起确定具体行动内容。

2. 集体行动

社会行动模式要求居民很好的团结起来,共同参与集体行动,以扩大社会影响,给当权者施加一定的压力,使其感受到问题的严重性,从而有利于事件的解决。因此要鼓励所有相关居民积极参与,避免一些居民的"坐享其成"的行为。

3. 通过教育和宣传手段,争取社会大众支持

社会行动模式的采用一般是出于当权者对社区居民利益损失的漠视,缺少社会关注。为了扩大影响,获得社会大众的支持,社区工作者可采用各种教育方式和多种宣传方式,让更多的人了解社区情况。

4. 协调工作

社区居民之间各自的需求有时并不是一致的,为了满足他们的需要,社区工作者必须和社区有关方面进行多维度的联系和交往。通过协调工作,使社区

---

① 谢建设:《社区工作教程》,江西人民出版社,2006年,第146-148页

间交换信息，沟通意见，相互支持，减少利益冲突，使社区工作取得最理想的效果。

5. 较多运用冲突策略及非制度化方式

由于社会行动把冲突看成是利益冲突，是社会资源和权力分配的不公平造成的。因此问题并不容易通过协商和合作的策略来解决。加上发起行动的群体缺乏专业知识，也没有相应的社会地位和足够的资金，所以他们可以运用的方法十分有限。所以社会行动多采用非制度化的方式即非政府架构下的方式争取权益。居民首先通过制度化的方式提出要求，例如见政府负责人、写信投诉、要求会议讨论等。当这些制度化认可的方式都不能对居民的要求作出合理答复和回应时，就只能采用非制度化的方式如静坐、请愿、示威、游行等去争取了。

四、注意事项

1. 对于"社会行动"模式的选择一定要慎重，社会行动的主要方法是通过辩论、磋商、直接采取行动或施加压力，以促成社区制度、法规或政策的变迁。在社会行动的实施过程中，容易引起社群冲突，惹起事端，会在一定程度上破坏社会的安定。因此，要充分考虑实际情况，特别要注意把握实施的力度。基于我国特殊的国情，面对社区的困境，最好寻求温和的途径与相关的政府机构、社会群体、其他社会组织等进行协商，共同寻求问题的解决。但作为社区工作者，"以人为本，服务居民"是基本原则之一，我们不能偏离这一原则。因此，尽量避免选择较为激烈的"社会行动"模式，并不意味着放弃对这一工作模式的使用，在必要时，出于维护社区居民利益的考虑，这一工作模式的选择不失为解决问题的最佳途径。

2. 在调查和社区分析过程中，对社区居民利益受损情况应给予重点关注，并在调查报告中有所体现。

3. 在采取社会行动的同时要向有关部门提交社区问题的调查报告，呼吁关注。尽量争取温和的解决方式，为社区居民争取利益。

4. 社区行动方案尽量避免激烈行为，同时，要有明确的社区行动规范。

5. 社区行动过程中，有意外情形出现，社区工作者要即时停止社区行动，并迅速采取事先准备好的应对措施。

五、实务操作

（一）建立专业关系

社区工作者在了解到目前全体社区居民最关心的是什么时候能给解决过街安全问题，认为此时就这一热点问题召集社区居民进行讨论应该是最好的介入办法。于是社区工作人员着手准备了一次相关主题的居民会议。先对社区居民进行通知，然后选在一个周六的下午1：30开始，在社区活动中心公开进行集体会议讨论。会议最后达成共识，需要市政或交通部门在社区门口建过街通道，天桥或地下通道都可以，只要能保证安全、方便通行即可。同时在会议结束前，社区工作者强调他们将要针对目前社区安全出行问题尤其是向已经发生交通事故的家庭进行情况摸底，希望大家给予配合。

（二）收集社区居民过街安全问题情况，进行问题分析

1. 问题调查

此次收集资料的方式，社区工作者选择了访谈和问卷调查。问卷调查针对社区全体住户进行，把设计好的问卷发给社区住户，让他们自己填写后送回社区居委会。访谈方式针对已经发生交通事故的家庭进行。

（1）问卷

关于出行问题的调查

尊敬的居民朋友：

　　由于快速路给我们社区带来的出行上的不便，我们急需解决这一安全问题，社区居委会目前正在筹划具体解决办法，但对于居民朋友的具体情况还不清楚。因此不能向有关部门提供有说服力的具体报告。为了早日解决困扰我们出行安全的问题请支持我们做好这个问卷。谢谢！

观景家园社区居委会
2007年11月10日

1. 您家里目前有_____人
2. 您家里人每周需要至少五天出行的有_____人
3. 在上述出行的人中，选用什么样的交通方式：
   （1）公交车　　　　　　　　（2）私家车
   （3）步行　　　　　　　　　（4）自行车

4. 您或家人上下班时间或上学放学时间至少有_____次需要到对面路上通行?

5. 您或家人在过去的一个月里有穿行快速路的经历吗?
   （1）天天都有　　　　　　　　　（2）经常有
   （3）偶尔有　　　　　　　　　　（4）很少
   （5）没有

6. 您对穿行快速路有什么看法?
   （1）不安全　　　　　　　　　　（2）很方便，节省时间
   （3）自己小心点没有安全问题

7. 您希望有关部门给提供过街安全设施吗?
   （1）无所谓　　　　　　　　　　（2）当然希望

8. 如果让有关部门解决过街安全问题，您希望怎么解决
   （1）设置红绿灯信号
   （2）提供过街地道
   （3）提供过街天桥
   （4）以上三种都可以，只要能解决安全问题

9. 如果有关部门没有给予及时关注我们的出行困难问题，社区计划组织集体行动，您会参加吗?
   （1）不参加　　　　　　　　　　（2）参加
   （3）看别人参加的情况

（2）访谈提纲

1. 您家人出交通事故是在什么时间
2. 您家人出事故的原因
3. 目前您家人的情况
4. 您觉得这次事故责任在哪一方?

2. 进行问题分析

通过此次调查，社区居民普遍期待出行安全问题的解决，80%以上的居民认为如果社区居委会出面组织一些相应的工作他们会全力支持。因此，如果采用集体行动的话，社区居民的参与积极性不是问题。由于本社区是纯粹的住宅区，没有其他机构和组织在社区内，所以社区可利用的资源不多。以前有居民往媒体反应过这里的出行问题，曾给予简短报道。可以考虑再次利用媒体资源。据访谈的一位路过司机讲，他每天上下班需要路过观景家园，也总是提着心，

社会工作方法与实务

怕出事。他也希望有关部门解决这个问题,让快速路真正的发挥正面作用,避免负面作用。所以过路司机也是可利用的资源之一。

3. 撰写调查报告

关于观景家园社区出行安全问题的调查报告

观景家园社区成立于1999年10月,是新型社区,目前有住户151户,社区人口497人,其中70%以上的住户每天需要外出上班或上学,在这些家庭中仅有五分之一的家庭有私家车不需要乘坐公交车,其余家庭上下班或上学放学均需要到快速路上乘车,每天至少有两次要到快速路的另一侧。

有出行需要的居民穿行快速路现象普遍,在态度上,他们认为这一行为是不安全的,但是为了乘车方便不得不选择这一行为。出了交通事故的当事人或家庭都对这种行为表现出后悔的态度,但也都认为缺乏公共通行设施也是其中原因之一。自2006年3月快速路开通至今,观景家园社区门前共发生交通事故5起,涉及人员6人,其中有2人死亡,1人瘫痪,3人重伤。造成交通事故的主要原因是穿行快速路。

观景家园社区门前恰好是两座立交桥的衔接路段,也是快速路出入口,过往车辆下桥时速度快,突发情况时躲避困难,很容易造成事故。自第一起交通事故发生以来,观景家园社区工作人员一直采取相关措施提示社区居民交通安全意识,但效果不是很好,人们普遍反应他们不缺少安全意识,但上下班或上学放学赶时间迫不得已才选择穿行这一行为。希望有关部门尽快解决观景家园出行安全问题。

观景家园社区委员会
2007年11月

(三)制订社区行动计划

观景家园社区申请过街天桥行动计划书

一、理念与方式

自我市快速路二号线在观景家园社区门前开通以来,社区居民的出入安全受到威胁,社区居民出行非常不便,但我们经过多次努力向有关部门争取修建过街天桥等安全通行措施未果。二号线开通缓解了市内的交通阻塞,服务于全市人民,我们支持这一举措。但是二号线也给我们这一小部分群体造成了利益侵害,给社区居民的出行带来不便,我们有权维护我们的权益。

此次社区集体行动主要采取宣传的方式,向社会各界传达社区居民的诉求,希望以温和的方式引起有关部门的重视,解决观景家园社区过街安全问题。

二、目标

通过社区集体行动,呼吁有关方面落实观景家园社区过街天桥,解决社区居民出入安全问题。

三、服务案主:观景家园社区全体居民

四、参与者:观景家园社区全体居民代表

五、行动内容设计及其要素

行动步骤	内 容	日 期	时 间	地 点
1	召开社区会议公布行动计划和行动规范	2月2日周六	下午2:30-3:30	社区活动中心
2	悬挂诉求标语	2月3日开始	晚上7点开始	临街住宅
3	向相关部门反应社区需求	2月4日周一开始	上午9:00至11:00(此次每周一次)	有关部门办公地点
4	快速路段集体宣传	2月8日周五	晚上18点至19:30	社区入口快速路段

六、具体内容

第一步 召开社区会议公布行动计划和行动规范

参加者:社区居民

活动内容:

1. 公布社区行动计划,听取社区居民意见
2. 着重强调社区行动时的规范,请社区居民同意执行

资源配备:

1. 社区行动计划书纸制打印稿若干份
2. 行动注意事项纸制稿若干份

人员安排:王强、李明讲解

时间:2008年2月2日下午2:30—3:30

第二步 悬挂诉求标语

参加者:社区居民代表,临街住户

活动内容:

在临街住户窗前悬挂出过街天桥诉求标语

资源配备:
1. 布制条幅
2. 设计标语

人员安排:社区工作人员5名,社区居民代表苦干

时间:2008年2月3日晚上7:00—8:00

第三步 至相关部门反应社区需求

参加者:社区居民代表、社区工作人员

活动内容:

到街道、区相关部门反应观景家园社区过街安全问题,提请过街天桥要求。

资源配备:
1. 相关问题调查报告
2. 社区代表物质支持

人员安排:社区工作人员2名,社区居民代表苦干

时间:2008年2月4日上午9:00—9:00,此后每周一次

第四步 快速路段集体宣传

参加者:社区居民、社区工作人员

活动内容:
1. 在快速路观景家园路段进行公开集体行动,宣传社区居民诉求

资源配备:
1. 社区工作人员向社区居民明确社区行动规范
2. 物质设施

人员安排:全体社区工作人员,社区居民

时间:2008年2月8日晚上18点至19:30(此后根据问题解决的进展情况再安排)

七、活动经费预算

活动内容	资金预算(单位:元)
召开社区会议公布行动计划和行动规范	行动计划 0.10 元/页×151=60.00 元 行动规范 0.10 元/页×151=60.00 元
悬挂诉求标语	布质条幅 5 元/米×30 米=150 元 制作标语 2 元/每字×200=400 元

社区社会工作　项目四

续表

活动内容	资金预算（单位：元）
向相关部门反应社区需求	此部分费用按月计算 车费 每人每次 3 元×4 次＝12 元 水费 每人每次 1 元×4＝4 元 午餐费 10 元/次×4＝40 元
快速路段集体宣传	物质设施 50 元
总　计	726 元

附：社区行动规范

此次集体行动的目的是引起有关部门的关注，尽快解决观景家园社区居民过街安全问题，为了使此次行动能够顺利进行，集体行动过程中需要广大居民朋友遵守下列规范：

1. 注意安全，尤其是在快速路段集体宣传行动的现场听社区工作人员指令后才能站到快速路面上。

2. 宣传内容只与此次行动目的相关，不允许有攻击政府机构或他人的言论和行为。

3. 令行禁止，行动期间听从社区工作人员指挥。

4. 社区居民一旦因不听从社区工作人员指挥出现问题，后果将由当事人个人承担，与社区其他居民无关。

观景家园社区全体居民通过
2008 年 2 月

（四）实施社区行动计划

自 2008 年 2 月 2 日开始，观景家园社区开始维权行动。整个社区行动在社区工作人员的安排下有序进行。

1. 召开社区会议公布行动计划和行动规范

在召开社区会议之前，社区工作人员对此次会议的重要性向社区居民进行了宣传，并要求每户都要有代表参加。2 月 2 日周六下午，会议如期在社区活动中心进行，这是一个露天的活动场所，社区居民可以公开的对社区行动计划草稿发表意见。在确定行动计划后，由社区居民讨论并表决了社区行动规范，向大家公开提出行动要求。

2. 悬挂标语，表达社区居民诉求

2月3日晚，社区工作人员和部分社区代表把提前制作好的社区诉求标语悬挂在临街住户的窗户外面，标语用红布黑字制成。主要有"少数人的安全也需要关注！""我们需要安全过街！""请帮助我们的孩子安全过街上学！"等内容，所有标语除了表达过街安全保障需求外无其他要求。很符合规范。

3. 向相关部门反应社区需求

社区工作人员在准备集体示威行动之前，仍没有放弃向相关部门反应社区过街安全需求，安排社区居民代表每周一次进行情况申请，还利用市长热线，让社区居民反映情况。并且决定在没有得到相关部门的确切答复前，这种行动会一直进行下去。

4. 组织社区居民在快速路观景家园路段进行集体诉求表达

2月8日晚下班高峰期，观景家园社区居民在社区工作人员的安排下，在快速路段进行集体行动表达社区对过街安全设施的需要。

（1）在正式行动前，社区工作人员和部分社区居民代表用一些醒目的物质设施在路面上圈出社区居民的活动空间。并提示过往车辆注意。

（2）给社区居民发放提前做好的标语旗。

（3）争取过往车辆司机的支持，请他们绕路行驶。

（4）带领社区居民进入路面。

（5）活动持续一个半小时，定时撤离。

（五）社区行动成效评估

过街天桥的落成使社区行动达到了最终的目的。对于这次的社区集体行动，社区工作人员进行了评估总结。主要采用的是效能评估，即对过街天桥落成后居民出行的便利程度和社区行动感想进行访谈。

1. 社区评估访谈提纲

（1）过街天桥建成后，给您的生活带来哪些变化？

（2）您觉得本次社区集体行动有哪些收获？

（3）您觉得本次社区集体行动有哪些不足？

2. 社区评估报告

观景家园社区集体争取过街天桥行动评估报告

观景家园社区集体争取过街天桥行动发生于2008年2月，持续一个月时间，至2008年3月得到相关部门的明确答复后，集体行动停止。这次行动的目的是为社区居民过街安全争取过街天桥，这一目的得以实现。

过街天桥建成后，社区居民没有发生过穿行快速路的行为，并且一致认为有了天桥，谁也不愿意提心吊胆的去穿行马路了，天桥给人们带来了过街便利。从内心对社区工作人员所做的工作表示感谢。同时，社区居民纷纷表示为社区齐心协力的效果感动，并且称赞这次行动事前的组织规划，使社区居民选择理智行动争取权益。由此我们可以断定，社区中的凝聚力得到空前加强，今后社区中的公共事宜都会得到广大社区居民的积极参与。

这次行动的经验：

1. 社区行动必须事先有周密的部署
2. 社区行动必须动员社区居民参与
3. 社区行动必须规定行动的规范以获取其他力量的支持

这次行动的不足：

1. 对快速路上集体表达社区诉求的后果没有考虑全面，使交通严重堵塞，应该设置提醒标语让司机有所准备。
2. 集体行动时社区规范执行的力度不够，有很多社区居民跑出事先设定好的范围，这使提前预留出来的行车通道被堵塞，成为造成此次交通严重拥堵的直接原因。这一不足表明，社区行动前的规范教育不够到位，集体行动时过于混乱，秩序没有控制好。

观景家园社区
2008年5月

六、总结点评

1. 社会行动模式是利益受损案主在利益诉求的正当渠道得不到相关机构的回应后而采取的利益表达方式。社区工作者在运作这一模式之前必须确定其他途径不能有效。

2. 即使在运作社会行动模式的过程中，为了在最大限度上获取相关机构的

社会工作方法与实务

支持，一定要把集体行动最大限度地规范在正式制度许可的范围之内。

3. 社区工作者在带领社区居民进行社会行动前，需要做好宣传工作，鼓励利益相关案主积极参加；需要做好具体行动的筹划，使行动发生时可以控制。

七、拓展提高

1. 在社会行动模式下，策动利益群体参与的技巧主要有哪些？

2. 社会行动模式中，非正式行动方式有哪些？其中哪些在我国国情下更有效？

3. 制订社会行动计划时，为什么强调行动规范的重要性？

参 考 文 献

[1] 聂鹏，贾维周：社会工作基础[M]，北京：中国人民大学出版社，2002.

[2] 上海市社会工作培训中心：社会工作师助理职业资格考试辅导练习[M]，武汉：华东理工大学出版社，2004.

[3] 罗肖泉：社会工作伦理教育研究[M]，徐州：中国矿业大学出版社，2005.

[4] 许莉娅：个案工作[M]，北京：高等教育出版社，2004.

[5] 马伊里、吴铎主编：社会工作案例精选[M]武汉：华东理工大学出版社，2007.

[6] 顾东辉：社会工作者[M]，北京：中国劳动社会保障出版社，2006.

[7] 王思斌：社会工作综合能力（初级）[M]，北京：中国社会出版社，2007.

[8] 史柏年：社会工作实务（初级）[M]，北京：中国社会出版社，2007.

[9] 朱眉华：社会工作实务（上）[M]，上海：上海社会科学院出版社，2003.

[10] 康尼尔，万育维译：社会工作实务手册[M]，台北：洪业文化事业有限公司，1997.

[11] 黑珀渥斯著，张宏哲译：社会工作直接服务——理论与技巧[M]，台北：洪业文化事业有限公司，1999.

[12] 隋玉杰：个案工作[M]，北京：中国人民大学出版社，2007.

[13] 扎斯特罗著，晏凤鸣译：社会工作实务应用与提高[M]，北京：中国人民大学出版社，2005.

[14] 李晓凤：社会工作—原理·方法·实务[M]，武汉：武汉大学出版社，2008.

[15] 朱眉华，文军：社会工作实务手册[M]，北京：社会科学文献出版社，2006.

[16] 黄陈，碧苑等：交往技巧的运用与分析[M]，北京：清华大学出版社，2005.

[17] 范明林：社会工作理论与实务[M]，上海：上海大学出版社，2007.

[18] 高万红：个案工作理论与实务[M]，北京：中国劳动社会保障出版社，2008.

[19] 杜景珍：个案社会工作——理论·实务[M]，北京：知识产权出版社，2007.

[20] 纳尔逊—琼斯著，江光荣译：实用心理咨询与助人技术[M]，北京：中国轻工业出版社，2008.

[21] 沃达斯基等著，侯静译：社会工作与人类服务治疗指导计划[M]，北京：中国轻工业出版社，2005.

[22] 张文霞，朱冬亮：家庭社会工作[M]，北京：社会科学文献出版社，2005.

[23] 李建兴：社会团体工作[M]，台湾：五南图书出版公司，1993.

[24] 张洪英：小组工作：理论与实践[M]，济南：山东人民出版社，2005.

[25] 丁少华：小组工作[M]，北京：社会科学文献出版社，2003.

[26] 林万忆：小组工作—理论与技巧[M]，台湾：五南图书出版公司，2000.

[27] 陈钟林：团体社会工作[M]，北京：中国时代经济出版社，2002.

[28] 刘梦：小组工作[M]，北京：高等教育出版社，2003.

[29] 何式凝：中国社会工作案例[M]，上海：上海人民出版社，2008.

[30] 范克新、肖萍：团体社会工作[M]，北京：社会科学文献出版社，2001.

[31] 万江红：小组工作[M]，武汉：华中科技大学出版社，2006

[32] 徐西森：团体动力与团体浦导[M]，台湾：台湾心理出版社，1997.

[33] 刘静林：老年社会工作[M]，中国轻工业出版社，2005.

[34] 董海宁：小组工作在干预青少年网络成瘾中的应用[J]，《社会工作》学术版，2006年第12期下半月

[35] 周沛：社区社会工作[M]，北京：社会科学文献出版社，2002.

[36] 谢建设：社区工作教程[M]，南昌：江西人民出版社，2006.

[37] 吴亦明：现代社区工作[M]，上海：上海人民出版社，2003.

[38] 徐永祥，孙莹：社区工作[M]，北京：高等教育出版社，2004.

[39] 陈钟林：社区工作方法与技巧[M]，机械工业出版社，2005.